DEUTSCH ALS FREMDSPRACHE

Susanne Kalender
Petra Klimaszyk

Schritte 4
international

Lehrerhandbuch

Hueber Verlag

Quellenverzeichnis
Kopiervorlagen zu den Zwischenspielen: Ulrike Haas, München
Foto S. 85: © MEV
Fotos S. 92: © Hueber Verlag / Franz Specht
alle anderen Fotos: © Hueber Verlag / Alexander Keller
Karte S. 94 und S. 120: © Hueber Verlag / Franz Specht

Symbole / Piktogramme

 Binnendifferenzierung

! Achtung / Hinweis

TIPP Methodisch-didaktischer Tipp

LÄNDER landeskundliche Informationen
INFO über Deutschland, Österreich und die Schweiz

6.   5.   4.   Die letzten Ziffern
2019   18   17   16   15   bezeichnen Zahl und Jahr des Druckes.
Alle Drucke dieser Auflage können, da unverändert,
nebeneinander benutzt werden.
1. Auflage
© 2007 Hueber Verlag GmbH & Co. KG, 85737 Ismaning, Deutschland
Zeichnungen: Jörg Saupe, Düsseldorf
Layout und Satz: Schack, Ismaning
Redaktion: Daniela Niebisch, Penzberg
Druck und Bindung: Kessler Druck + Medien GmbH & Co. KG, Bobingen
Printed in Germany
ISBN 978-3-19-021854-7

Art. 530_09466_001_04

Inhalt

Das Lehrerhandbuch – Überblick

Dieses Lehrerhandbuch enthält Hinweise und zusätzliches Material für den Unterricht mit *Schritte international 4*. *Schritte international 4* führt zusammen mit *Schritte international 3* zur Niveaustufe A2 nach dem Gemeinsamen Europäischen Referenzrahmen. Eine ausführliche Konzeptbeschreibung zu *Schritte international* finden Sie im Lehrerhandbuch zu *Schritte international 3* oder als Download im Internet unter www.hueber.de/schritte-international.

Praktische Tipps für den Unterricht mit *Schritte international*

Hier werden einleitend praktische Tipps zum Umgang mit wiederkehrenden Rubriken des Lehrwerks gegeben.

Methodisch-didaktische Hinweise

Die Hinweise zu den einzelnen Lektionen sind klar strukturiert: Zu jeder Episode der Foto-Hörgeschichte und jeder Modulseite A bis E finden Sie ab Seite 12 konkrete Hinweise zum Vorgehen im Unterricht sowie methodische Tipps, Vorschläge zur Binnendifferenzierung, Verweise auf die Übungen im Arbeitsbuch und landeskundliche Informationen.

Kopiervorlagen

Das Lehrerhandbuch bietet durch ein differenziertes Übungsangebot die Möglichkeit, den Unterricht auf die jeweiligen Bedürfnisse eines Kurses und die jeweilige Kursdauer abzustimmen:

- Zahlreiche Zusatzübungen und Spiele zu jeder Lektion erweitern das Angebot des Arbeitsbuchs (siehe Seite 74 ff.).

- Zu jedem Zwischenspiel finden Sie nachbereitende und erweiternde Übungen.

- Wiederholungsübungen und -spiele: Regelmäßige Wiederholungssequenzen sind besonders im Anfängerunterricht wichtig (siehe Seite 106 ff.).

- Testvorlagen zu jeder Lektion: So können Sie oder Ihre TN die Kenntnisse überprüfen (siehe Seite 112 ff.).

Anhang

Hier finden Sie die Transkriptionen aller Hörtexte des Kursbuchs und des Arbeitsbuchs sowie die Lösungen zu den Übungen im Arbeitsbuch und den Tests. Diese können Sie bei Bedarf auch für Ihre TN kopieren und zur Selbstkontrolle bereitstellen.

1. Die Foto-Hörgeschichte

Beginnen Sie den Unterricht nicht direkt mit dem Hören der Geschichte. Die TN lösen zu jeder Episode Aufgaben vor dem Hören, während des Hörens und nach dem Hören. Generell sollten Sie die Geschichte so oft wie nötig vorspielen und ggf. an entscheidenden Passagen stoppen. Achten Sie darauf, jede Episode mindestens einmal durchgehend vorzuspielen.

Hören Sie am Ende jeder Lektion die Geschichte mit den TN noch einmal. Das ermutigt sie, denn sie können erleben, wie viel sie im Vergleich zum allerersten Hören nun schon verstehen, und das fördert die Motivation zum Weiterlernen.

1.1 Aufgaben vor dem Hören

Die Aufgaben vor dem Hören machen eine situative Einordnung der Geschichte möglich. Sie führen neue, für das Verständnis wichtige Wörter der Geschichte ein und lenken die Aufmerksamkeit auf die im Text wichtigen Passagen und Schlüsselwörter. Für die Vorentlastung bieten sich außerdem viele weitere Möglichkeiten:

Fotosalat und Satzsalat
Kopieren Sie die Fotos und schneiden Sie die einzelnen Fotos aus. Achten Sie darauf, die Nummerierung auf den Fotos wegzuschneiden. Die Bücher bleiben geschlossen. Verteilen Sie je ein Fotoset an Kleingruppen mit 3 bis 4 Personen. Die TN legen die Fotos in eine mögliche Reihenfolge, hören die Geschichte mit geschlossenen Büchern und vergleichen die Foto-Hörgeschichte mit ihrer Reihenfolge. Sie korrigieren ggf. ihre Reihenfolge.
Diese Übung kann um Satzkarten erweitert werden: Schreiben Sie zu den Fotos einfache Sätze oder Zitate aus der Geschichte auf Kärtchen, die die TN dann den Fotos zuordnen. Sie können hier auch zwischen geübteren und ungeübteren TN differenzieren, indem Sie geübteren TN weniger Vorgaben und Hilfen an die Hand geben als den ungeübteren.
Auf etwas fortgeschrittenerem Niveau können sich die TN zu ihrer Reihenfolge der Fotos eine kleine Geschichte ausdenken oder Minidialoge schreiben. Ihre Geschichte können sie dann beim Hören mit dem Hörtext vergleichen.

Poster
Jede Foto-Hörgeschichte gibt es auch als großes Poster, das Sie im Kursraum aufhängen können oder ebenfalls für einen Fotosalat verwenden können. Wenn Sie nur ein Poster haben, geben Sie je ein aus dem Poster ausgeschnittenes Foto an eine Kleingruppe. Die Gruppen versuchen dann gemeinsam, den richtigen Platz in der Geschichte für ihr Foto zu finden, und entwickeln eine gemeinsame Reihenfolge. So müssen sich alle beteiligen und mitreden. Alternativ können die TN aus ihrer Gruppe auch je einen TN bestimmen, der sich mit den anderen gewählten TN vor dem Kurs in der richtigen Reihenfolge aufstellen muss, sodass diese acht TN die Reihenfolge der Geschichte bilden und das Foto vor sich halten. Das macht Spaß, weil die TN sich bewegen müssen und womöglich mehrmals umgestellt werden, bis alle mit der Reihenfolge einverstanden sind.

Hypothesen bilden
Verraten Sie den TN nur die Überschrift der Lektion und zeigen Sie ggf. noch eines der Fotos auf Folie. Die TN spekulieren, worum es in der Geschichte gehen könnte (Wo? Wer? Was? Wie viele? Wie? Warum?). Oder sie sehen sich die Fotos im Buch an und stellen Vermutungen über den Verlauf der Handlung an. Das motiviert und macht auf die Geschichte neugierig. Sprechen Sie anfangs auch in Ihrer Sprache und lassen Sie die TN in der Muttersprache kommunizieren. Es ist hier nur wichtig, dass sich die TN intensiv mit der Geschichte beschäftigen. Auch das erleichert das spätere Hören in der Fremdsprache, weil eine bestimmte Hör-Erwartung aufgebaut wird. Die Kommunikation in der Muttersprache sollte mit zunehmenden Deutschkenntnissen der TN immer weniger werden. Fortgeschrittenere Anfänger können sich im Vorfeld Minidialoge zu den Fotos überlegen und ein kleines Rollenspiel machen. Nach dem Hören vergleichen sie dann ihren Text mit dem Hörtext.

Situationsverwandte Bilder/Texte
Vielleicht finden Sie einen passenden Text oder ein Bild / einen Comic, den Sie verwenden können, um in das Thema einzuführen und unbekannten Wortschatz zu klären. Diese Übungsform eignet sich, wenn Sie erst ganz allgemein auf ein Thema hinführen wollen, ohne die Fotos aus der Foto-Hörgeschichte schon zu zeigen. So können Sie z.B. beim Thema „Reisen" Fotos aus Reiseprospekten zeigen. Die TN nennen die ihnen bekannten Begriffe oder beschreiben die Fotos. Dadurch wird das Vorwissen der TN aktiviert.

1.2   Aufgaben während des Hörens

Die TN sollten die Geschichte mindestens einmal durchgehend hören, damit der vollständige Zusammenhang gegeben ist. Dabei ist es nicht wichtig, dass die TN sofort alles erfassen. Sie haben verschiedene Möglichkeiten, den TN das Verstehen zu erleichtern:

Mitzeigen
Beim Wechsel von einem Foto zum nächsten ist ein „Klick" zu hören, der es den TN erleichtert, dem Hörtext zu folgen. Bei jedem Klick können die TN wieder in die Geschichte einsteigen und mithören, falls sie den Faden einmal verloren haben sollten. Als weitere Hilfestellung können Sie zumindest in den ersten Stunden die Foto-Hörgeschichte auch auf eine Folie kopieren und einen TN bitten, am Tageslichtprojektor mitzuzeigen. Die übrigen TN zeigen in ihrem Buch mit, sodass Sie kontrollieren können, ob alle der Geschichte folgen können.

Wort-/Bildkärtchen
Stellen Sie im Vorfeld Kärtchen mit Informationen aus der Foto-Hörgeschichte her (z.B. Lektion 8: Kopiervorlage L8/1). Die TN hören die Geschichte mit geschlossenen Büchern und legen die Kärtchen während des Hörens in die Reihenfolge, in der die Informationen in der Geschichte vorkommen.

Antizipation
Wenn die TN allgemein wenig Verständnisschwierigkeiten beim Hören haben bzw. wenn die TN schon geübter sind, können Sie die Foto-Geschichte natürlich auch während des Hörens immer wieder stoppen und die TN ermuntern, über den Fort- und Ausgang der Geschichte zu spekulieren. Allerdings sollten Sie die Geschichte im Anschluss auch einmal durchgehend vorspielen.

1.3   Aufgaben nach dem Hören

Die Aufgaben nach dem Hören dienen dem Heraushören von Kernaussagen. Sie überprüfen, ob die Handlung global verstanden wurde. Lesen Sie die Aufgaben gemeinsam mit den TN, klären Sie ggf. unbekannten Wortschatz und spielen Sie die Geschichte noch weitere Male vor, um den TN das Lösen der Aufgaben zu erleichtern. Stoppen Sie die Geschichte ggf. an den entscheidenden Passagen, um den TN Zeit für die Eintragung ihrer Lösung zu geben. Darüber hinaus können Sie die Foto-Hörgeschichte für weitere spielerische Aktivitäten im Unterricht nutzen und so den Wortschatz festigen und erweitern:

Rollenspiele
Vor allem schon geübtere TN können kleine Dialoge zu einem oder mehreren Fotos schreiben. Diese Dialoge werden dann vor dem Plenum als kleine Rollenspiele nachgespielt. Regen Sie die TN auch dazu an, die Geschichte weiterzuentwickeln und eine Fortsetzung zu erfinden.

Pantomime
Stoppen Sie die CD/Kassette beim zweiten oder wiederholten Hören jeweils nach der Rede einer Person. Bitten Sie die TN, in die jeweilige Rolle zu schlüpfen. Lassen Sie die TN pantomimisch darstellen, was sie soeben gehört haben. Fahren Sie dann mit der Foto-Hörgeschichte fort. Wenn die TN schon geübter sind, können die TN die Geschichte pantomimisch mitspielen, während Sie diese noch einmal vorspielen.

Kursteilnehmerdiktat
Die TN betrachten die Fotos. Ermuntern Sie einen TN, einen beliebigen Satz zu einem der Fotos zu sagen, z.B. „Larissa will im Urlaub reiten." Alle TN schreiben diesen Satz auf. Ein anderer TN setzt die Aktivität fort, z.B. „Aber Simon möchte lieber surfen." usw. So entsteht eine kleine Geschichte oder ein Dialog. Die TN sollten auch eine Überschrift für ihren gemeinsam erarbeiteten Text finden. Schreiben Sie oder einer der TN auf der Rückseite der Tafel oder auf Folie mit, damit die TN abschließend eine Möglichkeit zur Korrektur ihrer Sätze haben. Diese Übung trainiert nicht nur eine korrekte Orthografie, sondern dient auch der Wiederholung und Festigung von Wortschatz und Redemitteln.

Situationsverwandte Bilder/Texte
Auch nach dem Hören können Sie situationsverwandte Bilder oder Texte zur Vertiefung des Themas der Foto-Hörgeschichte nutzen. Die TN können die Unterschiede zwischen der Foto-Hörgeschichte und dem Text oder der Situation herausarbeiten. So könnte z.B. mithilfe einer Statistik zu den beliebtesten Reisezielen in Deutschland (bzw. in Österreich oder in der Schweiz) ein Gespräch über Lieblingsreiseziele der TN entstehen.

Texte oder Bilder können auch in eine andere Situation überleiten und nach dem Hören der Foto-Hörgeschichte zur Erweiterung eingesetzt werden (z.B. Lektion 8: Am Wochenende; weiterführend: Hobbys und Möglichkeiten der Freizeitgestaltung). Damit werden Wörter und Redemittel in einen anderen Zusammenhang transferiert und erweitert. Sie können so individuell auf die Interessen Ihres Kurses eingehen.

Phonetik

Die Foto-Hörgeschichte bietet sich sehr gut für das Aussprachetraining an, denn sie enthält viele für den Alltag wichtige Redemittel, die sich gut als Formeln merken lassen. Greifen Sie wesentliche Zitate/Passagen aus der Geschichte heraus, spielen Sie diese isoliert vor und lassen Sie die TN diese Sätze nachsprechen. Der Hörspielcharakter und der situative Bezug innerhalb der Foto-Hörgeschichte erleichtern den TN das Memorieren solcher Redemittel. Außerdem lernen die TN, auch emotionale Aspekte (Empörung, Freude, Trauer, Wut, Mitgefühl ...) auszudrücken. Schließlich kommt es nicht nur darauf an, was man sagt, sondern vor allem darauf, wie man es sagt. In jeder Sprache werden ganz unterschiedliche Mittel benutzt, um solche emotionalen Aspekte auszudrücken.

Nicht zuletzt können auch Modalpartikeln wie „doch", „aber", „eben" etc. unbewusst eingeschleift werden. Die Bedeutung von Modalpartikeln zu erklären ist im Anfängerunterricht schwierig und daher oft wenig sinnvoll. Mithilfe der Zitate aus der Foto-Hörgeschichte können die TN diese aber internalisieren und automatisch anwenden, ohne dass Erklärungen erforderlich werden.

## 2.	Variationsaufgaben

Sie finden wiederholt kurze, alltagsbezogene Modelldialoge, die die TN mit vorgegebenen grammatischen Strukturen variieren. Diese Modelldialoge sind durch eine orangefarbene geringelte Linie links neben der Aufgabe für Sie und Ihre TN sofort erkennbar. Durch das Variieren der Modelldialoge bekommen die TN ein Gespür für die neuen Strukturen. Durch das aktive Verwenden und Memorieren werden diese zu beherrschbarem Sprachmaterial. Die TN gewinnen Vertrauen in die Erlernbarkeit des Neuen. Für die Variationsaufgaben bietet sich folgendes Vorgehen an:

- Die TN decken den Modelldialog zu und hören ihn zunächst nur. Falls vorhanden, sehen sie dabei zugehörige Bilder/Fotos an. Wenn Sie die Fotos/Bilder auf Folie kopieren, können die TN die Bücher geschlossen lassen und sich auf die Situation konzentrieren.
- Stoppen Sie den Modelldialog beim zweiten Hören nach jedem einzelnen Sprechpart. Die TN sprechen – immer noch ohne mitzulesen – im Chor nach.
- Die TN hören den ganzen Dialog und lesen mit.
- Die TN lesen und sprechen den Dialog in Partnerarbeit in verteilten Rollen.
- Die TN lesen die Varianten und markieren im Modelldialog die Satzteile, die variiert werden sollen.
- Die TN sprechen den Dialog in Partnerarbeit mit Varianten. Achten Sie darauf, dass die TN den Dialog erst dann mit Varianten sprechen, wenn sie Sprechsicherheit beim Modelldialog erreicht haben. Wichtig ist auch, dass die Partner ihre Sprech(er)rollen abwechseln, damit jeder TN auch einmal Varianten bilden muss.
- Abschließend können einige TN ihre Dialoge im Plenum präsentieren. Hier reichen ein bis zwei Dialoge aus. Es ist nicht nötig, alle Varianten präsentieren zu lassen.

Die TN können den Modelldialog auch schriftlich festhalten, um durch Abschreiben ihre Orthografie zu verbessern und sich wichtige Redemittel besser einzuprägen. Bitten Sie die TN auch, den Dialog auswendig zu lernen und vorzuspielen.
Bitten Sie schnelle TN, die Dialoge mit den Varianten auf einer Folie oder an der Tafel zu notieren. Die anderen TN können dann kontrollieren, ob sie die Varianten richtig gebildet haben. Schnelle TN können außerdem zusätzliche Varianten erfinden.

## 3.	Grammatikspot

Schreiben Sie die Beispiele aus dem Grammatikspot an die Tafel und heben Sie die neuen Strukturen – wie im Grammatikspot – visuell hervor. Verweisen Sie auf die Einführungsaufgabe und zeigen Sie jetzt die dahinterstehende Struktur auf. Nach Möglichkeit sollten Sie dabei grammatische Terminologie nur sparsam verwenden. Die TN sollten das Gefühl haben, Grammatik als Hilfsmittel für das Sprechen zu lernen und nicht als Selbstzweck.

Verweisen Sie auch später immer wieder auf den Grammatikspot. Er soll den TN auch bei den anschließenden Anwendungsaufgaben als Gedächtnisstütze und Orientierungshilfe dienen.

4. Aktivität im Kurs

In den Abschlussaufgaben auf den Seiten A bis C wird der Lernstoff in den persönlichen Bereich der TN übertragen. Sie befragen sich gegenseitig nach ihren Hobbys, ihren Vorlieben und Abneigungen etc. oder üben den Lernstoff durch eine spielerische Aktivität in Kleingruppen. Bei dieser Art von Aufgaben geht es häufig darum, dass die TN selbst Kärtchen, Plakate oder Formulare herstellen, was nicht nur ein sehr gutes Schreibtraining, sondern auch sehr förderlich für das Kursklima ist (Gemeinsam etwas tun!). Die selbst hergestellten Kärtchen dienen wie in der Prüfung *Start Deutsch* als Impuls für kurze Frage-Antwort-Dialoge. Wenn Sie nicht genug Zeit im Unterricht für Bastelarbeiten haben, können Sie zu diesen Aufgaben Kopiervorlagen aus dem Internet unter www.hueber.de/schritte-international herunterladen.

In den Abschlussaufgaben sollten die TN die Gelegenheit haben, frei zu sprechen und sich frei auszudrücken. Vermeiden Sie daher in dieser Phase Korrekturen. Gerade bei den Aktivitäten im Kurs wird auf einen Wechsel der Sozialform geachtet. Versuchen Sie, die TN auch sonst möglichst oft abwechselnd in Stillarbeit, Partnerarbeit oder Kleingruppen arbeiten zu lassen. Es gibt viele Möglichkeiten, Gruppen zu bilden:
Paare:
- Verteilen Sie Kärtchen wie bei Memory, auf denen z.B. Frage und Antwort stehen. TN mit einer Frage suchen den TN mit der passenden Antwort. Dies können Sie später auch mit Verbformen (Infinitiv und Partizip), Gegensatzpaaren, Komposita oder mehrsilbigen Wörtern etc. durchführen.
- Kleben Sie vor dem Unterricht unter oder hinter die Stühle der TN Zettelchen, von denen je zwei die gleiche Farbe haben. Das geht auch mit Bonbons. So können Sie ggf. die Partnerfindung steuern.
- Nehmen Sie ein Bündel Schnüre, Anzahl: die Hälfte Ihrer TN. Die TN fassen je ein Ende einer Schnur, am anderen Ende der Schnur finden sie ihre Partnerin / ihren Partner.
- Das „Atomspiel": die TN stehen auf und bewegen sich frei im Raum, evtl. können Sie Musik dazu vorspielen. Als Stoppzeichen rufen Sie „Atom 2" (alternativ: 3/4/5/…). Die TN finden sich paarweise (bzw. zu Dreier-, Vierer-, Fünfergruppen …) zusammen.

Gruppen:
- Zerschneiden Sie einen Satz in seine Bestandteile: Die TN müssen den Satz zusammenfügen (z.B. „Und wie heißen Sie?") und bilden eine Gruppe.
- Lassen Sie die TN abzählen (bei einer Gruppe von 21 TN von 1-7, alle Einser gehen zusammen, alle Zweier etc. = sieben Gruppen à drei Personen)
- Zerschneiden Sie eine Postkarte (Bilderpuzzle) oder nehmen Sie Spielkarten und verteilen Sie sie: Die TN suchen die fehlenden Puzzleteile und finden so gleichzeitig ihre Partner.
- Definieren Sie bestimmte Merkmale, z.B. alle mit Brille, alle mit blauen Augen, … bilden eine Gruppe.

5. Das Zwischenspiel

Beim Zwischenspiel zwischen den Lektionen liegt der Fokus nicht mehr auf dem Üben von bestimmten Strukturen oder dem expliziten Fertigkeitentraining, es hat – wie der Name schon sagt – einen mehr spielerischen Charakter. Die TN sollten den Eindruck haben, dass sie hier nichts lernen „müssen", sondern ihr aus der Lektion erworbenes Wissen anwenden können und außerdem interessante Informationen über die deutschsprachigen Länder erhalten. Deshalb sollten Sie den TN hier die Möglichkeit geben, sich frei zu äußern, und möglichst wenig mit Korrekturen eingreifen.

Wenn Sie wenig Zeit haben, können Sie die Texte des Zwischenspiels mit den TN einfach lesen bzw. hören und die Aufgaben dazu lösen, ohne sie didaktisch aufzubereiten. Für eine ausführlichere Behandlung der Zwischenspiele finden Sie in diesem Lehrerhandbuch Didaktisierungsvorschläge und eine Kopiervorlage als zusätzliches Übungsangebot. Diese Kopiervorlage sowie landeskundliche Hintergrundinformationen und Vorschläge für Internetrecherchen finden Sie auch im Internet unter www.hueber.de/schritte-international.

6. Binnendifferenzierung

6.1 Allgemeine Hinweise

Wichtig: Es ist nicht nötig, dass immer alle alles machen! Teilen Sie die Gruppen nach Kenntnisstand und/oder Neigung ein. Die einzelnen Gruppen können ihre Ergebnisse dem Plenum präsentieren: So lernen die TN miteinander und voneinander.

- Stellen Sie Mindestaufgaben, die von allen TN gelöst werden sollen. Besonders schnelle TN bekommen zusätzliche Aufgaben. Entziehen Sie geübteren TN Hilfen, indem Sie z.B. Schüttelkästen wegschneiden. Dadurch werden diese TN mehr gefordert.
- Binden Sie schnellere TN als Co-Lehrer mit ein: Wenn diese eine Aufgabe beendet haben, können sie die Lösung schon an die Tafel oder auf eine Folie schreiben.
- Stellen Sie Gruppen nach Neigung oder Lerntypen zusammen. Haben Sie beispielsweise visuell und kognitiv orientierte TN, können Sie neue grammatische Formen für visuelle Lerntypen mit Beispielen und Farben an der Tafel präsentieren. Kognitive Lerntypen erhalten eine Tabelle, in der sie Formen selbstständig systematisch eintragen können und sich so ein Schema erarbeiten. Für diesen Lerntyp bieten sich die Übungen im Arbeitsbuch zum selbstentdeckenden Lernen der Grammatik sehr gut an.
- Lassen Sie bei unterschiedlich schwierigen Aufgaben die TN selbst wählen, welche sie übernehmen möchten. Die TN entscheiden dadurch selbst, wie viel sie sich zumuten möchten. Damit vermeiden Sie eine feste Rollenzuweisung, denn ein TN kann sich einmal für die einfachere Aufgabe entscheiden, weil er sich selbst noch unsicher fühlt, ein anderes Mal aber für die schwierigere, weil er sich in diesem Fall schon sicher fühlt.

6.2 Binnendifferenzierung im Kursbuch

Lesen
Nicht alle TN müssen alle Texte lesen: Bei unterschiedlich langen/schwierigen Texten verteilen Sie gezielt die kürzeren/leichteren an ungeübtere TN und die längeren/schwierigeren an geübtere TN bzw. geben Sie den TN die Möglichkeit, selbst zu entscheiden, welchen Text sie bearbeiten möchten.

Hören
Sie können die TN auch hier in Gruppen aufteilen: Jede Gruppe achtet beim Hören auf einen bestimmten Sprecher und beantwortet anschließend Fragen, die sich auf diesen Sprecher beziehen.

Sprechen
TN, die noch Hilfestellung benötigen, können bei Sprechaufgaben auf die Redemittel auf den Kursbuchseiten und auf der Übersichtsseite als Orientierungs- und Nachschlagehilfe zurückgreifen. Geübtere TN sollten das Buch schließen.

Schreiben
Achten Sie auch hier auf Vorlieben der TN. Nicht alle haben Freude am kreativen Erfinden von kurzen Texten. Bieten Sie auch Diktate an (siehe www.hueber.de/schritte-international) oder helfen Sie TN, die Schwierigkeiten beim Schreiben haben, indem Sie ihnen Beispieltexte mit Lücken zum Ausfüllen gegen. Sie können dann die Fertigkeit „Schreiben" allmählich aufbauen.

6.3 Binnendifferenzierung im Arbeitsbuch

Die binnendifferenzierenden Übungen im Arbeitsbuch können im Kurs oder als Hausaufgabe bearbeitet werden. Es empfiehlt sich folgendes Vorgehen:

- Die Basisübungen mit der schwarzen Arbeitsanweisung sollten von allen TN gelöst werden.
- Zusätzlich können die Vertiefungsübungen (blaugraue Arbeitsanweisung) und die Erweiterungsübungen (tiefblaue Arbeitsanweisungen) gelöst werden. Lassen Sie nach Möglichkeit die TN selbst entscheiden, wie viele Aufgaben sie lösen möchten, oder geben Sie bei der Stillarbeit im Kurs einen bestimmten Zeitrahmen vor, in dem die TN die Übungen lösen sollten. So vermeiden Sie, dass nicht so schnelle TN sich unter Druck gesetzt fühlen.

Die schwarzen und blaugrauen Übungen sollten Sie im Plenum kontrollieren – durch Vorlesen im Kurs oder durch Selbstkontrolle der TN mithilfe einer Folie, auf der Sie oder ein TN zuvor die Lösungen notiert haben. Erweiterungsübungen führen über den Basiskenntnisstand hinaus. Hier gibt es auch freiere Übungsformen, z.B. das Schreiben von Dialogen anhand von Vorgaben. Die TN können sich bei diesen Übungen selbstständig zu zweit kontrollieren oder Sie verteilen eine Kopie mit den Lösungen. Bei freien Schreibaufgaben sollten Sie die Texte einsammeln und in der folgenden Unterrichtsstunde korrigiert zurückgeben.

7. Das Lerntagebuch

Gehen Sie bei der Arbeit mit dem Lerntagebuch folgendermaßen vor:
*   Machen Sie die Eintragungen zu einer neuen Lerntechnik am Anfang mit den TN gemeinsam, um die Arbeitstechnik zu verdeutlichen. Später können die TN dann selbstständig entscheiden, ob sie diese Lerntechnik anwenden wollen.
*   Aufgaben, die eine eindeutige Lösung haben, z.B. eine Tabelle erstellen, sollten im Kurs kontrolliert werden, indem die Lösung z.B. auf einer Folie präsentiert wird und die TN vergleichen und korrigieren.
*   Achten Sie darauf, dass die TN sich mit der Zeit regelmäßig selbstständig Notizen zu dem machen, was sie im Unterricht gelernt haben.
*   Auf fortgeschrittenerem Niveau kann im Unterricht auch über die verschiedenen Lerntechniken diskutiert werden (Wer wendet was warum an oder nicht an?) und die TN können ihre Tipps austauschen.
*   Regen Sie die TN immer wieder dazu an, auch Dinge im Lerntagebuch zu notieren, die sie außerhalb des Unterrichts gelernt und entdeckt haben und die sie in den Unterricht einbringen könnten.
*   Regen Sie die TN auch dazu an, Ergebnisse von Gruppenarbeiten und Projekten, z.B. aus Internetrecherchen, im Lerntagebuch abzuheften und sich so ein individuelles Tagebuch zusammenzustellen, in dem sie ihre Lernfortschritte dokumentiert haben. Das ist nicht nur eine gute Hilfe zum späteren Nachschlagen und Wiederholen von Lernstoff, sondern auch eine schöne Erinnerung.

Die erste Stunde im Kurs

Materialien
Foto-Hörgeschichten aus *Schritte international 3* in Kopie oder als Poster
Foto-Hörgeschichten aus *Schritte international 3* auf CD

Bevor Sie mit Lektion 8 beginnen, sollten Sie je nach Ausgangssituation Ihres Kurses die Seite „Die erste Stunde im Kurs" im Unterricht durchnehmen.

Situation 1: Ihr Kurs läuft weiter und alle TN kennen *Schritte international 3*.

In diesem Fall können Sie mit den TN eine kleine Rückschau halten: Die TN lesen die Texte zu Maria, Susanne, Kurt, Larissa und Simon und ergänzen in Kleingruppen, was sie sonst noch alles über die Protagonisten der Foto-Hörgeschichte wissen. Stellen Sie, wenn nötig, gezielt Fragen zu den Protagonisten, z.B.: „Wie findet Maria das deutsche Frühstück?", und zu den Ereignissen in den Foto-Hörgeschichten.
Variante: Wenn Sie wenig Zeit im Kurs haben, können Sie auch direkt mit Lektion 8 beginnen.

Situation 2: Ein neuer Kurs hat begonnen und einige TN haben schon mit *Schritte international 3* gelernt.

1. Wenn mit *Schritte international 4* ein neuer Kurs beginnt, der sich sowohl aus neuen TN als auch aus TN zusammensetzt, die schon mit *Schritte international 3* Deutsch gelernt haben, sollten die TN zuerst Gelegenheit haben sich kennenzulernen. Bitten Sie die TN, sich kurz vorzustellen und ein Namensschild aufzustellen.

2. Die TN finden sich in Kleingruppen von 4–6 Personen zusammen und erzählen sich gegenseitig über sich. Achten Sie darauf, dass die Gruppen aus neuen und „alten" TN bestehen. Abschließend stellen die TN nacheinander die Personen aus der Gruppe den anderen Gruppen vor.

3. Teilen Sie den Kurs in neue und „alte" TN. Die neu hinzugekommenen TN lesen die Texte im Buch und bekommen so einen ersten Eindruck von den Protagonisten der Foto-Hörgeschichte. Sie ergänzen die passenden Namen in der Aufgabe zu den Texten. Die TN, die die Foto-Hörgeschichten aus *Schritte international 3* bereits kennen, versuchen gemeinsam, die wichtigsten Informationen aus den Foto-Hörgeschichten von *Schritte international 3* zu sammeln, und machen Notizen dazu.

4. Die TN finden sich in Kleingruppen aus neuen und „alten" TN zusammen. Die TN, die die Foto-Hörgeschichten schon kennen, erzählen, was sie über Maria und Familie Braun-Weniger wissen, und zeigen dabei die Geschichten im Kursbuch zu *Schritte international 3* oder auf Kopien bzw. Postern.

Situation 3: Ein neuer Kurs beginnt und die TN kennen *Schritte international 3* alle noch nicht.

1. Wenn die TN sich alle noch nicht kennen und zuvor mit einem anderen Lehrwerk Deutsch gelernt haben, sollten Sie ebenfalls zunächst Gelegenheit zu einer Vorstellungsrunde und einem Gespräch in Kleingruppen geben (vgl. Situation 2).

2. Die TN lesen die Texte zu den Protagonisten im Buch und lösen die Aufgabe dazu.
Lösung: Kurt ist Taxifahrer; Susanne arbeitet in einer Apotheke; Kurt und Susanne bekommen bald ein Baby; Simon ist 14 Jahre alt. Er geht in die 9. Klasse. Er ist der Sohn von Kurt. Maria ist 20 Jahre alt. Sie kommt aus Südamerika. Sie möchte in Deutschland leben. Sie wohnt bei Familie Braun-Weniger. Larissa ist 15 Jahre alt. Sie geht in die 10. Klasse. Sie ist die Tochter von Susanne.

3. *fakultativ:* Nutzen Sie die erste Unterrichtsstunde für eine Einstimmung auf das gemeinsame Lernen und spielen Sie den TN einige Foto-Hörgeschichten aus *Schritte international 3* vor. Zeigen Sie dazu auch die Fotos. Dies ist nicht nur ein „gemütlicher" Einstieg in den Kurs, sondern die TN aktivieren beim Hören ihre Kenntnisse und können nachfragen, wenn sie etwas nicht verstanden haben. Es ist auch eine gute Möglichkeit, den Wortschatz und die Strukturen aufzugreifen, die in *Schritte international 4* vorausgesetzt werden. Sie können rasch feststellen, wo Wiederholungsbedarf besteht.

TIPP

> Um Sympathie unter den TN herzustellen, geben Sie ihnen die Möglichkeit, sich gleich zu Beginn etwas besser kennen-zulernen: Die TN gehen im Kursraum umher und unterhalten sich mit jedem. Dabei versuchen sie, mindestens eine, besser zwei Gemeinsamkeiten zwischen sich und ihren Gesprächspartnern zu finden (z.B. gemeinsames Geburtsjahr, gemeinsame Lieblingsfarbe ...). Geben Sie eine Zeit – ca. zehn Minuten – für die Gespräche vor. Anschließend berichten die TN im Kurs, welche Gemeinsamkeiten mit anderen TN sie entdeckt haben.

AM WOCHENENDE

Folge 8: *Wolfgang Amadeus oder: Wichtigere Dinge*
Einstieg in das Thema: Wochenendaktivitäten

1 **Vor dem Hören: Vermutungen äußern**

1. Die Bücher sind geschlossen. Bilden Sie Kleingruppen von vier TN. Jede Gruppe erhält ein Poster der Foto-Hörgeschichte oder Farbkopien der Fotos und eine Kopie der Kopiervorlage L8/1.
   Hinweis: Wenn Sie viele neue TN in Ihrem Kurs haben, denen die Protagonisten der Foto-Hörgeschichte noch fremd sind, dann besprechen Sie mit den TN zuerst, wer jeweils auf den Fotos zu sehen ist. Sicher erinnern sich die TN an „Die erste Stunde im Kurs", wo sie die Protagonisten schon kennengelernt haben. Die TN stellen auch über die noch unbekannte Person auf Foto 7 Vermutungen an.
   Die TN ordnen die sieben Zitate der Kopiervorlage den Fotos zu und einigen sich in der Gruppe auf eine Geschichte zu den Fotos. Es gibt hier kein Richtig oder Falsch, denn es geht darum, dass die TN in der Gruppe zu einer eigenen schlüssigen Geschichte kommen. Anschließend schreibt jede Gruppe zu einem Foto einen Dialog.
2. Die Gruppen lesen ihre Dialoge vor, die anderen Gruppen überlegen, zu welchem Foto der Dialog passt. Alternativen zum Umgang mit der Foto-Hörgeschichte finden Sie ab Seite 6.
3. Die TN lösen die Aufgabe im Buch. *Lösung*: a) Zwei Tage wegfahren. b) Er darf nicht Skateboard fahren. c) Sie lernen zusammen.

2 **Beim ersten Hören**

1. Bitten Sie die TN, sich beim Hören auf die Frage zu konzentrieren, warum Simon schließlich doch Skateboard fahren kann.
2. Die TN hören die Foto-Hörgeschichte und formulieren in Partnerarbeit eine Antwort auf die Frage.
3. Abschlussdiskussion im Plenum.
   Lösungsvorschlag: Simon darf doch noch Skateboard fahren, weil er Maria Informationen über den neuen Nachbarn gibt. Maria möchte den Nachbarn kennenlernen und nicht mehr mit Simon lernen.

3 **Nach dem ersten Hören: Fragen zur Geschichte stellen**

1. Machen Sie an der Tafel einen Wortigel zum Thema „Fragewörter". Bitten Sie die TN, Ihnen Fragewörter zuzurufen. Notieren Sie diese an der Tafel.
2. Die TN lesen die Aufgabenstellung und die Beispiele im Buch.
3. Die TN stellen sich im Plenum gegenseitig Fragen zur Foto-Hörgeschichte. Weisen Sie auf die Fragewörter an der Tafel hin und regen Sie die TN dazu an, möglichst viele verschiedene Fragewörter zu benutzen.

4 **Nach dem Hören: Die Geschichte zusammenfassen**

1. Die TN ergänzen die Namen. Wenn nötig, hören sie die CD/Kassette noch einmal.
2. Die TN vergleichen ihre Lösungen in Partnerarbeit.
3. Abschlusskontrolle im Plenum.
   Lösung (in der Reihenfolge ihres Vorkommens): Susanne; Maria; Larissa; Simon; Maria; Maria; Mozart; Simon; Sebastian; Simon

5 **Nach dem Hören: Informationen über eine Person notieren**

1. Die TN ergänzen die Informationen zu Sebastian, an die sie sich erinnern können. Sie hören ggf. den Ausschnitt zu Foto 5 (Track 6) noch einmal und notieren die fehlenden Informationen.
2. Abschlusskontrolle im Plenum. *Lösung*: Sebastian Klein, 22 Jahre alt, Student
3. *fakultativ*: Spekulieren Sie mit den TN darüber, wie die Geschichte zwischen Maria und Sebastian weitergeht, oder lassen Sie die TN die Geschichte als Hausaufgabe schreiben. Sammeln Sie vorher im Plenum Vorschläge für einen Titel der Geschichte und stimmen Sie ab, wie die Geschichte heißen soll, die die TN dann schreiben.

8 · · **A** ... **Trotzdem** wollen wir mal für zwei Tage raus hier.

Konjunktion *trotzdem*
Lernziel: Die TN können Gegensätze ausdrücken.

Materialien
A2 Kopiervorlage L8/A2

A1 **Präsentation der Konjunktion** *trotzdem*

1. Die TN ordnen die Sätze zu.
2. Abschlusskontrolle im Plenum. *Lösung*: a) Trotzdem wollen Kurt und Susanne ...; b) Trotzdem hilft sie ...
3. Schreiben Sie den ersten Satz aus Beispiel a) an die Tafel. Fragen Sie die TN, was man normalerweise tut, wenn das Wetter nicht schön ist. Was erwartet man? Notieren Sie dann den zweiten Satz zu Beispiel a) und markieren Sie die Konjunktion „trotzdem". Erklären Sie den TN, dass man mit „trotzdem" einen Satz beginnt, der gegen die Erwartung steht. Markieren Sie wie im Tafelbild unten die Positionen 1 (= trotzdem) und drei (= Subjekt). Machen Sie den TN deutlich, dass diese beiden Positionen getauscht werden können.

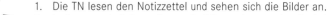

Das Wetter ist nicht besonders schön. (*Trotzdem*) *wollen <u>Kurt und Susanne</u> mal für zwei Tage raus.*

Position 1 ◄──────► *Position 3*

<u>Kurt und Susanne</u> wollen (*trotzdem*) *mal für zwei Tage raus.*

Arbeitsbuch 1–4: im Kurs: In Übung 3 werden Nebensätze mit „weil" wiederholt. Machen Sie die TN noch einmal auf die Endstellung des Verbs aufmerksam.

A2 **Anwendungsaufgabe zu** *trotzdem*

1. Die TN lesen den Notizzettel und sehen sich die Bilder an.
2. In Partnerarbeit formulieren sie Sätze mit „trotzdem" wie im Beispiel. Geübte TN schreiben bei Zeit weitere Anweisungen der Mutter. Die anderen überlegen, was Nina aber stattdessen tut.
3. *fakultativ:* Verteilen Sie die Kopiervorlage L8/A2 als Zusatzübung. Sie können diese Übung auch zu einem späteren Zeitpunkt als Wiederholungs- und Vertiefungsübung einsetzen.
   Lösungsvorschlag: b) ... trotzdem gehe ich morgen ins Apothekermuseum. c) Ich gehe trotzdem heute Abend ins Restaurant. d) ... trotzdem kann ich sehr gut schlafen. e) Trotzdem will er mir morgen die Stadt zeigen. f) ... ich gehe trotzdem mit ihm. g) Trotzdem habe ich ein Glas getrunken. h) Ich habe trotzdem noch fünf weitere Gläser bestellt. i) Holst Du mich trotzdem vom Bahnhof ab?

Arbeitsbuch 5–9: in Stillarbeit oder als Hausaufgabe

A3 **Aktivität im Kurs: Gespräche erfinden**

1. Die TN finden sich paarweise zusammen und lesen zusammen die Beispiele im Buch. Sie überlegen, wie die Gespräche weitergehen und wie sie enden.
2. Die TN sprechen im Plenum über ihre Ideen für eine Fortsetzung der Gespräche. In spielfreudigen Gruppen können einige Paare auch eines der Gespräche vorspielen.
3. Die TN lesen die Aufgabenstellung. Weisen Sie die TN ggf. besonders darauf hin, dass ihr eigenes Gespräch mindestens einmal das Wort „trotzdem" enthalten muss.
4. Die TN schreiben mit der Partnerin / dem Partner ein kurzes Gespräch. Gehen Sie herum und helfen Sie bei Grammatik- und Wortschatzfragen.
5. Die TN spielen ihr Gespräch im Kurs vor. Wenn Sie einen sehr großen Kurs haben, bitten Sie die TN, ihre Notizen für das Gespräch aufzubewahren, und lassen Sie in jeder der folgenden Unterrichtsstunden 2–3 Gespräche vorspielen, so lange, bis alle Paare dran waren.

Materialien
Tipp: ein weicher Ball oder ein Tuch
B3 Zettel, Pappbox oder Mütze; Fotos aus
    Zeitschriften
B4 Plakate, dicke Stifte
Lerntagebuch: auf Folie

Ich **hätte** gerne mal ein bisschen Ruhe.

Konjunktiv II
Lernziel: Die TN können über Wünsche sprechen.

B1 **Präsentation des Konjunktiv II:** *wäre, hätte, würde fahren*
1. Die TN sehen sich die Fotos und die Beispielsätze an und ordnen sie einander zu.
2. Die TN kontrollieren ihre Lösungen in Partnerarbeit.
3. Abschlusskontrolle im Plenum.
   Lösung: A Wir fahren eigentlich nie ohne die Kinder weg. Wir würden gerne mal wieder allein wegfahren. B Jetzt bin ich immer noch hier und muss lernen. Dabei wäre ich so gerne auf dem Skateboardplatz.
4. Erklären Sie den TN, dass die Zitate in den Gedankenblasen Wünsche ausdrücken. Wünsche sagen, was (noch) nicht Wirklichkeit ist. Dafür haben die Verben im Deutschen eine besondere Form: „sein" wird zu „wäre", „haben" zu „hätte", alle anderen Verben brauchen „würde". Die Formen „könnte" und „würde" sind den TN als Höflichkeitsform schon in *Schritte international 2,* Lektion 12 begegnet. Notieren Sie alle Formen an der Tafel und weisen Sie auf die Grammatikspots hin. Machen Sie die TN auf die Ähnlichkeit von „wäre" und „hätte" mit den Vergangenheitsformen dieser Verben aufmerksam. Aus „a" wird „ä", die Endungen sind gleich. Weisen Sie auch auf die Formen von „du wär(e)st" und „ihr wär(e)t" hin. Hier kann man das „e" hinzufügen oder weglassen.

Arbeitsbuch 10: im Kurs

B2 **Anwendungsaufgabe zum Konjunktiv II**
1. Die TN sehen sich Bild A an. Fragen Sie: „Was ist wirklich?" Wenn nötig, stellen Sie Zusatzfragen: „Wo sind die Personen? Was machen sie? Was trägt die Frau?" Fragen Sie dann nach dem Wunsch der Frau: „Was wünscht sie sich?"
2. Die übrigen Beispiele besprechen die TN in Partnerarbeit. Geübte TN können sich auch darüber unterhalten, warum die Person auf dem Bild diesen Wunsch hat. Wenn Sie genug Zeit haben, können die TN auch kleine Geschichten zu den Bildern schreiben. Was ist vorher passiert, was passiert später noch?

TIPP
> Kleine Geschichten können die TN auch gemeinsam schreiben, z.B. zu Bild A. Geben Sie einen Anfang vor, den Sie an die Tafel schreiben. „Eines Tages gehen Herr und Frau Müller in die Stadt, weil ..." Werfen Sie einem TN einen Ball oder ein Tuch zu. Sie/Er muss die Geschichte fortsetzen. Schreiben Sie den neuen Satz erst an die Tafel, wenn er korrekt ist. Fragen Sie ggf. auch andere TN nach Fehlern. Der Ball / Das Tuch wird einem anderen TN zugeworfen. Hier können Sie noch einmal an die Wörter erinnern, mit denen man Sätze in Erzählungen verbinden kann: zuerst, dann, später, schließlich usw.

Arbeitsbuch 11–13: als Hausaufgabe

B3 **Aktivität im Kurs: Eigene Wünsche formulieren**
1. Schreiben Sie die vier Fragen aus B3 an die Tafel. Besprechen Sie das Beispiel aus dem Buch. Verteilen Sie kleine Zettel an die TN. Jeder TN notiert individuell vier Antworten auf dem eigenen Zettel. Sammeln Sie die Zettel ein, vielleicht in einer Pappbox oder in einer Mütze. Gehen Sie herum, ein TN zieht einen Zettel und liest ihn vor. Die anderen TN raten, wer welche Wünsche hat.
2. Bringen Sie Fotos von Menschen mit fröhlichen, traurigen, empörten, erschreckten Gesichtern in den Kurs mit. Fordern Sie die TN auf, zu viert über die Fotos zu sprechen: Was wünschen sich die Leute? Diese Übung können Sie auch schriftlich machen. Die TN suchen sich ein oder mehrere Fotos aus und schreiben die Wünsche der Personen auf. Diese Übung können Sie auch zu einem späteren Zeitpunkt als Wiederholung machen.

B4 **Aktivität im Kurs: Eine Wunschliste für den Unterricht erstellen**
1. Teilen Sie die TN in Gruppen zu sechst ein. Jede Gruppe erhält ein Plakat und einen dicken Filzstift. Die Gruppen notieren ihre Wünsche für den Unterricht. Anschließend werden die Plakate aufgehängt.
2. *fakultativ:* Wenn Sie genug Zeit haben, können Sie an diese Übung anschließend mit den TN darüber diskutieren, was für sie am wichtigsten ist und warum.
3. *fakultativ:* Bereiten Sie aufgrund der geäußerten Wünsche auf den Plakaten für eine der folgenden Unterrichtsstunden entsprechende Übungen vor. Die TN finden sich in Gruppen zusammen, die die gleichen Wünsche an den Unterricht hatten. So kann es eine Gruppe geben, die das Lesen trainieren möchte, eine, die schreiben möchte, eine Gruppe, die Grammatikübungen machen möchte usw. Sie können eine feste Zeit, z.B. eine Unterrichtsstunde, dafür vorsehen oder öfter zwischendurch solche Übungseinheiten anbieten. Dabei sollten die TN die Gelegenheit haben, die Gruppen zu wechseln und andere Schwerpunkte zu setzen. Vielleicht haben die TN auch Lust, selbst Übungen zu erstellen?

LERN
TAGEBUCH
Arbeitsbuch 14: Legen Sie eine Folie auf. Decken Sie die rechte Seite zunächst ab. Ergänzen Sie mit den TN noch einige Sätze zum Alltag. Gehen Sie dann zu den Wünschen über. Notieren Sie einige Beispiele, die die TN nennen. Fordern Sie dann die TN auf, nach diesem Beispiel zwei eigene kleine Zeichnungen anzufertigen und darunter ihren Alltag bzw. ihre Wünsche zu beschreiben.

Ich **hätte** gerne mal ein bisschen Ruhe.

Konjunktiv II
Lernziel: Die TN können über Wünsche sprechen.

PHONETIK

Arbeitsbuch 15–18: im Kurs: Der Wortakzent und der Satzakzent wurden in *Schritte international 1–3* immer wieder geübt. Die TN werden daher in Übung 15 problemlos das am stärksten betonte Wort heraushören und markieren können. Sie sollen erkennen, dass das Wort im Satz, das die (neue) Information an den Hörer enthält, am stärksten betont wird. Die TN lesen in Partnerarbeit die Sätze. Sie schreiben auch eigene Wünsche (Übung 16) und überlegen, welches Wort am wichtigsten ist und daher am stärksten betont wird. Lassen Sie mehrere TN ihre Beispiele vorlesen.

Nicht nur die Betonung strukturiert eine Information für den Hörer, auch die Länge der Sprechpausen gibt ihm Hinweise darüber, ob eine Information noch ergänzt wird bzw. weitergeht oder ob sie „zu Ende" ist. Spielen Sie Übung 17 zweimal vor, die TN markieren beim zweiten Hören die Satzmelodie. Anschließend lesen sie den Text in Partnerarbeit. Gehen Sie herum und achten Sie darauf, dass die TN Betonungen und Pausen einhalten. Die TN machen Übung 18 wie angegeben im Kurs oder als Hausaufgabe und lesen ihren Text im Plenum vor.

Materialien
C2 CD/Kassette mit schneller, aktueller Musik
C4 Kopiervorlage zu C4 (im Internet); Kopiervorlage
L8/C4, Spielfiguren, Würfel

Ich **könnte** rübergehen.

Konjunktiv II: *könnte*
Lernziel: Die TN können Vorschläge machen.

C   **8**

C1   Präsentation des Konjunktiv II: *könnte*

1. Die TN lösen die Aufgabe wie im Buch vorgegeben.
   Lösung: a) … doch etwas mit anderen jungen Leuten unternehmen. b) … ins Nachbarhaus gehen.
2. Erklären Sie den TN, dass es hier nicht um Wünsche geht, sondern um Vorschläge. Vorschläge formuliert man häufig mit
   „könnte". Notieren Sie die Formen einmal komplett an der Tafel.

Machen Sie die TN auf die Ähnlichkeit der neuen Form mit der Vergangenheitsform „konnte" aufmerksam. Die Endungen
sind gleich, nur „o" wird zu „ö". Die TN haben schon andere Möglichkeiten, Vorschläge zu machen, kennengelernt, z.B. den
Imperativ mit „doch (mal)" *(Schritte international 2,* Lektion 9). Fragen Sie die TN, wie man Vorschläge machen kann, und
sammeln Sie Beispiele an der Tafel.

Arbeitsbuch 19: in Stillarbeit

C2   Hörverstehen 1: Private Telefongespräche

1. Erklären Sie den TN, dass Wochenende ist und viele Leute sich dann verabreden, um etwas zusammen zu unternehmen.
   Teilen Sie den Kurs in zwei Gruppen. Jede Gruppe erhält ein Stück Kreide bzw. einen Tafelstift und steht vor einer Tafelhälfte.
   Die TN sollen aufschreiben, was man am Wochenende mit Freunden machen kann. Geben Sie ein Beispiel vor, z.B. „in die
   Disko gehen", damit die TN wissen, dass sie keine ganzen Sätze notieren sollen. Die TN einer Gruppe stellen sich
   hintereinander auf. Der erste TN jeder Gruppe läuft zur Tafel und notiert eine Aktivität, läuft zurück, gibt die Kreide an den
   zweiten und stellt sich hinten wieder an usw. Wenn Sie wollen, legen Sie während dieser Übung ein schnelles Musikstück
   auf, das erhöht das Tempo der Übung. Wenn Sie merken, dass den TN die Ideen ausgehen, drehen Sie die Musik ab und
   brechen Sie die Übung ab. Welche Gruppe hat am meisten gefunden?
2. Die TN lesen die Fragen im Buch. Spielen Sie erst alle Telefongespräche komplett vor, machen Sie dann beim zweiten Hören
   Pausen, damit die TN sich Notizen machen können. Spielen Sie die Gespräche so oft wie nötig vor.
3. Abschlusskontrolle im Plenum.
   Lösung: a) Martin, Stefan und Luis. b) Sie möchte tanzen gehen. c) Luis. d) Martin muss für eine Prüfung lernen. Stefan geht
   in ein Musical.

C3   Hörverstehen 2: Wichtige Details verstehen

1. Die TN lesen die Beispiele und ordnen die Namen aus dem Gedächtnis zu. Wenn nötig, spielen Sie die Gespräche noch
   einmal vor.
2. Abschlusskontrolle im Plenum.
   Lösung: <u>Betti:</u> Du könntest mal wieder deine Tango-Schuhe anziehen. Ich finde, wir könnten mal wieder zusammen was
   unternehmen. <u>Martin:</u> Wir könnten nächsten Samstag was zusammen machen. <u>Stefan:</u> Du könntest mitgehen. Es gibt noch
   Karten.

C4   Aktivität im Kurs: Vorschläge für das Wochenende

1. Die TN lesen die Beispieldialoge. Fragen Sie die TN, was man noch sagen kann, wenn man sich verabredet. Sammeln Sie die
   Vorschläge an der Tafel.
2. In Partnerarbeit spielen die TN mithilfe der angegebenen Beispiele und der Vorschläge an der Tafel ähnliche Dialoge.
   Verteilen Sie an schnelle TN die Kärtchen der Kopiervorlage zu C4 (im Internet). Jeder TN notiert eine Aktivität, die man am
   Wochenende machen kann. Zu C2 haben die TN solche Aktivitäten gesammelt, verweisen Sie noch einmal auf die Plakate
   oder das Tafelbild. Die TN gehen herum und versuchen, sich mit verschiedenen TN für diesen „Termin" zu verabreden.
3. *fakultativ:* Die TN sitzen in Gruppen zu viert zusammen. Verteilen Sie an jede Gruppe die Kopiervorlage L8/C4, Spielfiguren
   und einen Würfel. Die TN spielen das Spiel nach den Regeln auf dem Spielplan. Gehen Sie herum und helfen Sie bei
   Schwierigkeiten. Sie können das Spiel auch zu einem späteren Zeitpunkt als Wiederholung oder zur Festigung einsetzen.

Arbeitsbuch 20–23: in Stillarbeit oder als Hausaufgabe

8

D Wochenendaktivitäten, Veranstaltungen

Über Veranstaltungen am Wochenende sprechen 1
Lernziel: Die TN können Veranstaltungskalender lesen und Aktivitäten für das Wochenende planen.

Materialien
D2 Kopiervorlage L8/D2

D1 **Das Wortfeld „Freizeitaktivitäten"**

1. Die TN sehen sich den Wortigel im Buch an. Die verschiedenen Aktivitäten sind hier nach Oberbegriffen geordnet. Die TN ergänzen in Partnerarbeit weitere Aktivitäten und ordnen sie den Oberbegriffen zu. Bitten Sie sie, auch weitere Gedanken und Ideen zu den einzelnen Aktivitäten zu notieren.

2. Die TN sehen sich den Wortigel noch einmal an und notieren in drei Spalten, was sie gern, nicht so gern, gar nicht gern machen.

Arbeitsbuch 24: als Hausaufgabe

D2 **Partnerinterview: Über das Wochenende sprechen**

1. Die TN machen anhand der vorgegebenen Fragen Partnerinterviews und notieren die Antworten. Geübte TN erweitern ihre Fragenliste mit eigenen Fragen, z.B. „Was machst du nie am Freitagabend?"

2. Die TN setzen sich in Kleingruppen zusammen und berichten über ihre Partnerin / ihren Partner. Achten Sie darauf, dass die Partner in verschiedenen Gruppen sitzen.

3. Sprechen Sie mit den TN darüber, was Deutsche oft am Wochenende machen (vgl. *Schritte international 1*, Zwischenspiel zu Lektion 6). Nutzen Sie als Einstieg ins Gespräch die Kopiervorlage L8/D2. Wie ist das in der Heimat der TN?
   Lösung: richtig: b, d, e

4. *fakultativ:* Wenn Sie den Konjunktiv II noch weiter üben möchten, lassen Sie die TN einen Text schreiben mit dem Titel „Mein Traumwochenende". Für ungeübte TN können Sie eine Kopie mit Satzanfängen vorbereiten. Geübte TN schreiben einen freien Text. Sammeln Sie die Texte ein und korrigieren Sie sie.

D3 **Leseverstehen: Einen Veranstaltungskalender lesen**

1. Die TN bearbeiten die Aufgabe wie im Buch angegeben. Klären Sie unbekannten Wortschatz, besonders „Tag der offenen Tür" und „Lesung".
   Lösung:

Mo	Di	Mi	Do	Fr	Sa
Tag der offenen Tür	Theater	Tanz	Ausstellung	Rundfahrt	Konzert

2. Fragen Sie die TN, was Geld kostet und was kostenlos ist. Sprechen Sie auch über Ermäßigungen für Senioren oder Studenten. Was braucht man, um diese Ermäßigungen zu bekommen? Wo kann man einfach hingehen? Wo sollte man vorher anrufen und Karten bestellen?

D4 **Aktivität im Kurs: Kursgespräch über eigene Vorlieben**

Die TN berichten im Plenum, welche Veranstaltung sie gerne besuchen würden, und begründen ihre Wahl.

PRÜFUNG **Arbeitsbuch 25:** Diese Aufgabe bereitet auf den mündlichen Teil der Prüfung *Start Deutsch 2* vor. Hier müssen die TN zu zweit in ca. fünf Minuten etwas aushandeln, wobei sie auch Vor- und Nachteile benennen sollten. Wichtig ist, dass die TN zu einem Ergebnis kommen. Achtung: Die Teile a) und b) des Arbeitsbuches sind eine ausführliche Vorbereitung, die in der Prüfung nicht vorkommt. Lassen Sie die Gespräche im Kurs vorspielen, das entspricht am ehesten der Prüfungssituation.

Veranstaltungstipps

Über Veranstaltungen am Wochenende sprechen 2
Lernziel: Die TN können Veranstaltungshinweise auf Plakaten, Anzeigen, Flyern lesen und
Aktivitäten für das Wochenende planen.

E **8**

E1 Leseverstehen: Veranstaltungshinweise verstehen

1. Die TN sehen sich die verschiedenen Texte an. Sprechen Sie mit den TN über die Veranstaltungen: Was kann man da sehen oder machen? Für wen ist diese Veranstaltung?
2. Die TN lesen die Texte noch einmal und notieren Tag und Zeit. Sagen Sie den TN, dass es nicht für alle Veranstaltungen Angaben gibt. Bevor Sie die Lösung besprechen, gehen Sie über zu Aufgabe E2. *Lösung*: siehe E2

E2 Hörverstehen 1: Veranstaltungshinweise im Radio verstehen und notieren

1. Termine, die nicht in den Anzeigen genannt wurden, werden in einer Radiosendung genannt. Spielen Sie die CD/Kassette mehrmals vor. Machen Sie Pausen, damit die TN Zeit zum Schreiben haben. Die TN notieren die fehlenden Termine.
2. Die TN vergleichen ihre Lösungen in Partnerarbeit.
3. Abschlusskontrolle im Plenum.
   Lösung (die kursiven Informationen werden nur im Hörtext genannt):

1	2	3	4	5
Sonntag 10–18 Uhr	*montags–donnerstags 8–18 Uhr*	*Sonntag 18 Uhr*	*Samstag 11 Uhr*	*Do, Fr, So 14 Uhr*

4. Die TN führen in Partnerarbeit ein Gespräch darüber, welche Veranstaltungen sie interessieren und begründen ihre Wahl.
5. Fragen Sie die TN, wo man solche Hinweise hört und was das für ein Sender ist. Erläutern Sie den TN das Lokalradio, das nur in einer kleinen Region, manchmal nur in einer Stadt zu hören ist. Solche Radiostationen bringen in Deutschland unter anderem Veranstaltungstipps für die Region. Gibt es am Heimatort der TN auch einen Radiosender? Und werden Veranstaltungstipps gegeben?

E3 Hörverstehen 2: Eine einfache Radiosendung verstehen

1. Die TN lesen die Beispiele und versuchen aus der Erinnerung heraus eine erste Zuordnung der Aussagen zu den Tipps, die sie soeben gehört haben.
2. Spielen Sie die CD/Kassette noch einmal vor. Die TN notieren ihre Lösungen.
3. Abschlusskontrolle im Plenum. *Lösung*: b) 3; c) 1; d) 5; e) 2

E4 Hörverstehen 3: Eine Radiosendung genau verstehen

1. Die TN lesen die Sätze 1–5. Die TN kreuzen ihre Lösungen an, während sie die Sendung noch einmal hören.
   Geübte TN entscheiden sich schon beim ersten Lesen und überprüfen ihre Lösung beim Hören.
2. Die TN hören die Sendung erneut.
3. Abschlusskontrolle im Plenum. *Lösung*: richtig: 1a, 2a, 2b, 3a, 3b; falsch: 1b, 4a, 4b, 5a, 5b

Arbeitsbuch 26: als Hausaufgabe

Arbeitsbuch 27: Diese Aufgabe bereitet auf den Prüfungsteil Lesen, Teil 1, der Prüfung *Start Deutsch 2* vor. Die TN sollen in Informationstexten nach bestimmten Informationen suchen und in einer Multiple-Choice-Aufgabe die passende Lösung ankreuzen.

Einen Test zu Lektion 8 finden Sie auf Seite 104 f. Weisen Sie die TN auf die interaktiven Übungen auf ihrer Arbeitsbuch-CD hin. Die TN können mit diesen Übungen den Stoff stelbstständig wiederholen und sich ggf. auch auf den Test vorbereiten.

Zwischenspiel 8
Sonntags ...
Landeskunde: Ein deutsches Märchen; Wörter mit kultureller Bedeutung

Materialien
1,5 Kopiervorlage „Zwischenspiel zu Lektion 8"
2 Kopiervorlage „Zwischenspiel zu Lektion 8" (im Internet)

1   **Leseverstehen: Einen Informationstext lesen; ein Glossar lesen**
1. Verteilen Sie die Kopiervorlage „Zwischenspiel zu Lektion 8". Die TN lesen die Fragen zu Übung 1.
2. Sie öffnen ihr Buch und lesen zunächst nur den Infotext auf der linken Seite oben. Sie beantworten Frage a) und b).
3. Abschlusskontrolle im Plenum.
   Lösung: a) <u>früher</u>: ausruhen; <u>heute</u>: sportlich sein b) In der Bibel steht, dass Gott am siebten Tag, am Sonntag, eine Pause gemacht hat. Für die Menschen mit christlichem Glauben ist der Sonntag deshalb ein besonderer Tag.
4. Die TN lesen das Glossar zu den „Sonntags-Wörtern" im Kursbuch.
5. Stellen Sie mithilfe von Übung 2 der Kopiervorlage sicher, dass alle TN die Bedeutung der Wörter verstanden haben. Bitten Sie die TN zu vergleichen: Wie heißen diese Wörter in ihrer Sprache? Wird ein ähnliches Bild verwendet? Ein anderes? Gibt es ein vergleichbares Wort überhaupt? *Lösung:* richtig: d, e
6. Die TN überlegen in Stillarbeit, welche „Sonntags-Wörter" einen Bezug zu ihrem eigenen Leben haben, und machen sich ein paar Notizen. Wenn die TN nicht so viel Bezug zu sich sehen, fragen Sie auch, welches Sonntags-Wort ihnen besonders gut gefällt.
7. Die TN sprechen in Partnerarbeit oder in kleinen Gruppen von vier TN über die „Sonntags-Wörter". Gehen Sie herum und regen Sie die Gespräche, wenn nötig, durch gezieltes Nachfragen an.

2   **Hörverstehen: Ein Märchen verstehen**
1. Die TN sehen sich die Bilder zum Märchen an und überlegen zu zweit, worum es in der Geschichte geht und was das Märchen mit dem Wort „Sonntagskind" zu tun haben könnte. Wer will, stellt seine Vermutungen im Plenum vor.
2. Die TN hören das Märchen einmal durchgehend und verfolgen es auf den Bildern mit. Bitten Sie sie, darauf zu achten, was die Erklärung zu „Sonntagskind" ist.
3. Die TN schreiben mithilfe der Stichwörter im Kursbuch eine Kurzdefinition zu „Sonntagskind". Lassen Sie einige Definitionen vortragen, die anderen werden im Kursraum aufgehängt. Was könnte ein Synonym zu Sonntagskind sein? (Glückskind)

4. *fakultativ:* Wenn Sie den Inhalt des Märchens vertiefen wollen, dann bearbeiten Sie die Aufgabe 3 der Kopiervorlage zum Zwischenspiel (im Internet).

3   **Die eigene Meinung sagen**
1. Spielen Sie das Märchen ggf. noch einmal vor. Fragen Sie die TN, ob sie Hans auch als Sonntagskind empfinden. Warum?
2. *fakultativ:* Wenn Sie mit den TN das freie Schreiben üben möchten, können die TN das Märchen als Hausaufgabe zusätzlich schriftlich nacherzählen. Sammeln Sie die Texte ein und geben Sie sie korrigiert zurück.

4   **Aktivität im Kurs: „Sonntags-Wörter" erfinden**
1. Die TN finden sich in kleinen Gruppen von 4–5 TN zusammen. Sie denken sich zwei neue Sonntags-Wörter aus und schreiben jeweils eine Definition dazu.
2. Die TN stellen im Plenum ihre neuen Wörter vor. Wenn Sie das Ganze als Wettbewerb gestalten wollen, bitten Sie sie, das ihrer Meinung nach schönste Sonntagswort zu notieren. Abschließend wird über das schönste Sonntagswort abgestimmt.

5   **Kursgespräch: Der Sonntag in den Ländern der Kursteilnehmer**
Die TN lesen Übung 3 auf der Kopiervorlage und erzählen über den Sonntag bzw. den wöchentlichen Feiertag in ihrem Land.

TIPP

Anhand der „Sonntags-Wörter" können Sie zeigen, dass Wörter in einen kulturellen Kontext eingebettet sind. Wörter entstehen und entwickeln sich aufgrund von gesellschaftlichen Erfahrungen (z.B. der Sonntagsbraten) und Bewertungen (in Deutschland werden mit dem Wort „Sonntag" positive Dinge assoziiert). Deshalb kann man manche Wörter auch kaum in andere Sprachen übersetzen. Wenn Sie also in Zukunft Wörter erklären, übersetzen Sie nicht nur, sondern machen Sie auch die kulturspezifische Bedeutung bewusst. Ein einfaches Beispiel: Bei dem Wort „Frühstück" denkt man in Deutschland häufig an „Marmelade" und „Brot", weil viele süß frühstücken. Finnen würden hier eher an „Käse" denken, Asiaten gar an „Reis". In Italien wird „Frühstück" vielleicht mit „Keks" oder mit „Bar" assoziiert, da viele außer Haus frühstücken.
Diese Methoden können Sie bei einer differenzierten Bedeutungsvermittlung von Wörtern verwenden:
1. Assoziationen: Die TN sammeln Assoziationen zu einem Begriff. Kommentieren Sie diese gezielt landeskundlich und weisen Sie auf Unterschiede hin. TN, die schon in einem deutschsprachigen Land waren, können vielleicht selbst die „deutschen" Assoziationen sammeln. Sie werden dann mit den Assoziationen der anderen TN verglichen.
2. Bedeutungssysteme: Bedeutungen sind im Gehirn hierarchisch strukturiert. Lassen Sie Begriffe daher in ein System von Ober- und Unterbegriffen einordnen. Geben Sie z.B. einen Oberbegriff vor (z.B. „gehen") und lassen Sie Unterbegriffe dazu suchen (z.B. „wandern", „bummeln", „schlendern"). Oder nennen Sie (Unter-)Begriffe, für die die TN einen Oberbegriff suchen.
3. Historische Entwicklung eines Begriffs: Zeigen Sie, wie Begriffe aufgrund von gesellschaftlichen Bedingungen entstehen (z.B. Sonntagsbraten), sich verändern oder auch veralten (z.B. Zimmerwirtin).

Weitere Materialien für noch mehr Abwechslung im Unterricht finden Sie unter www.hueber.de/schritte-international.

WARENWELT

Folge 9: *Lampen-Müller*
Einstieg in das Thema: Einkauf auf dem Flohmarkt

1 **Vor dem Hören: Vorwissen aktivieren**

1. Bevor Sie mit der Foto-Hörgeschichte beginnen, besprechen Sie mit den TN folgendes Szenario: „Sie wollen einen Bürostuhl kaufen, wohin könnten Sie gehen?" Die TN werden vermutlich die Namen von Geschäften am Kursort nennen. Notieren Sie diese Namen an der Tafel. Fragen Sie anschließend, um was für ein Geschäft es sich handelt. Beginnen Sie mit den leichten Begriffen, die die TN wahrscheinlich kennen: „Kaufhaus", „Supermarkt". Notieren Sie auch diese Begriffe. Evtl. fällt hier bereits der Begriff „Flohmarkt". Erklären Sie die Wörter „Flohmarkt", „Fachgeschäft" und „Einzelhandelsgeschäft".
2. Die TN setzen sich in Kleingruppen zu viert zusammen und diskutieren die Vorteile und die Nachteile der Geschäfte. Die Ergebnisse halten die TN in einer Tabelle fest. Gehen Sie herum und helfen Sie bei Schwierigkeiten und Vokabelfragen. Gehen Sie ggf. auf Unterschiede zum Heimatland der TN ein (z.B. kauft man dort mehr/weniger in Fachgeschäften als in Deutschland? Was vermuten die TN?)
3. Die Gruppen stellen ihre Ergebnisse im Plenum vor. Damit es nicht zu lange dauert, stellt jede Gruppe nur eine Geschäftsform vor. Die anderen ergänzen, wenn nötig.
4. Die TN lösen Aufgabe 1 wie im Buch angegeben.
5. Abschlusskontrolle im Plenum. *Lösung:* Auf dem Flohmarkt.

2 **Vor dem Hören: Schlüsselwörter verstehen**

1. Die TN lösen in Partnerarbeit die Aufgabe wie angegeben. Weil das in der vorbereitenden Besprechung schon behandelt wurde, kann diese Übung zügig behandelt werden.
2. Abschlusskontrolle im Plenum. *Lösung:* Flohmarkt: a, c; Fachgeschäft: b

3 **Beim ersten Hören**

1. Die TN sehen sich die Fotos an und überlegen zu zweit, was passiert. Sie beschränken sich darauf zu beschreiben, was die Personen auf den Fotos tun, wo sie sind, welche Gegenstände zu sehen sind. Helfen Sie den TN bei unbekannten Wörtern (wie z.B. „Lampion"). Geübte TN sollten versuchen, eine kleine Geschichte zu erzählen. Erinnern Sie sie an die Verbindungswörter „da", „dann", „danach" usw. Auch „trotzdem", „denn", „weil" usw. sollten benutzt werden. Stellen Sie ggf. für die geübten TN eine kleine Liste mit Wörtern (weil, trotzdem …) zusammen, die benutzt werden müssen. Diese Übung eignet sich auch im Anschluss als Hausaufgabe.
2. Während des Hörens konzentrieren die TN sich auf folgende Fragen: Was will Maria kaufen? Warum? Was kauft sie schließlich? *Lösungsvorschlag:* Maria will eine Schreibtischlampe kaufen. Auf ihrem Schreibtisch gibt es zu wenig Licht / ist es zu dunkel. Sie kauft einen Lampion, einen Helm, einen Bierkrug und einen Anzug für das Baby.

4  **Nach dem ersten Hören: Die Geschichte korrigieren**

1. Die TN lesen den Text und korrigieren die Fehler. Weisen Sie die TN ggf. darauf hin, dass es sich hier um falsche Informationen handelt und nicht um grammatische Fehler.
2.  Die TN hören die Foto-Hörgeschichte noch einmal, um die Fehler zu finden. Geübte TN verbessern die Geschichte vorab und überprüfen beim zweiten Hören ihre Lösung.
3. Abschlusskontrolle im Plenum.
Lösung: Kurt meint, dass sie in ein Fachgeschäft für Lampen gehen soll. Aber Maria geht lieber mit Sebastian auf den Flohmarkt. Dort gibt es verschiedene Lampen aus Plastik und Metall … Wenn man gute Lampen kaufen will, muss man in ein Fachgeschäft gehen.
4. *fakultativ:* Wenn Sie noch einen Schreibanlass suchen, bitten Sie die TN, den Text aus Aufgabe 4 zu erweitern: Die TN können Sätze ergänzen, Nebensätze einfügen usw. Machen Sie den Anfang mit den TN zusammen an der Tafel. Sammeln Sie die Texte ein und korrigieren Sie sie.

5 **Nach dem Hören: Kursgespräch über Erfahrungen mit Basaren und Flohmärkten**

Regen Sie bei kleinen Gruppen ein Gespräch im Plenum an. Wenn Sie eine große Gruppe haben, bilden Sie Kleingruppen zu sechs TN, die sich über das Thema „Flohmarkt" unterhalten.
Variante: Spielen Sie Cocktailparty mit Ihrem Kurs. Die TN gehen frei durch den Raum, während Sie leise Musik von einer CD spielen. Vielleicht bauen Sie ein kleines „Büffet" aus zwei, drei Tafeln Schokolade auf. Wenn Sie die Musik ausschalten, sucht sich jeder TN eine Partnerin / einen Partner. Die Partner tauschen ihre Erfahrungen und Meinungen zum Thema „Flohmarkt" aus. Regen Sie die TN, die noch nie auf einem Flohmarkt waren, ganz besonders dazu an, den anderen Fragen zu stellen. Nach einer Minute schalten Sie die Musik wieder ein, die TN gehen wieder herum, bis Sie die Musik erneut abschalten usw. Begrenzen Sie das Spiel auf vier Durchgänge, damit es nicht langweilig wird.

9   A   **Kennst du ein gutes Geschäft?**
Adjektivdeklination mit dem unbestimmten Artikel im Nominativ und Akkusativ
Lernziel: Die TN können Gegenstände beschreiben.

Materialien
A1 ein weicher Ball oder ein zusammengeknotetes Tuch; Zettel mit Nummern und Adjektiven
A3 Werbeprospekte, Scheren
A4 Plakate und Filzstifte; Kopiervorlage L9/A4, Spielfiguren, Würfel

---

A1   **Präsentation der Adjektivdeklination mit dem unbestimmten Artikel im Nominativ und Akkusativ**

1. Bevor Sie mit der Einführung der Adjektivendungen beim attributiven Gebrauch beginnen, sollten Sie eine Wiederholung vorschalten. Die TN stellen sich im Kreis auf. Werfen Sie einem TN den Ball / das Tuch zu, dabei sagen Sie ein Adjektiv. Der TN nennt das Gegenteil, wirft dann seinerseits das Tuch / den Ball und sagt ein Adjektiv. Achten Sie darauf, dass nur möglichst gängige und allen bekannte Adjektive verwendet werden! Das Spiel sollte zügig gespielt werden.
   Variante: Der werfende TN sagt ein Nomen, der fangende TN antwortet mit einem dazu passenden Adjektiv, z.B. Kaffee – heiß, Fahrrad – langsam.
2. Die TN lösen Übung 1 und 2 im Arbeitsbuch.
3. Die TN schlagen die Bücher auf. Sie hören die Dialoge so oft wie nötig und ergänzen die Endungen.
4. Die TN lesen die Dialoge in Partnerarbeit und vergleichen dabei ihre Lösungen.
5. Abschlusskontrolle im Plenum. *Lösung*: a) gutes; c) schöne und billige; d) runde
6. Bitten Sie je zwei TN, die Dialoge vorzulesen, damit sich die neue Form einschleift. Wiederholen Sie das Lesen ruhig mehrmals, berücksichtigen Sie dabei besonders ungeübte TN. So können Sie gleichzeitig überprüfen, ob alle auch wirklich die richtige Lösung eingetragen haben.
7. Erstellen Sie anhand der Dialoge folgendes Tafelbild:

der Flohmarkt   ein/kein großer Flohmarkt
das Geschäft   ein/kein gutes Geschäft
die Lampe   eine/keine runde Lampe
die Lampen   billige Lampen
     keine billigen (!) Lampen

Zeigen Sie den TN mithilfe des Tafelbildes, dass sich die Endungen des bestimmten Artikels in den Endungen der Adjektive wiederfinden. Die Adjektivendungen beim Negativartikel entsprechen denen des unbestimmten. Ergänzen Sie ihn im Tafelbild. Weisen Sie auf die Ausnahme im Plural hin. Beschränken Sie sich bei Ihrer Erklärung und bei der Übungsphase im Anschluss zunächst auf die Formen im Nominativ. Die Formen im Akkusativ können bei A2 bewusst gemacht und geübt werden.

8. *fakultativ*: Eine schöne Einstiegsübung in das schwierige Thema der Adjektivdeklination ist folgende: Bereiten Sie zu Hause ca. zwölf Zettel vor, die Sie durchnummerieren und mit einem Adjektiv versehen. Im Unterricht kleben Sie diese Zettel an je einen Gegenstand, z.B. den Zettel „5 – modern" an den CD-Spieler. Wenn Sie alle Zettel verteilt haben, bitten Sie die TN, mit Stift und Heft herumzugehen und zu jeder Nummer einen kleinen Satz zu notieren. „Nummer 5 ist ein moderner CD-Spieler." Bei dieser Übung wenden die TN die Adjektivendungen zum ersten Mal selbstständig an, jedoch an Wörtern, die ihnen bekannt sind. Wenn Sie die Zettel gut im Raum verteilt haben, hat das Suchen und Herumlaufen auch eine auflockernde und motivierende Wirkung.

Arbeitsbuch 3–4: in Stillarbeit

A2   **Variation: Anwendungsaufgabe zur Adjektivdeklination; Erweiterung**

1. Die TN hören die Dialoge.
2. Weisen Sie auf die Akkusativendungen in Dialog b) hin und ergänzen Sie die Form im Tafelbild von A1.

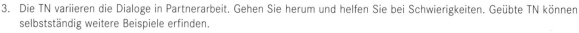

der Flohmarkt   ein/kein großer Flohmarkt
den Stuhl   einen/keinen alten Stuhl

Die TN empfinden die Unterscheidung von Subjekt (= Nominativ) und Objekt (= Akkusativ) im Allgemeinen als recht schwierig. Um ihnen das Lernen zu erleichtern, weisen Sie ausdrücklich darauf hin, dass die Endungen sich im Akkusativ nur bei maskulinen Nomen ändern.

3. Die TN variieren die Dialoge in Partnerarbeit. Gehen Sie herum und helfen Sie bei Schwierigkeiten. Geübte TN können selbstständig weitere Beispiele erfinden.

Arbeitsbuch 5–7: in Stillarbeit oder als Hausaufgabe

Materialien
A1 ein weicher Ball oder ein zusammengeknotetes
Tuch; Zettel mit Nummern und Adjektiven
A3 Werbeprospekte, Scheren
A4 Plakate und Filzstifte; Kopiervorlage L9/A4,
Spielfiguren, Würfel

Kennst du ein **gutes** Geschäft?

Adjektivdeklination mit dem unbestimmten Artikel im Nominativ und Akkusativ
Lernziel: Die TN können Gegenstände beschreiben.

A **9**

A3 **Vertiefung: Anwendungsaufgabe zur Adjektivdeklination**

1. Die TN lesen die Dialoge und ergänzen die Endungen.
2. Die TN vergleichen ihre Lösungen zunächst in Partnerarbeit, hören die Dialoge dann von der CD/Kassette und überprüfen ihre Lösungen selbstständig. *Lösung:* vgl. Hörtext
3. *fakultativ:* Die TN bringen Werbekataloge mit und schneiden Bilder von Haushaltsgegenständen, Möbeln usw. aus. Stellen Sie drei oder vier Tische als Flohmarktstände auf. Auf den Tischen verteilen Sie gleichmäßig die ausgeschnittenen Bilder. Einige TN spielen Verkäufer, sie stehen hinter den Tischen. Die anderen TN schlendern zu zweit an den Ständen vorbei und unterhalten sich über die Gegenstände, die angeboten werden, und stellen Fragen an den Verkäufer, ähnlich wie in den Musterdialogen aus A3. Allerdings sollten die TN frei sprechen. Gehen Sie herum und helfen Sie bei Schwierigkeiten.

Arbeitsbuch 8–10: in Stillarbeit oder als Hausaufgabe

A4 **Aktivität im Kurs: Das Klassenzimmer verschönern**

1. Bilden Sie Kleingruppen von vier TN. Jede Gruppe erhält ein Plakat und einen Filzstift. Die TN sollen sich vorstellen, dass sie auf den Flohmarkt gehen, weil sie das Klassenzimmer verschönern wollen. Die Gruppen notieren in einer Tabelle wie im Buch, was sie kaufen würden.
2. Die Plakate werden aufgehängt, sodass jede Gruppe sehen kann, was die anderen kaufen würden. Ermuntern Sie die TN, Fragen zu den Plakaten zu stellen, z.B. „…., warum wollt ihr neue Tische kaufen?", oder „Was sollen wir mit einem Bild?", „Wo soll denn das Sofa stehen? Hier ist doch so wenig Platz."
3. *fakultativ:* Zur Vertiefung der Adjektivendungen kopieren Sie die Kopiervorlage L9/A4 in ausreichender Zahl. Die TN sitzen zu viert zusammen und spielen nach den Spielregeln auf dem Spielplan.
   Hinweis: Die Kopiervorlage L9/A4 können Sie zwischendurch immer wieder mal einsetzen, z.B. später, wenn die TN die Dativendungen oder die Verwendung der Adjektive mit dem bestimmten Artikel kennengelernt haben. Weil die TN eigene Sätze bilden müssen, gibt es bei diesem Spiel eine große Variationsbreite. Damit sich die Adjektivendungen einschleifen, sind Wiederholungsübungen sehr wichtig. Als Variante können Sie die Kopiervorlage selbst abändern und neue Adjektive vorgeben oder die Nomen austauschen.

Bei einer **neuen** Lampe hast du Garantie.

Adjektivdeklination mit dem unbestimmten Artikel im Dativ
Lernziel: Die TN können Gegenstände beschreiben.

Materialien
B2 große Zettel, Kopiervorlage L9/B2
B3 Kopiervorlage zu B3 (im Internet)
Lerntagebuch: vergrößerte Folie von Übung 20

B1   **Variation: Präsentation der Adjektivdeklination mit dem unbestimmten Artikel im Dativ**

1. Zur Wiederholung können Sie an der Tafel Präpositionen sammeln, die die TN Ihnen nennen. Geben Sie dazu eine oder zwei exemplarisch vor und fragen Sie, welche Präpositionen die TN noch kennen.
2. Machen Sie an einer Seite der Tafel folgende Tabelle. Bitten Sie die TN, die Präpositionen zu sortieren. Die Wechselpräpositionen schreiben Sie in die Mitte.

Akkusativ		_Dativ_
einen Wecker / ein Radio / eine Lampe		einem Wecker / einem Radio / einer Lampe
Lampen		Lampen
durch	in	mit
für	an	von
...	auf	zu

3. Die TN hören den Dialog.
4. Lenken Sie die Aufmerksamkeit der TN auf die Adjektivendung im Dativ und ergänzen Sie die Form an der Tafel. Erklären Sie den TN, dass die Adjektivendung im Dativ immer „-en" ist, genauso für den negativen Artikel. Weisen Sie auch auf den Grammatikspot im Buch hin.
5. Die TN variieren den Dialog in Partnerarbeit.

B2   **Anwendungsaufgabe zur Adjektivdeklination mit dem unbestimmten Artikel im Dativ**

1. Bitten Sie die TN sich vorzustellen, sie gingen gemeinsam in ein Kaufhaus. Fragen Sie sie, welche Abteilungen es dort gibt. Bitten Sie einen TN, die Wörter, die genannt werden, an der Tafel zu notieren.
2. Sprechen Sie mit den TN darüber, was man in den verschiedenen Abteilungen kaufen kann.
3. Klären Sie zunächst mit den TN die Begriffe „Sohle", „Milchtopf", „Bildschirm". Die TN ordnen die kurzen Gespräche den Abteilungen zu und ergänzen die Lücken.
4. Die TN hören die Dialoge und überprüfen ihre Lösungen.
   Lösung: Haushaltswaren: 2; Sport: 1; Elektrowaren: 4; Spielzeug: 3; 1. … einer weichen Sohle; 2. … einem kleinen Milchtopf; 3. … einer alten Lokomotive; 4. … einem flachen Bildschirm – … mit flachen Bildschirmen
5. _fakultativ_: Spielen Sie Kaufhaus. Bereiten Sie vorab große Zettel vor, auf denen die Namen einzelner Abteilungen eines Kaufhauses stehen. Verteilen Sie diese Zettel im Kursraum, hängen Sie sie an Wände, Tische, Stühle. Kopieren Sie die Kopiervorlage L9/B2 und schneiden Sie die Kärtchen aus. Klären Sie ggf. unbekannte Wörter mit den TN. Verteilen Sie die Kärtchen an die Hälfte der TN. Die TN, die ein Kärtchen haben, sind die Kunden, diejenigen ohne Kärtchen sind Verkäufer. Ein TN mit Kärtchen spielt mit einem Verkäufer einen kleinen Dialog. Er sucht, was auf seinem Zettel steht (Radio: gut – Antenne: Ich suche ein Radio mit einer guten Antenne). Anschließend gibt der Kunde sein Kärtchen dem Verkäufer, damit tauschen die beiden ihre Rollen. Beide suchen sich eine neue Partnerin / einen neuen Partner.

Arbeitsbuch 11–13: als Hausaufgabe

B3   **Aktivität im Kurs: Ein Zimmer einrichten**

1. Die TN sitzen zu zweit zusammen. Sie sollen ein Zimmer einrichten und die Einrichtung zeichnen. Zur Vorbereitung lesen die TN den Beispieldialog. Weisen Sie die TN auf den Infospot hin. Material beschreibt man mit „aus" ohne Artikel.
2. Die Paare tauschen ihre Bilder aus. Mit der Partnerin / dem Partner beschreiben sie, wie das Zimmer eingerichtet ist. Erinnern Sie die TN an die Wechselpräpositionen.
   Variante: Sie können auch die Kopiervorlage zu B3 (im Internet) verteilen.

Arbeitsbuch 14–15: in Stillarbeit oder als Hausaufgabe

PHONETIK   **Arbeitsbuch 16–19:** Die TN üben und wiederholen mit diesen Übungen Haupt- und Nebenakzente. Erinnern Sie die TN an die Phonetikübungen in Lektion 8: Die TN haben dort gesehen, dass das wichtigste Wort am stärksten betont wird. Spielen Sie Übung 16 vor, die TN sprechen nach und klatschen oder stampfen mit. Genauso in Übung 18. In den Übungen 17 und 19 denken sich die TN eigene Sätze mit den vorgegebenen Wörtern aus und versuchen, sie möglichst rhythmisch zu sprechen. Wenn die TN Freude daran haben, können sie auch ganz neue Beispiele erfinden und der Partnerin / dem Partner vorsprechen.

LERN
TAGEBUCH   **Arbeitsbuch 20:** Legen Sie eine Folie der Übung auf. Decken Sie mit einem Blatt die Folie so ab, dass nur die erste Zeile zu sehen ist. Verdeutlichen Sie den TN noch einmal, dass die Endung des bestimmten Artikels bei der Verwendung des unbestimmten Artikels an das Adjektiv wandert. Verfahren Sie ebenso mit den anderen Beispielen und verweisen Sie auf die Ausnahmen, die hier mit einem Ausrufezeichen gekennzeichnet sind. Die TN vervollständigen die Tabelle selbstständig. Gehen Sie herum und helfen Sie bei Schwierigkeiten.

Ich finde die hier **schöner**.

Komparation
Lernziel: Die TN können Gegenstände, Personen usw. miteinander vergleichen.

C **9**

C1 Präsentation von Komparativ und Superlativ

1. Die TN hören den Dialog so oft wie nötig und ergänzen die Lücken.
2. Abschlusskontrolle im Plenum. *Lösung*: schön, schöner, am schönsten
3. Erklären Sie den TN, dass es sich bei dieser Form um die Steigerung handelt. Zeigen Sie auf den Grammatikspot und machen Sie den TN deutlich, dass sich so nahezu alle Adjektive steigern lassen.

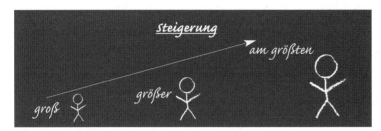

! Falls die TN sich über die Änderung des Umlauts in Ihrem Tafelbeispiel wundern, bitten Sie sie noch um ein wenig Geduld. Die Systematisierung erfolgt in C2.

C2 Anwendungsaufgabe zum Komparativ und zum Superlativ

1. Legen Sie eine Folie des Bildes aus C2 auf. Fordern Sie die TN auf, das Bild zu beschreiben. Fragen Sie dann nach der Situation: Wo ist das? Was ist das für ein Mann? Was macht er?
   Mögliche Antworten: Das ist auf einem Markt. Der Mann will etwas verkaufen. Die Leute sollen bei ihm stehen bleiben. Er ist „Marktschreier".
2. Die TN schlagen die Bücher auf, lesen die Dialoge und ergänzen die Lücken.
3. Die TN hören die Dialoge und vergleichen ihre Lösungen. *Lösung:* vgl. Hörtext
4. Spielen Sie den ersten Dialog noch einmal vor. Fragen Sie die TN, was das Besondere an dieser Gemüsereibe ist. So können die TN die neue Form noch einmal in eigenen Worten wiederholen, aber auch ergänzende Informationen aus dem Hörtext geben.
   Mögliche zusätzliche Antworten: Es geht besonders schnell. Man schneidet sich nie mehr. Es gibt diese Reibe nur heute.
5. Verfahren Sie mit den Beispielen 2 und 3 ebenso.
   Mögliche zusätzliche Antworten: 2 Man braucht keine Seife mehr. Es ist eine einmalige Chance. 3 Der Dosenöffner funktioniert bestimmt. Jetzt gibt es noch alle Farben und Größen.
6. Erstellen Sie an der Tafel eine Tabelle, beginnen Sie mit der bereits bekannten und regelmäßigen Form von „schön". Ergänzen Sie die Tabelle mit den Adjektiven aus den Dialogen. Machen Sie den TN deutlich, dass die Umlaute „a", „o", „u" oft zu „ä", „ö", „ü" werden. Fragen Sie die TN nach weiteren Adjektiven und ihren Steigerungen, bis die TN Sicherheit in der Anwendung gewonnen haben.

   Aus *Schritte international 2*, Lektion 13, kennen die TN schon die Steigerung der Adjektive „gern", „viel" und „gut". Ergänzen Sie auch diese in der Tabelle.
7. *fakultativ*: Die TN überlegen zu zweit, was ein Marktschreier noch für Produkte anbieten könnte. Sie wählen eins aus und schreiben einen kleinen Text darüber, was sie als Marktschreier zu diesem Produkt sagen könnten. Machen Sie auch ungeübten TN Mut, sich an einem Text zu versuchen, denn auch mit einfachen Worten kann das Produkt angepriesen werden: „Hier, die Reibe! Super! Scharf! Müssen Sie haben!" Anschließend werden einige Texte frei im Plenum vorgespielt. Der Tafelschwamm oder ein Schreibmäppchen können als Dummy für das jeweilige Produkt dienen.

Arbeitsbuch 21: in Stillarbeit oder als Hausaufgabe

9   **C**   Ich finde die hier **schöner.**

Komparation

Lernziel: Die TN können Gegenstände, Personen usw. miteinander vergleichen.

Materialien
C3 Kopiervorlage L9/C3
C4 Plakate, Filzstifte; Kopiervorlage L9/C4

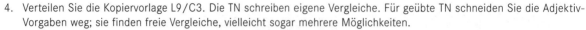

C3   Variation: Anwendungsaufgabe zur Komparation

1. Die TN sehen sich das Bild an und beschreiben es. Fragen Sie, wo die Frauen sind und was sie machen. Gehen Sie besonders auf die Schmuckstücke in der Auslage ein und erklären Sie die Wörter „Kette" und „Ohrring".
2. Gehen Sie weiter vor wie auf Seite 8 beschrieben.
3. Weisen Sie auf den Grammatikspot hin und erklären Sie den TN, dass man für einen Vergleich die Form „-er als" benutzt.
4. Verteilen Sie die Kopiervorlage L9/C3. Die TN schreiben eigene Vergleiche. Für geübte TN schneiden Sie die Adjektiv-Vorgaben weg; sie finden freie Vergleiche, vielleicht sogar mehrere Möglichkeiten.
5. *fakultativ*: Ein TN zeichnet an der Tafel drei Gegenstände, die anderen TN vergleichen diese Gegenstände. Geben Sie ein Beispiel vor, damit die TN sich nicht scheuen, an der Tafel zu zeichnen. Hier geht es um den Spaß, nicht um die Kunst!

Arbeitsbuch 22–26: in Stillarbeit oder als Hausaufgabe

C4   Aktivität im Kurs: Ein „Plakat der Superlative"

1. Bilden Sie Kleingruppen von sechs TN. Jede Gruppe erhält ein Plakat und einen Filzstift. Die TN sehen sich die Beispiele im Buch an. Klären Sie das erste Beispiel im Plenum, indem Sie ermitteln, wer am weitesten von der Schule entfernt wohnt.
2. Die TN erarbeiten in den Kleingruppen weitere Fragen und notieren sie. Um die Übung nicht zu sehr in die Länge zu ziehen, können Sie eine Höchstzahl vorgeben, z.B. zehn Fragen.
3. Die TN beantworten die Fragen zunächst für ihre Gruppe und notieren den jeweiligen „Champion".
4. Die Plakate werden aufgehängt, sodass alle TN die Ergebnisse ansehen können.
5. Anschließend erstellen Sie mit allen TN auf einem neuen Plakat eine Liste der zehn schönsten Fragen und ermitteln den jeweiligen TN.
6. *fakultativ:* Wenn die TN noch üben möchten, verteilen Sie die Kopiervorlage L9/C4. Die TN vergleichen selbstständig die drei Personen miteinander. Sammeln Sie die Arbeitsblätter ein, um eventuelle grammatische Fehler zu korrigieren. Wer mag, kann sein Blatt anschließend im Kursraum aufhängen.

Interviews im Radio

Statistiken und Radio-Interviews
Lernziel: Die TN können Vermutungen äußern und über ihr eigenes Konsumverhalten berichten.

D   **9**

D1   Leseverstehen/Diskussion: Eine Statistik

1. Kopieren Sie die Statistik ohne Auflösung auf eine Folie und zeigen Sie sie den TN. Die TN überlegen gemeinsam, wofür die Deutschen wie viel Prozent ihres Geldes ausgeben. Lassen Sie die TN ihre Meinungen begründen. Sie sollen sich einigen, welcher Begriff wohin gehört.
   Variante: Die TN einigen sich in Partnerarbeit darüber, wofür die Deutschen wie viel ausgeben, und notieren ihren Lösungsvorschlag auf einem Zettel.
2. Die TN öffnen ihr Buch und vergleichen ihre Vermutungen mit der tatsächlichen Auflösung. Geben Sie Gelegenheit für ein Gespräch über die Unterschiede: Wo haben sie anders getippt? Welche Lösung verwundert die TN am meisten und warum?
3. *fakultativ:* Bei Interesse können die TN auch darüber sprechen, wie wohl die Aufteilung des Einkommens in ihrem Land aussieht. Wo gibt es Unterschiede zu Deutschland?

D2   Hörverstehen: Radio-Interviews verstehen

1. Die TN betrachten die Fotos und überlegen in Partnerarbeit, wofür diese Leute wohl am liebsten Geld ausgeben.
2. Spielen Sie die Interviews jeweils mehrmals vor und stoppen Sie die CD/Kassette nach jedem Interview, um den TN Zeit für die Eintragung ihrer Lösung zu geben.
3. Abschlusskontrolle im Plenum. *Lösung:* 1 Urlaub; 2 Der Computer ist ihm genauso wichtig wie die Musikanlage; 3 Miete, Auto, Versicherung, Gas; 4 ein eigenes Haus
4. Weisen Sie die TN auf den Infospot hin: Wenn zwei Dinge gleich sind, wird „(genau)so … wie" benutzt.

D3   Aktivität im Kurs: Kursgespräch über das eigene Konsumverhalten

1. Die TN lesen die Redemittel und das Beispiel im Buch.
2. Die TN machen sich Notizen darüber, wofür sie ihr Geld ausgeben. Vielleicht haben einige TN sogar Lust, eine Aufstellung in Form einer kleiner Statistik wie in D1 zu machen.
3. Die TN erzählen, wofür sie ihr Geld ausgeben, und stellen ggf. ihre Statistik vor. Bilden Sie in großen Kursen mehrere Gruppen.
4. *fakultativ:* Aus dem Konsumverhalten der TN können Sie eine Kursstatistik an der Tafel erstellen. Wofür gibt der Kurs prozentual am meisten, wenigsten … aus? Wie sieht die Kursstatistik im Vergleich zur Statistik in D1 aus? Hier kann noch einmal sehr gut die Komparation geübt und angewendet werden: „Unser Kurs gibt für Miete weniger aus als die Deutschen." usw.

Arbeitsbuch 27–29: als Hausaufgabe

9  **E** Meine Sachen

Über Gegenstände sprechen
Lernziel: Die TN können erzählen, woher sie bestimmte Gegenstände bekommen haben und warum sie ihnen (nicht) gefallen.

Materialien
E3 einen persönlichen Gegenstand
Test zu Lektion 9
Wiederholung zu Lektion 8 und Lektion 9

E1

Vor dem Lesen: Vermutungen äußern

1. Weisen Sie auf die Fotos in E2 hin. Die TN sagen, wie ihnen die Gegenstände gefallen.
2. Die TN lesen die Überschriften und die Einleitung.
   Variante: Wenn Sie sichergehen wollen, dass die TN nicht schon anfangen zu lesen, bitten Sie sie, die Bücher zu schließen, und lesen Sie die Überschriften und den Einleitungstext vor.
3. Die TN stellen Vermutungen darüber an, von wem Karlheinz Wiese die Sachen hat und warum er sie wie findet. Welche Erinnerungen verbindet er möglicherweise mit diesen Dingen? Notieren Sie einige Vermutungen der TN an der Tafel, um in E2 noch einmal vergleichen zu können.

E2

Leseverstehen: Vermutungen überprüfen

1. Die TN lesen den Text in Stillarbeit. Gehen Sie herum und helfen Sie individuell bei Wortschatzfragen.
2. Die TN vergleichen mit ihren Vermutungen aus E1.
   Lösung: Die Porzellanpuppe hat er von seiner Schwiegermutter bekommen. Er findet sie am hässlichsten. Den Harlekin hat sein Sohn gemacht, als der Vater gesundheitliche Probleme hatte. Darüber freut er sich heute noch. Den Plastikdrachen hat er von Schauspielern als Glücksbringer bekommen. Er findet ihn lustig, auch wenn er denkt, dass er ihn bekommen hat, weil er manchmal selbst wie ein Drache war.
3. Fragen Sie die TN, welche Geschichte ihnen am besten gefällt.

E3

Aktivität im Kurs: Über eigene Sachen sprechen

1. Bitten Sie die TN vorab, in der folgenden Unterrichtsstunde einen Gegenstand (oder ein Foto davon) mitzubringen, über den sie auch eine persönliche Geschichte erzählen können.
2. Die TN präsentieren ihren Gegenstand und erzählen, was sie damit verbinden.
3. Die TN schreiben als Hausaufgabe einen kurzen Text über den Gegenstand. Nutzen Sie als Vorübung ggf. Übung 30 im Arbeitsbuch.

Arbeitsbuch 30: im Kurs oder als Hausaufgabe

Einen Test zu Lektion 9 finden Sie auf Seite 114 f. Weisen Sie die TN auf die interaktiven Übungen auf ihrer Arbeitsbuch-CD hin. Die TN können mit diesen Übungen den Stoff der Lektion selbstständig wiederholen und sich ggf. auch auf den Test vorbereiten. Wenn Sie mit den TN den Stoff von Lektion 8 und Lektion 9 wiederholen möchten, verteilen Sie die Kopiervorlage „Wiederholung zu Lektion 8 und Lektion 9" (Seite 106–107).

Zwischenspiel 9
Rund um die Welt

Landeskunde: Produkte aus den deutschsprachigen Ländern

1

Vor dem Lesen: Einstimmung auf das Thema

1. *fakultativ:* Wenn Sie eine Mundharmonika haben oder leicht beschaffen können, bringen Sie eine in den Kurs mit und zeigen Sie das Instrument.
2. Schreiben Sie „Mundharmonika" an die Tafel. Wenn Sie das Instrument nicht zeigen konnten, zeigen Sie das Foto im Kursbuch.
3. Die TN hören drei Mundharmonika-Stücke. Bitten Sie sie, darauf zu achten, welche Stimmung die Stücke bei ihnen bewirken.
4. Die TN erzählen, welche Stimmung die Stücke ausgedrückt haben. Dabei helfen ihnen die Stichwörter im Buch. Fragen Sie die TN auch, wie ihnen die Stücke gefallen und welches sie am schönsten finden.

2

Leseverstehen: Die Geschichte der Mundharmonika

1. Die TN überfliegen die Texte im Buch, um sich einen ersten Überblick zu verschaffen. Geben Sie eine kurze Lesezeit vor und erlauben Sie keine Wörterbücher, damit die TN nicht zu detailliert lesen.
2. Verteilen Sie die Kopiervorlage „Zwischenspiel zu Lektion 9". Die TN sehen sich die Ländernamen an (Übung 1) und lesen die Texte im Kursbuch noch einmal. Sie markieren dabei die Stationen der Mundharmonika auf der Kopiervorlage.
   Variante: Diese Übung kann auch als Hausaufgabe gemacht werden.
3. Abschlusskontrolle im Plenum.
   Lösung: China (ca. 3000 v.Chr.) – Österreich (1825) – Deutschland (1857) – Nordamerika (1920) – Weltall (1965)

4. Teilen Sie den Kurs in zwei Gruppen. Ungeübte TN bearbeiten die Aufgabe im Buch und finden zu den Antworten die passenden Fragen. Geübte TN bearbeiten Übung 2 auf der Kopiervorlage und denken sich zu jedem Textabschnitt eine passende Überschrift aus.
5. Abschlusskontrolle zu den Fragen im Plenum. Die geübten TN stellen zusätzlich ihre Überschriften vor. Die anderen beurteilen, ob diese wirklich in Kürze den Inhalt des jeweiligen Abschnittes wiedergeben.
   Lösung: 1 Woher kommt die Idee für die Mundharmonika? 2 Wann konnte man in Österreich (in Wien) erstmals Mundharmonikas kaufen? 3 Welche zwei Firmen haben die Mundharmonika mit Erfolg verkauft? Wo sind diese Firmen? 4 Wohin / In welche Länder haben die Firmen die Mundharmonika verkauft? 5 Was war zwischen 1857 und 1986? 6 Was hat der Astronaut Walter Schirra im Weltall auf seiner Mundharmonika gespielt?
6. Die TN bearbeiten Übung 3 der Kopiervorlage in Stillarbeit oder als Hausaufgabe.
7. Abschlusskontrolle im Plenum.
   Lösung: a) Das Instrument kommt vielleicht aus Österreich. b) Besonders zwei Firmen haben das Instrument bekannt gemacht. c) Die Mundharmonika gehört zur Blues-, Country- und Jazzmusik dazu. Sie ist typisch dafür. d) Menschen aus aller Welt spielen Mundharmonika und zeigen durch die Musik ihre Gefühle.

3

Internetrecherchen zu Produkten aus den deutschsprachigen Ländern

1. TN, die im Umgang mit dem Internet nicht so geübt sind, suchen nach den Produkten, die im Buch schon vorgeschlagen sind (Montblanc-Füller, Maggi, Kürbiskernöl), und beantworten die Fragen dazu. TN, die sehr viel Internet-Erfahrung haben und gern surfen, versuchen, andere typisch deutsche (österreichische, schweizerische) Produkte zu finden (z.B. Ricola Kräuterzucker aus der Schweiz, Kuckucksuhr aus dem Schwarzwald, Sachertorte aus Wien). Sie können auch weitere Produkte vorgeben, wenn Sie welche kennen.
2. Die TN stellen ihre Ergebnisse im Kurs vor.
3. *fakultativ:* Die TN erstellen anhand der Leitfragen im Buch kurze Infotexte zu den Produkten, die dann für alle kopiert werden. Wenn die TN mögen, können sie die Texte in ihrem Lerntagebuch sammeln und diese landeskundlichen Informationen so für später aufbewahren.

Weitere Materialien für noch mehr Abwechslung im Unterricht finden Sie unter www.hueber.de/schritte-international.

10

KOMMUNIKATION

Folge 10: *Kuckuck!*
Einstieg in das Thema: Ein Päckchen versenden

Materialien
1 Plakate und Filzstifte; Kopiervorlage L10/1, Zettel
2 *Variante:* Poster der Foto-Hörgeschichte
Tipp: Rotstifte

1

Vor dem Hören: Vorwissen aktivieren

1. Die TN sitzen in Kleingruppen von vier Personen zusammen. Jede Gruppe erhält ein Plakat und einen Filzstift. Die TN notieren zum Thema „Post" alles, was sie kennen. Bei Nomen sollte der Artikel dazugeschrieben werden. Achten Sie darauf, dass keine Wörterbücher benutzt werden, und begrenzen Sie die Zeit auf etwa fünf Minuten.

2. Sammeln Sie die Filzstifte ein, damit keine Gruppe mehr etwas notieren kann. Die Gruppen lesen nacheinander ihre Ergebnisse vor. Für jedes richtige Wort gibt es einen Punkt. Ist ein Artikel falsch, gibt es nur einen halben Punkt. Stellen Sie sicher, dass alle TN die Wörter kennen, die genannt werden. Lassen Sie unbekannte Wörter zunächst von den TN erklären, die das Wort genannt haben.

3. Die TN schlagen die Bücher auf und lösen die Aufgabe im Buch. Einige Begriffe sind wahrscheinlich in der vorangegangenen Wörtersammlung zum Thema „Post" schon gefallen.

4. Abschlusskontrolle im Plenum. *Lösung:* 1 das Päckchen; 2 das Paket; 3 der Aufkleber; 4 der Absender; 5 der Empfänger

5. Verteilen Sie die Kopiervorlage L10/1. Die TN ordnen in Stillarbeit die Wörter zu. Gehen Sie herum und helfen Sie bei Schwierigkeiten. Machen Sie vor allem deutlich, dass mehrere Kombinationen möglich sind.

6. Abschlusskontrolle im Plenum. Fragen Sie die TN nach Beispielsätzen zu einzelnen Kombinationen. Helfen Sie ggf. bei den nötigen Präpositionen (z.B. sich am Schalter anstellen).

7. *fakultativ:* Wenn Sie genug Zeit haben, bitten Sie die TN, in Partnerarbeit Beispielsätze zu einzelnen Kombinationen zu schreiben. Sammeln Sie die Zettel ein und erstellen Sie daraus einen Lückentext für die nächste Stunde. So können sich die Vokabeln festigen.

2

Vor dem Hören: Eine eigene Geschichte erzählen

Die TN schlagen ihr Buch auf und betrachten die Fotos und die Aufgabenstellung. Erklären Sie den Begriff „Kuckucksuhr". Mithilfe der Stichpunkte im Buch schreiben die TN in Partnerarbeit eine Geschichte.

Variante: Verteilen Sie die Fotos vom Poster zur Foto-Hörgeschichte, das Sie vorher zerschnitten haben. In Kleingruppen sortieren die TN die Fotos und schreiben eine Geschichte dazu. Geben Sie als Minimalziel vor, dass zu jedem Foto zwei Sätze geschrieben werden sollten. Die TN überlegen zunächst selbst, was Maria da verschickt. Gehen Sie nur dann auf den Begriff „Kuckucksuhr" ein, wenn ein TN danach fragt. Im Übrigen sollten die TN unbekannte Wörter, die sie für ihre Geschichte brauchen, selbstständig im Wörterbuch suchen.

3

Vor dem Hören: Die eigene Geschichte vorstellen

Die TN stellen ihre Geschichten im Plenum vor.

TIPP

> Wenn Sie die Präsentations- oder Korrekturphase einmal anders gestalten wollen, lassen Sie die TN paarweise ihre Geschichten auf einen Zettel schreiben und aufhängen. Jedes Paar erhält einen Rotstift. Auf Ihr Zeichen wechseln die Paare zu einer anderen Geschichte und korrigieren die Fehler, die sie finden. Wenn Sie den Eindruck haben, dass ein Paar mit einem Text „fertig" ist, geben Sie erneut ein Zeichen, und die Paare wechseln noch einmal. Lassen Sie die Paare maximal viermal wechseln, öfter wäre ermüdend. In der Pause oder für die nächste Unterrichtsstunde korrigieren Sie die Texte dann selbst und hängen sie wieder aus. Benutzen Sie für Ihre Korrektur eine andere Farbe.

4

Beim ersten Hören

Die TN hören die Geschichte und vergleichen dabei ihre Geschichte mit dem Hörtext.

Variante: Wenn die TN selbst eine Reihenfolge der Fotos gelegt haben, hören sie die Geschichte bei geschlossenen Büchern und kontrollieren, ob ihre gelegte Reihenfolge mit der Geschichte übereinstimmt.

5

Nach dem ersten Hören: Unterschiede erkennen und notieren

1. Die TN vergleichen ihre Geschichte mit der Foto-Hörgeschichte und notieren die Unterschiede.

2. *fakultativ:* Die TN schreiben eine kurze Nacherzählung der Foto-Hörgeschichte. Das kann auch als Hausaufgabe gemacht werden.

3. Sprechen Sie mit den TN über die typisch deutsche Kuckucksuhr. Sie stammt ursprünglich aus dem Schwarzwald und ist ein typisches touristisches Mitbringsel.

Materialien
A2 Kopiervorlage L10/A2, (Zettel)
A3 *Variante:* Folie von A3
A4 Kopiervorlage zu A4 (im Internet); mehrere
  Kartensätze der Kopiervorlage L10/A4,
  Spielfiguren, Würfel

Hier **wird** die Adresse **reingeschrieben**.

Passiv Präsens
Lernziel: Die TN können unpersönliche Sachverhalte verstehen.

A 10

A1 Präsentation des Passiv Präsens

1. Die TN hören den Dialog und ergänzen die Lücken.
2. Abschlusskontrolle im Plenum. *Lösung:* werden, wird
3. Schreiben Sie den Satz „Für Päckchen werden diese Formulare benutzt." an die Tafel. Fragen Sie die TN, wer hier die Formulare benutzt. Die TN werden feststellen, dass das nicht aus dem Satz hervorgeht. Es passiert etwas, aber man kann nicht sagen, wer das tut. Notieren Sie auch das zweite Beispiel an der Tafel und ergänzen Sie das Tafelbild wie folgt:

Erklären Sie den TN, dass man diese Form benutzt, wenn man den Täter/Akteur der Handlung nicht weiß oder nicht angeben will: Man weiß nur, <u>was</u> getan wird. Weisen Sie auch auf den Grammatikspot im Buch hin.

! Das Passiv soll von den TN vor allem rezeptiv beherrscht werden. In *Schritte international 5* und *Schritte international 6* wird es weiter vertieft.

A2 Anwendungsaufgabe zum Passiv Präsens

1. Die TN sehen sich die Bilder an und ordnen sie den passenden Sätzen zu, dabei ergänzen sie die Lücken.
2. Abschlusskontrolle im Plenum.
   Lösung: A Der Briefkasten wird geleert. D Dann werden die Briefe sortiert. E Danach werden sie transportiert. B Der Brief wird zum Empfänger gebracht.
3. *fakultativ* (für Kurse mit überwiegend geübten TN): In der Aufgabe werden nur fünf Punkte genannt, aber mit einem Brief passiert noch mehr. Fragen Sie die TN, was mit dem Brief passiert, bevor er eingeworfen wird.
   Lösungsvorschlag: Er wird geschrieben, gefaltet, zugeklebt. Eine Briefmarke wird aufgeklebt.
   Verfahren Sie mit den anderen Punkten ebenso.
4. Verteilen Sie die Kopiervorlage L10/A2. Die TN lösen die Aufgaben 1 und 2. Als Hilfestellung können Sie Zettel mit den Partizipien der vorkommenden Verben im Kursraum aufhängen. Ungeübte TN können sich dann die richtigen Formen von den Zetteln notieren, geübte TN können die Formen überprüfen.
   Lösung: **1** (1) die Verkaufssendung einschalten; 2 ein interessantes Produkt sehen; 3 die Telefonnummer aus der Fernsehsendung wählen; 4 das Produkt bestellen; 5 die Bestellung notieren; 6 die richtige Ware heraussuchen und verpacken; 7 das Paket zur Post bringen; 8 einen Paketschein ausfüllen; 9 das Paket in die richtige Stadt transportieren und zum Empfänger bringen; 10 den Empfang bestätigen; 11 das Paket auspacken; **2** Ein interessantes Produkt wird gesehen. Die Telefonnummer aus der Fernsehsendung wird gewählt. Das Produkt wird bestellt. Die Bestellung wird notiert. Die richtige Ware wird herausgesucht und verpackt. Das Paket wird zur Post gebracht. Ein Paketschein wird ausgefüllt. Das Paket wird in die richtige Stadt transportiert und zum Empfänger gebracht. Der Empfang wird bestätigt. Das Paket wird ausgepackt.

Arbeitsbuch 1–3: in Stillarbeit oder als Hausaufgabe

A3 Leseverstehen: Ein Quiz

1. Die TN bearbeiten die Fragen wie im Buch angegeben und kontrollieren ihre Lösungen. *Lösung:* siehe Kursbuch.
   Variante: Erstellen Sie aus den Quizfragen eine Folie. Die Bücher bleiben geschlossen. Stimmen Sie mit dem Kurs jeweils über die Lösungen ab und notieren Sie die Abstimmungsergebnisse. Vergleichen Sie sie mit der Lösung.
2. Die TN schreiben anhand der Fragen und Antworten einen kurzen Text über moderne Kommunikationsmittel. Sie orientieren sich an den Fragen und Antworten im Buch, aus denen sich sehr leicht fehlerfreie Sätze erstellen lassen. Für geübte TN bereiten Sie aus den Fragen im Buch eine Liste mit Stichpunkten vor. Sie arbeiten mit geschlossenen Büchern.

Arbeitsbuch 4: als Hausaufgabe

10

A
Hier **wird** die Adresse **reingeschrieben**.

Passiv Präsens
Lernziel: Die TN können unpersönliche Sachverhalte verstehen.

Materialien
A4 Kopiervorlage zu A4 (im Internet); mehrere Kartensätze der Kopiervorlage L10/A4, Spielfiguren, Würfel

<u>A4</u>

Aktivität im Kurs: Über das eigene Kommunikationsverhalten sprechen

1. Bilden Sie Gruppen von 5–6 TN. Die TN erstellen eine Tabelle wie im Buch und befragen sich gegenseitig. Zu Ihrer Arbeitserleichterung steht im Internet auch eine Kopiervorlage zur Verfügung.
2. Die Gruppen errechnen die Gesamtzahl ihrer Briefe, E-Mails usw.
3. Die Ergebnisse werden im Plenum besprochen und zu einer Gesamtstatistik zusammengefasst.
4. *fakultativ:* Die TN finden sich in Kleingruppen von vier TN zusammen. Jede Gruppe erhält einen ausgeschnittenen Kartensatz der Kopiervorlage L10/A4. Die Karten werden im Kreis offen auf den Tisch gelegt. Jede Gruppe erhält einen Würfel und pro TN eine Spielfigur. Erklären Sie den TN, dass sie mit jemandem, der die Stadt nicht kennt, eine Stadtführung machen. Vor jedem Gebäude bleibt die Person stehen und fragt: „Was wird hier gemacht?" Die TN beginnen auf einem beliebigen Spielfeld. Der erste TN würfelt, zieht seine Figur und landet z.B. auf dem Feld „Schuhfabrik". Er erklärt, was hier gemacht wird, z.B. „Hier werden Schuhe hergestellt/gemacht." Benutzte Karten werden herausgenommen, sodass der Kartenkreis immer kleiner wird.

    Geübte TN sollten eine umfangreichere Beschreibung dessen, was gemacht wird, liefern (Hier werden Schuhe hergestellt. Dazu wird Leder geschnitten. Die Schuhe werden später an Schuhläden geliefert ...). Sie können z.B. drei Sätze sagen oder müssen eine halbe Minute sprechen. Legen Sie das vorher fest.

PHONETIK

Arbeitsbuch 5–9: Mit diesen Übungen können Sie den phonetischen Unterschied zwischen den „weichen" Plosiven „b", „d", „g" und den „harten" Plosiven „p", „t", „k" verdeutlichen, der im Deutschen stärker ist als in vielen anderen Sprachen. Denn „p", „t", „k" werden am Wort- und Silbenanfang aspiriert (= behaucht). Man hört ein „h". Zeigen Sie das mit einem Blatt Papier, indem Sie dieses ein Stück weit von Ihrem Mund entfernt halten: Bei korrekter Aussprache mit Aspiration sollte sich das Blatt bewegen. Die TN üben den Unterschied mit den Wörtern in Übung 5. Zeigen Sie den TN anhand von Übung 6 das Phänomen der Auslautverhärtung: Stehen am Wort- oder Silbenende „b", „d", „g", werden sie hart ausgesprochen, also eher wie „p", „t", „k" (allerdings unbehaucht). Da der Unterschied sehr fein ist und von ungeschulten Ohren nicht ohne Weiteres gehört wird, sollten Sie nicht allzu tief darauf eingehen. Es genügt, wenn die TN sich das Phänomen einmal bewusst machen und ihnen der Unterschied zwischen Aussprache und Orthografie klar wird. In den Übungen 7–9 können die TN sehen, dass auch durch die Assimilation von zwei Wörtern ein weicher Laut hart werden kann.

Die **alte** Kuckucksuhr? – Natürlich.

Adjektivdeklination mit dem bestimmten Artikel
Lernziel: Die TN können Produkte näher beschreiben.

B **10**

B1 **Variation: Präsentation der Adjektivdeklination mit bestimmtem Artikel im Nominativ**
1. Die TN hören den Dialog.
2. Weisen Sie auf den Grammatikspot im Buch hin. Die Adjektivendungen beim bestimmten Artikel im Nominativ sind recht einfach, da es nur zwei Formen gibt: Im Singular ist es die Endung „-e" für „der", „die" und „das", im Plural „-en".
3. Die TN sprechen in Partnerarbeit weitere Dialoge.

Arbeitsbuch 10: in Stillarbeit

B2 **Erweiterung: Die Adjektivdeklination mit bestimmtem Artikel im Akkusativ und Dativ**
1. Die TN hören die Mini-Texte und ergänzen die Lücken. *Lösung:* 1 neue, aktuellen; 2 verrückten; 3 digitalen; 4 neuen; 5 multifunktionale; 6 neuen, modernen
2. Entwickeln Sie mit den TN aus den kurzen Werbetexten das folgende Tafelbild:

der neue DVD-Player		den neuen DVD-Player		dem neuen DVD-Player
das neue Handy	Kaufen Sie	das neue Handy	mit	dem neuen Handy
die neue Kamera		die neue Kamera		der neuen Kamera
die neuen Handytaschen		die neuen Handytaschen		den neuen Handytaschen

Weisen Sie die TN darauf hin, dass die Adjektivendung im Dativ immer „-en" ist. Damit sich das Bild der Endungen leichter einprägt, zeichnen Sie um alle Wörter mit der Endung „-e" einen Kasten wie im Tafelbild.

Arbeitsbuch 11: in Stillarbeit oder als Hausaufgabe

B3 **Aktivität im Kurs: Die eigene Meinung ausdrücken**
1. Die TN sehen sich das Bild im Buch an und sprechen wie in den Beispielen über die Gegenstände.
2. *fakultativ:* Hängen Sie im Kursraum verschiedene Seiten aus einem Modekatalog auf. Die TN gehen zu zweit herum und sollen sich zusammen für 150 Euro Kleidung aussuchen. Dabei halten sie die Hände auf dem Rücken und führen Gespräche, um sich zu einigen. Da die TN nicht auf die Kleidungsstücke zeigen können, müssen sie sie benennen. „Sieh mal, wie findest du die rote Jacke?" Wenn die Paare ihre Kleidung für 150 Euro gefunden haben, gehen sie auf ihren Platz zurück und notieren auf einem Zettel, was sie kaufen würden. Sie tauschen ihren Zettel mit einem anderen Paar. Jedes Paar sucht die Kleidung von dem Zettel auf den aufgehängten Katalogseiten und notiert die Preise. Wieviel haben die anderen wirklich ausgegeben?
3. *fakultativ:* Verteilen Sie noch einmal die Kopiervorlage L9/A4. Die TN bilden freie Sätze.

Arbeitsbuch 12–15: in Stillarbeit oder als Hausaufgabe; **16–17:** Ungeübte TN machen zusätzlich Übung 16, geübte TN schreiben oder sprechen Übung 17.

10 **C** Anrufbeantworter
Nachrichten per Telefon und Telefongespräche
Lernziel: Die TN können Nachrichten auf dem Anrufbeantworter verstehen und sich telefonisch entschuldigen.

Materialien
Tipp: Kassettengerät mit Aufnahmefunktion oder Diktiergerät
C4 Kopiervorlage zu C4 (im Internet)

C1 Vor dem Hören: Einstimmung auf die Situation

1. Die TN betrachten das Foto und lesen die Fragen. Sie sprechen in Partnerarbeit über Julian.
2. Sammeln Sie einige Meinungen der TN auch im Plenum.
3. Weisen Sie auf den Infospot hin: Die Formel „Was für ein" mit Akkusativ fragt nach näheren Angaben zu mehreren Möglichkeiten, also z.B. „Was für eine <u>Art</u> Beruf hat Julian?" Er kann z.B. einen künstlerischen, technischen, kaufmännischen Beruf haben. Wenn die TN Englisch können, verweisen Sie auf die entsprechende Formel „What kind of".

Arbeitsbuch 18: als Hausaufgabe

C2 Hörverstehen 1: Nachrichten auf dem Anrufbeantworter verstehen

1. Erklären Sie, dass Julian seinen Anrufbeantworter abhört. Führen Sie dabei auch den Begriff „AB" ein, der heute sehr oft als Abkürzung für „Anrufbeantworter" verwendet wird. Fragen Sie die TN, was Julian voraussichtlich hören wird. Die TN lesen die Notizen im Buch und äußern ihre Vermutungen.
2. Spielen Sie die Nachrichten so oft wie nötig vor. Die TN ergänzen die Notizen.
3. Abschlusskontrolle im Plenum. Geben Sie dabei den TN Gelegenheit, mit ihren Vermutungen über Julian aus C1 zu vergleichen: Was für ein Mensch ist er?
   Lösung: 1 Durchwahl 194; 2 morgen, 11 Uhr, im Personalbüro, 0172-65492; 3 18 Uhr; 4 Sportplatz; 5 Rosenstraße 34 (Ecke Narzissenstraße); 6 0911-532498
4. *fakultativ:* Wenn die TN noch Schwierigkeiten damit haben, Notizen zu schreiben und stattdessen vollständig ausformulierte Sätze bevorzugen, weisen Sie auf die Notizen im Buch als Muster hin und zeigen Sie anhand dieser, wie Notizen auf Deutsch geschrieben werden: Verben entfallen ganz oder stehen im Infinitiv am Ende, bei Verben in der Vergangenheit bleibt nur das Partizip. Artikel entfallen ebenfalls.

Arbeitsbuch 19– 20: als Hausaufgabe

TIPP
> Wenn Sie ein Kassettengerät mit Aufnahmefunktion oder ein Diktiergerät zur Verfügung haben, lassen Sie die TN verschiedene Nachrichten für den Anrufbeantworter (vgl. C2) erstellen, die auf Band gesprochen werden. Die Ansagen werden im Plenum vorgespielt. Die anderen TN machen sich Notizen: Wer? Was? Wann? Wo?

C3 Hörverstehen 2: Ein Telefongespräch verstehen

1. Die TN lesen den Kasten. Geben Sie Gelegenheit zu Wortschatzfragen.
2. Die TN ordnen zu zweit die Aussagen im Kasten den passenden Stellen des Telefonats zu.
3. Abschlusskontrolle: Die TN hören das Telefonat und korrigieren sich selbstständig.
   Lösung: vgl. Hörtext
4. Die TN sprechen über das Telefonat: Wie finden sie Evis Reaktion? Was sagen sie zu Julians Verhalten?

Arbeitsbuch 21: als Hausaufgabe

C4 Aktivität im Kurs: Sich telefonisch entschuldigen

1. Schreiben Sie an die Tafel eine Tabelle mit zwei Spalten: Links sollen die TN die Wendungen für Entschuldigungen aus C3 ergänzen und weitere Wendungen sammeln, rechts werden die Ausdrücke für „Wut/Ärger" aus C3 gesammelt und durch weitere Ausdrücke ergänzt.

2. Die TN finden sich paarweise zusammen und wählen eine Situation aus dem Buch. Weitere Vorschläge für das Rollenspiel finden Sie auf der Kopiervorlage zu C4 (im Internet). Geübte TN können auch eine eigene Situation erfinden und diese z.B. einem anderen Paar für das Rollenspiel geben.
3. Die TN üben mithilfe der Redemittel an der Tafel ein Telefongespräch ein. Gehen Sie herum und helfen Sie bei Schwierigkeiten.
4. Lassen Sie einige Telefongespräche im Plenum vorspielen.

Arbeitsbuch 22–23: im Kurs: Ungeübte TN sollten für den Entschuldigungsbrief Situation a) wählen, geübte TN Situation b).

Handys

Test: Welcher „Handytyp" sind Sie?
Lernziel: Die TN können ihre Meinung ausdrücken.

D1   Vor dem Lesen: Einstimmung auf das Thema

1. Teilen Sie den Kurs in zwei Gruppen. Jede Gruppe steht vor einem Tafelflügel. Wenn Sie keine Tafel haben, erhält jede Gruppe ein Plakat und einen Filzstift. Die Gruppen notieren Wörter rund um das Handy. Geben Sie eine bestimmte Zeit vor. Bei Nomen sollte der Artikel aufgeschrieben werden.
   Variante: Gestalten Sie die Übung als Staffellauf, um Schwung in den Kurs zu bringen: Die beiden Gruppen stellen sich jeweils hintereinander vor einem Tafelflügel auf. Der vorderste TN jeder Gruppe läuft auf Ihr Zeichen zur Tafel und notiert ein Wort. Er läuft wieder zurück, übergibt die Kreide oder den Tafelstift an den nächsten TN der Gruppe, dieser läuft nach vorn, notiert ein Wort usw. (siehe auch *Schritte international 3,* Lehrerhandbuch, Seite 59).
2. Gehen Sie die Wörter der Gruppen durch. Für jedes richtige Wort gibt es einen Punkt. Ist der Artikel falsch oder fehlt er, gibt es keinen Punkt.
3. Die TN hören die Klingeltöne von der CD/Kassette und entscheiden, welcher ihnen am besten gefällt.
4. Sprechen Sie mit den TN über die Klingeltöne ihres Handys: Warum haben sie diesen Klingelton ausgewählt? Haben sie verschiedene Klingeltöne für verschiedene Anrufer? War der Klingelton auf dem Handy schon vorhanden oder haben die TN ihn per SMS bestellt? Wer mag, kann seinen Klingelton/seine Klingeltöne vorspielen.

D2   Leseverstehen 1: Ein Test

1. Die TN lesen den Test im Buch und entscheiden sich jeweils für eine Antwort.
2. Die TN zählen ihre Punkte zusammen.

D3   Auswertung des Tests

Klären Sie mit den TN die Bedeutung von „Freak", „Normalo" und „Hasser". Die TN lesen „ihre" Auflösung.

D4   Aktivität im Kurs: Kursgespräch über die Ergebnisse

1. Sprechen Sie mit den TN im Plenum über die Ergebnisse des Tests. Regen Sie eine Diskussion darüber an, ob die TN Handys wichtig finden, wann sie sie benutzen und wann Handys auch stören können.
2. Weisen Sie die TN auf den Infospot zwischen D2 und D3 hin. Viele Adjektive bilden das Gegenteil mit der Vorsilbe „un". Adjektive mit der Endung „-los" zeigen an, dass etwas „ohne etwas" ist. Sammeln Sie mit den TN weitere Beispiele an der Tafel. Weisen Sie die TN auch darauf hin, dass nicht mit allen Adjektiven solche Neubildungen gemacht werden können.

Arbeitsbuch 24: im Kurs; **25–26:** als Hausaufgabe

Arbeitsbuch 27: Legen Sie eine Folie von Übung 27 auf. Erklären Sie den TN, dass es Wörter gibt, die miteinander verwandt sind wie eine Familie, weil sie alle denselben Stamm haben und damit eine ähnliche Bedeutung. Man nennt das Wortfamilien, hier das Beispiel „...kauf...". Ergänzen Sie mit den TN weitere Wörter. Die Wortfamilien zu „...reis..." und „...schreib..." ergänzen die TN selbstständig. Gehen Sie herum und helfen Sie, wenn nötig.

10   E   **Frauensprache? Männersprache?**
Die verschiedenen Arten der Kommunikation
Lernziel: Die TN können einen kurzen Sachtext lesen und darüber diskutieren.

Materialien
E2 Einleitung und Überschriften auf Folie
Test zu Lektion 10

E1   **Vor dem Lesen: Über Klischees sprechen**

1. Die TN einigen sich in Kleingruppen von vier TN darauf, welche der Aussagen in E1 von einer Frau, welche von einem Mann stammen könnten oder ob es hier keine Unterschiede gibt.
2. Die Gruppen nennen im Plenum ihre Ergebnisse. Wenn die Gruppen sehr unterschiedlich entschieden haben, geben Sie an dieser Stelle bereits kurz Gelegenheit zur Diskussion: Warum sind die TN unterschiedlicher Meinung?

E2   **Leseverstehen 1: Einen Sachtext lesen**

1. Schreiben Sie die Einleitung und die Überschriften der Abschnitte ggf. vorab auf eine Folie, damit die TN bei Aufgabe a) nicht in Versuchung kommen, im Text weiterzulesen. Legen Sie die Folie auf, die TN ergänzen ihre Lösungsvorschläge. Lassen Sie bei unterschiedlicher Meinung Diskussionen zu.
2. Die TN lesen den ganzen Text und vergleichen ihre Vermutungen.
   Lösung (von oben nach unten): Frauen; Frauen; Männer; Frauen; Männer; Frauen

E3   **Leseverstehen 2: Die wichtigsten Aussagen in einem Text verstehen**

1. Die TN lesen den Text noch einmal und kreuzen ihre Lösungen an.
2. Abschlusskontrolle im Plenum.
   Lösung: a) richtig; b) falsch; c) falsch; d) richtig
3. Weisen Sie auf den Infospot hin: Aus fast allen Verben können mit der Endung „-ung" Nomen gebildet werden. Kennen die TN weitere Beispiele? Sammeln Sie an der Tafel.

Arbeitsbuch 28–30: als Hausaufgabe

E4   **Aktivität im Kurs: Diskussion**

1. Die TN lesen die Leitfragen im Buch. Wenn nötig, geben Sie den TN etwas Zeit, in Stillarbeit Gedanken zum Thema zu sammeln und zu notieren.
2. Die TN berichten im Plenum über ihre Erfahrungen und Meinungen. Bei Kursen mit mehr als 12 TN sollten Sie zwei oder mehr Gruppen bilden, damit alle TN zu Wort kommen können.
3. *fakultativ:* Wenn die TN sehr interessiert am Thema sind, erweitern Sie das Thema und fragen Sie nach unterschiedlichen Kommunikationsstilen zwischen Deutschland (bzw. Österreich / Schweiz) und dem Heimatland der TN. Vielleicht sind einige TN schon in Deutschland gewesen und haben Unterschiede im kommunikativen Verhalten bemerkt.

LÄNDER
INFO

Insbesondere in Geschäftsbeziehungen gelten die Deutschen als recht direkte und ergebnisorientierte Gesprächspartner. Man hält sich nicht allzu lang mit Small Talk auf, sondern möchte möglichst schnell zum Thema kommen. Diskussionen laufen im Vergleich zu anderen Nationen eher wenig emotional ab. Private Fragen spielen eine untergeordnete Rolle. Wie der deutsche Kommunikationsstil beim Gegenüber wirkt, hängt natürlich von dessen Ausgangskultur ab.

Einen Test zu Lektion 10 finden Sie auf Seite 116 f. Weisen Sie die TN auf die interaktiven Übungen auf ihrer Arbeitsbuch-CD hin. Die TN können mit diesen Übungen den Stoff der Lektion selbstständig wiederholen und sich ggf. auch auf den Test vorbereiten.

Zwischenspiel 10
Weg mit dem „un-"!

Wortschatz: Adjektive mit *„un-"*

1   Wortschatz: Wörter mit *un-*

1. Die Bücher sind geschlossen. Spielen Sie den TN das Lied vor, die TN sollen auf das Thema des Liedes achten. Fragen Sie anschließend, was den TN an dem Lied aufgefallen ist. Das sollte den TN keine Schwierigkeiten bereiten, da in der Lektion schon von „un"-Wörtern die Rede war. Für alle, die Englisch können: Auch im Englischen gibt es Wörter mit „un". *Lösungsvorschlag:* Es gibt viele Wörter mit „un" darin.

2. *fakultativ:* Die Bücher bleiben weiter geschlossen. Spielen Sie das Lied noch einmal vor. Die TN sammeln alle Wörter mit „un-", die sie hören. Wer hat die meisten Wörter gehört? Sammeln Sie die Wörter der TN auch an der Tafel.

3. Die TN öffnen ihr Buch und markieren im Liedtext die Wörter mit „un-".

4. Verteilen Sie die Kopiervorlage „Zwischenspiel zu Lektion 10". Die TN ordnen die Beispiele in Übung 1 zu. TN, die schneller fertig sind, überlegen sich zu weiteren „un"-Wörtern aus dem Liedtext eigene Beispielsätze.

5. Abschlusskontrolle im Plenum. Die schnellen TN stellen dabei ihre eigenen Beispielsätze vor.
   Lösung: a) unvorsichtig; b) unselbstständig; c) ungern; d) unbequem; e) unnötig; f) unpünktlich; g) unhöflich; h) unaufgeräumt; i) unappetitlich; j) unsicher

6. Die TN lesen die Aufgabenstellung zu Übung 2 der Kopiervorlage. Sie sprechen in Partnerarbeit über die „un"-Wörter aus Übung 1 und aus den Beispielen der schnellen TN. Wer mag, kann auch im Wörterbuch nach weiteren Wörtern suchen. Lassen Sie die TN abschließend auch im Plenum über ihre eigenen „un"-Wörter berichten. Fragen Sie ggf, wie „un"-Wörter in der Sprache der TN gebildet werden.

2   Ein Lied hören und singen

1. Spielen Sie das Lied noch einmal vor. Die TN lesen im Buch mit und singen. Wer nicht singen mag, klopft oder klatscht den Rhythmus mit.
   Hinweis: Weitere Tipps zum Umgang mit Liedern finden Sie in *Schritte international 1*, Lehrerhandbuch, Seite 27.

2. Wenn die TN Spaß an den „un"-Wörtern und an dem Lied hatten, können sie in Kleingruppen von 3–4 TN eigene Strophen nach dem Muster des Liedes schreiben und diese anschließend im Plenum vortragen.

Weitere Materialien für noch mehr Abwechslung im Unterricht finden Sie unter www.hueber.de/schritte-international.

UNTERWEGS

Folge 11: *Männer!*
Einstieg in das Thema: Auto und Verkehr

Materialien
4 Ball oder Stofftier
Tipp: Kopiervorlage L11/4

1 Vor dem Hören: Vorwissen aktivieren

1. Die TN betrachten das Assoziogramm. Schreiben Sie es auch an die Tafel und erklären Sie ggf. Wörter, die den TN noch nicht bekannt sind.
2. Kennen die TN weitere Wörter auf Deutsch? Ergänzen Sie die Vorschläge der TN an der Tafel und erklären Sie auch Wörter, die die TN gern auf Deutsch wissen möchten.
3. Fragen Sie die TN, was ihnen noch zum Thema „Auto" einfällt, z.B.: Fahren sie gern Auto? Weniger gern? Welche Erlebnisse hatten sie schon mit einem Auto? Was wissen sie über das „Autoland" Deutschland?

2 Beim ersten Hören

1. Schreiben Sie diese Leitfragen an die Tafel: Was will Kurt machen? Was ist mit Susanne los? Wohin fahren Susanne und Maria wohl? Was passiert an der Tankstelle?
2. Die TN konzentrieren sich beim Hören der Foto-Hörgeschichte auf diese Fragen.
3. Abschlusskontrolle im Plenum.
   Lösung: Kurt will joggen gehen. Susanne hat Bauchschmerzen. Sie hat Angst, dass das Baby schon kommt. Susanne und Maria wollen ins Krankenhaus fahren. An der Tankstelle merken sie, dass sie kein Geld dabeihaben.

3 Nach dem ersten Hören: Wichtige Details verstehen

1. Fragen Sie die TN, warum Susanne sauer auf Kurt ist. Wenn die TN das Wort nicht kennen sollten, deuten Sie noch einmal auf Foto 8. Die TN lesen die Aussagen in Stillarbeit und kreuzen an, was sie für richtig halten.
2. Die TN hören die Foto-Hörgeschichte noch einmal und korrigieren ggf. ihre Lösungen.
3. Abschlusskontrolle im Plenum. *Lösung:* richtig: a); c); d); f)

4 Nach dem Hören: Die Geschichte nacherzählen

1. Setzen Sie sich mit den TN in einen Stuhlkreis und erzählen Sie gemeinsam mit den TN die Geschichte nach: Werfen Sie dazu einem TN den Ball bzw. das Stofftier zu und bitten Sie ihn, den ersten Satz zu formulieren und den Ball (bzw. das Stofftier) dann einem anderen TN zuzuwerfen. Dieser setzt die Geschichte fort usw. Die Fotos im Buch und die Leitfragen aus Aufgabe 2 dienen den TN als Gedächtnishilfe. Ermutigen Sie die TN, sich gegenseitig zu helfen und ggf. auch zu korrigieren. Achten Sie darauf, dass die TN bei der Nacherzählung möglichst auch Informationen aus dem Hörtext wiedergeben und sich nicht auf eine bloße Beschreibung der Fotos beschränken!

2. *fakultativ:* Im Anschluss oder auch als Hausaufgabe können die TN die Geschichte noch einmal schriftlich nacherzählen. Dabei orientieren sie sich an den Vorgaben im Buch und ergänzen die angefangenen Sätze. Geübte TN sehen sich noch einmal die Fotos an und erzählen die Geschichte mit eigenen Worten nach. Sammeln Sie die Texte ein und geben Sie sie korrigiert zurück.

TIPP

> Um mit den TN das freie Schreiben zu üben, gibt es verschiedene Möglichkeiten:
> 1. Für jede Geschichte gilt: Sie wird flüssiger, wenn die TN die Sätze durch Konnektoren (z.B. zuerst, dann, danach, schließlich, am Ende, aber, trotzdem usw.) verbinden. Bereiten Sie daher für die TN immer wieder kurze Geschichten vor. Die TN sollen die Sätze selbstständig mit (ggf. durch einen Kasten vorgegebenen) Konnektoren verbinden.
> 2. Um die Kreativität der TN anzuregen, können Sie eine Bildgeschichte vorgeben (siehe auch Foto-Hörgeschichte) oder den Geschichtenanfang vorgeben – die TN schreiben die Geschichte dann zu Ende. Oder Sie geben bestimmte Wörter vor, die in der Geschichte vorkommen sollen.
> Sie können das mit der Kopiervorlage L11/4 einmal ausprobieren.

Er ist gerade **aus dem Haus** gegangen.

Lokale Präpositionen auf die Frage *Woher?*; Wiederholung von *in* und *bei*
Lernziel: Die TN können sagen, woher sie gerade kommen, wo sie sind und wohin sie gehen.

A

A1 Präsentation der lokalen Präpositionen *aus* und *von*

1. Die TN sehen sich die Fotos an und lesen die beiden Mini-Gespräche in Stillarbeit. Sie können hier an die Foto-Hörgeschichte anknüpfen und die TN fragen: „Warum ist Kurt aus dem Haus gegangen?"
   Lösung: Foto 1: Oh je, wo kommst du denn her? – Vom Zahnarzt, das sieht man doch. Foto 2: Ist Kurt nicht da? – Nein, er ist gerade aus dem Haus gegangen.

2. Stellen Sie jetzt die Präpositionen „aus" und „in" bzw. „vom" und „beim" gegenüber, indem Sie eine Tabelle an die Tafel zeichnen und noch einmal fragen: „Woher kommt Kurt?" Deuten Sie dabei nacheinander auf die beiden Fotos. Notieren Sie die Antworten in der Tabelle und markieren Sie die lokalen Präpositionen:

Woher kommt Kurt?	*Wo war Kurt?*
Er kommt vom Zahnarzt.	
Er kommt aus dem Haus.	

3. Fragen Sie weiter: „Wo war Kurt?" und ergänzen Sie die Tabelle an der Tafel.

Woher kommt Kurt?	*Wo war Kurt?*
Er kommt vom Zahnarzt.	*Er war beim Zahnarzt.*
Er kommt aus dem Haus.	*Er war im Haus.*
	(Er war zu Hause.)

Hinweis: Lassen Sie bei der Frage „Wo war Kurt?" auch „Er war zu Hause." als Antwort gelten, weisen Sie die TN aber darauf hin, dass es sich bei „zu Hause" um eine feste Formel handelt, und ergänzen Sie, wenn nötig, die oben angegebene Lösung selbst in der Tabelle. Erklären Sie, dass man auf Fragen mit „Woher?" mit „aus" oder „von" antwortet. Stellen Sie dann weitere Fragen und notieren Sie die Antworten systematisch an der Tafel:

von	*aus*
vom Arzt	*aus dem Kino*
vom Bahnhof	*aus dem Krankenhaus*
von der Apotheke	*aus der Schule*
von einer Party/Hochzeit	*aus der Kirche*
vom Schwimmen	*aus der Türkei*
	aber: aus Südamerika

4. Machen Sie anhand der Beispiele deutlich, wann man „von" bzw. „aus" benutzt: Die Präposition „von" steht bei Personen, Aktivitäten, Veranstaltungen oder wenn weniger der Ort als solcher wichtig ist als vielmehr die Tatsache, dass man dort zu einem bestimmten Zweck war. Die Präposition „aus" steht dagegen bei geschlossenen Räumen und/oder Lokalitäten, an denen man sich länger aufhält, sowie bei Ländernamen. Stellen Sie in einem weiteren Tafelbild auch die Präpositionen „bei" und „in" auf die Frage „Wo?" gegenüber:

bei	*in*
beim Arzt	*im Kino*
...	...

Verdeutlichen Sie anhand der Beispiele, wann man „bei" bzw. „in" benutzt: Die Präposition „bei" steht bei Personen, Aktivitäten oder bei Orten, wobei nicht näher definiert ist, ob es sich um einen geschlossenen Raum handelt. Die Präposition „in" steht dagegen bei geschlossenen Räumen, vor Länder- und Straßennamen. Weisen Sie die TN auch auf den Grammatikspot im Buch hin.

Arbeitsbuch 1: in Stillarbeit oder Partnerarbeit

11  **A** Er ist gerade **aus dem Haus** gegangen.

Lokale Präpositionen auf die Frage *Woher?*; Wiederholung von *in* und *bei*
Lernziel: Die TN können sagen, woher sie gerade kommen, wo sie sind und wohin sie gehen.

Materialien
A2 Folie
A3 Kopiervorlage L11/A3
A4 Kopiervorlage zu A4 (im Internet)

A2 Anwendungsaufgabe zu den lokalen Präpositionen

1. Die TN hören das Beispiel – eine Geräuschsequenz – und beantworten die Frage.
2. Die TN hören die übrigen Geräuschsequenzen so oft wie nötig und ergänzen die Lücken.
3. Abschlusskontrolle im Plenum. *Hinweis:* Die TN notieren erfahrungsgemäß oft die Präpositionen ohne Artikel. Vergleichen Sie die Ergebnisse daher mithilfe einer Folie und wiederholen Sie ggf. noch einmal die bestimmten Artikel im Dativ (*Schritte international 2,* Lektion 11). *Lösung:* b) im Bett; c) beim Zahnarzt; d) im Supermarkt; e) aus dem Briefkasten; f) aus dem Auto

Arbeitsbuch 2: in Stillarbeit oder als Hausaufgabe

A3 Anwendungsaufgabe und Wiederholung zu den lokalen Präpositionen

1. Regen Sie die TN zu einer Bildbeschreibung an, indem Sie gezielt ein paar Fragen zum Bild stellen. Die TN finden sich paarweise zusammen und beschreiben abwechselnd die unterschiedlichen Szenen auf dem Bild. Gehen Sie herum und helfen Sie bei Schwierigkeiten. Verweisen Sie auch auf den Grammatikspot im Buch.
2. Wenn Sie mit den TN den Gebrauch der Präpositionen noch weiter üben wollen, können Sie die Kopiervorlage L11/A3 verteilen und in Partnerarbeit oder Stillarbeit bearbeiten lassen. Sammeln Sie die Kopiervorlagen ein und korrigieren Sie sie.

Arbeitsbuch 3–4: als Hausaufgabe; **5–6:** in Stillarbeit oder als Hausaufgabe

LERN TAGEBUCH **Arbeitsbuch 7:** Ergänzen Sie zusammen mit den TN das Beispiel. Die TN können dann entweder im Kurs paarweise oder zu Hause allein weitere Beispiele finden, versprachlichen und visuell darstellen.

A4 Aktivität im Kurs: Pantomime

1. Schreiben Sie vor dem Unterricht eine Beispielkarte wie im Buch. Notieren Sie an der Tafel die Fragewörter „Woher?" und „Wohin?" und spielen Sie dann die Szene pantomimisch vor, ohne die Karte zu zeigen. Die TN raten, woher Sie gerade gekommen sind und wohin Sie nun gehen.
2. Lesen Sie zur Kontrolle Ihre Karte vor und fordern Sie die TN auf, in zwei Gruppen (A und B) ähnliche Spielanweisungen füreinander zu schreiben. Gehen Sie herum und helfen Sie bei Schwierigkeiten.
   Variante: Wenn Sie wenig Zeit im Unterricht haben, können Sie die Kopiervorlage zu A4 (im Internet) kopieren und an die beiden Gruppen verteilen.
3. Die Gruppen A und B tauschen ihre Spielanweisungen aus. Dann erhält möglichst jeder TN eine Pantomimekarte und spielt der eigenen Gruppe die vorgegebene Szene vor. Die Gruppe rät, bis sie die Lösung gefunden hat. Dann ist der nächste TN an der Reihe. Die beiden Gruppen können parallel spielen, da sie sich anhand der Karten selbst kontrollieren können.

Wir müssen direkt **durch das Zentrum** fahren.

B

11

Lokale Präpositionen
Lernziel: Die TN können ausführliche Wegbeschreibungen verstehen und selbst Wege beschreiben.

B1 Präsentation der lokalen Präpositionen mit dem Dativ und der lokalen Präpositionen mit dem Akkusativ

1. Die TN lesen die Wegbeschreibung und ordnen die passenden Bilder zusammen mit ihrer Partnerin / ihrem Partner zu. *Variante:* Wenn Sie viele TN im Kurs haben, denen es leichter fällt, Kärtchen zu kombinieren (haptischer Lerntyp), bzw. TN, die gerne spielerisch lernen, kleben Sie die Bild- und Satzkärtchen von Kopiervorlage L11/B1 auf festen Karton. Die TN erhalten paarweise einen Kartensatz und ordnen die Bildkärtchen den Satzkärtchen zu.
2. Abschlusskontrolle im Plenum. Geben Sie den TN Gelegenheit zu Wortschatzfragen. *Lösung:* F Da kommen wir übrigens auch am Mozartplatz vorbei. D Du fährst bis zur nächsten Kreuzung. Da musst du links abbiegen. E Und jetzt geradeaus über die Brücke. G Nach der Brücke fahren wir das Flussufer entlang. (ebenfalls richtig: … am Flussufer entlang) C Die nächste Tankstelle? Bei uns zu Hause, gegenüber der Kirche. A Wir müssen fast ganz um den Kreisverkehr herum und dann abbiegen.
3. Die TN schreiben die jeweils passende Präposition zu jedem Bild, zusätzlich ggf. auch auf die Bildkarten, falls Sie diese verteilt haben.
4. Zeigen Sie anhand der Grammatikspots im Buch, welche Präpositionen den Dativ und welche den Akkusativ nach sich ziehen, und machen Sie ggf. weitere Beispiele an der Tafel. Markieren Sie die Artikel jeweils farbig.

Arbeitsbuch 8: in Stillarbeit oder als Hausaufgabe

B2 Anwendungsaufgabe zu den lokalen Präpositionen

1. Bitten Sie die TN, Valerios Adresse auf dem Stadtplan zu suchen. Ggf. können Sie sie darauf hinweisen, dass diese mit einem grünen Punkt im Plan markiert ist. In einem Kurs mit überwiegend ungeübten TN lassen Sie auch das Rathaus und die Fuldabrücke suchen, um das Hörverstehen vorzubereiten.
2. Die TN hören die Wegbeschreibung so oft wie nötig und markieren dabei den Weg im Buch. Geben Sie einem geübten TN den Stadtplan auf Folie. Sie/Er zeichnet die beschriebene Route direkt ein.
3. Abschlusskontrolle mithilfe der Folie im Plenum. *Lösung:* vgl. Hörtext
4. *fakultativ:* Fragen Sie anschließend noch einmal, wie Valerio gehen muss. Die TN beschreiben mündlich selbst den Weg von Valerios Wohnung bis zur Fuldabrücke.

Arbeitsbuch 9: in Stillarbeit oder als Hausaufgabe

B3 Schreiben: Eine Wegbeschreibung

1. Die TN lesen die E-Mail von Matthias. Fragen Sie, worum er Roland bittet.
2. Die TN lesen anschließend den Anfang von Rolands Antwort und schreiben die E-Mail mithilfe der Stichpunkte im Kasten fertig.
3. Wer mag, kann die eigene E-Mail im Kurs vorlesen. Sammeln Sie die Texte der TN auch ein und korrigieren Sie sie. Häufig gemachte Fehler sollten in der folgenden Stunde gemeinsam besprochen werden.

Arbeitsbuch 10 a–b: in Stillarbeit; **10 c:** in Stillarbeit oder als Hausaufgabe für ungeübte TN; **11:** in Stillarbeit oder als Hausaufgabe für geübte TN

B4 Aktivität im Kurs: Eine Wegbeschreibung geben

1. Jeder TN erhält eine Kopie des Stadt- bzw. Umgebungsplans, auf dem der Kursort und der Wohnort / die Wohnorte der TN zu sehen sein sollten. Die TN suchen ihre eigene Adresse und die der Schule auf dem Plan und markieren sie.
2. Die TN lesen das Beispiel im Buch. Bitten Sie dann einen TN, den Weg vom Kursort zu sich nach Hause zu beschreiben.
3. Die TN stehen auf und gehen mit ihrem Stadtplan im Kursraum umher. Dabei finden sie sich immer wieder zu neuen Paaren zusammen und beschreiben sich gegenseitig den Weg zu sich nach Hause und zeigen diesen dabei auf dem Stadtplan. Spielen Sie mit, so können Sie am leichtesten bei Schwierigkeiten helfen.

TIPP

> Wenn Sie in einer großen Stadt unterrichten, bitten Sie die TN am Vortag, einen Stadtplan mit in den Kurs zu bringen, damit sie den anderen ihre Adresse zeigen können. Falls Sie in einem kleineren Ort unterrichten, kopieren Sie einen Umgebungsplan für alle. Mithilfe eines Plans ist die Wegbeschreibung nicht nur leichter nachvollziehbar, sondern die TN können sich auch gegenseitig bei der Formulierung unterstützen oder korrigieren, wenn sie wissen, was ihre Partnerin / ihr Partner sagen möchte.

Arbeitsbuch 12: im Kurs

11 **C** **Deshalb** müssen wir ihn ja dauernd in die Werkstatt bringen.

Konjunktion *deshalb*
Lernziel: Die TN können etwas begründen und Sicherheitshinweise verstehen.

Materialien
C3 Kopiervorlage L11/C3, Spielfiguren, Münzen

<u>C1</u> **Präsentation der Konjunktion *deshalb***

1. Deuten Sie auf Foto 4 der Foto-Hörgeschichte und sagen Sie: „Der Wagen von Susanne und Kurt ist schon alt." Fragen Sie die TN, was das für Susanne und Kurt bedeutet, d.h. welche Konsequenzen es evtl. für ihren Alltag hat. Sammeln Sie die Antworten der TN an der Tafel und verknüpfen Sie ein Beispiel mit „deshalb":

> *Der Wagen ist alt.* → *Er ist oft kaputt.*
> =
> *Der Wagen ist alt.* **Deshalb** *ist er oft kaputt.*

2. Die TN sehen sich nun das Beispiel im Buch an und ordnen die übrigen Sätze in Stillarbeit zu.
3. Spielen Sie die CD/Kassette vor. Die TN vergleichen ihre Lösungen selbstständig. *Lösung:* b) Ständig ist er kaputt. Ich bin deshalb schon lange für einen neuen. c) Aber Kurt sagt, wir haben kein Geld für ein neues Auto. Deshalb müssen wir weiter mit diesem hier zurechtkommen.
4. Zeigen Sie anhand eines Beispiels an der Tafel, dass „deshalb" entweder am Satzanfang oder an Position 3 stehen kann. Die TN kennen schon die Konjunktion „trotzdem" aus Lektion 8, sodass ihnen die Konstruktion kaum Schwierigkeiten bereiten wird.

> *ständig ist er kaputt.* (*Deshalb*) *bin* *ich* *schon lange für einen neuen.*
> **Position 1** **2** **Position 3**
> *Ich* *bin* (*deshalb*) *schon lange für einen neuen.*

5. Notieren Sie die beiden anderen Beispielsätze aus der Aufgabe an der Tafel. Die TN formulieren die Sätze um.

Arbeitsbuch 13–14: in Stillarbeit oder als Hausaufgabe

<u>C2</u> **Leseverstehen: Sicherheitshinweise verstehen; Wortbildung: das Suffix *-bar***

1. Klären Sie zusammen mit den TN den Begriff „Sicherheits-Check". Die TN lesen den Text und unterstreichen alle Fahrradteile, die man regelmäßig prüfen sollte.
2. Abschlusskontrolle im Plenum. Klären Sie mit den TN ggf. unbekannten Wortschatz.
   Lösung: Reifen; Vorder- und Rücklichter; Klingel
3. Notieren Sie folgendes Beispiel an der Tafel:

> *Die Radfahrer* <u>sind</u> *(gut)* <u>erkenn**bar**</u>, *wenn sie in der Nacht mit Licht fahren.*
> =
> *Man* <u>kann</u> *die Radfahrer(gut)* <u>erkennen</u>, *wenn sie in der Nacht mit Licht fahren.*

Machen Sie anhand des Tafelbildes deutlich, dass man mit der Endung „-bar" ausdrücken kann, was man machen kann bzw. was möglich ist.
4. Die TN suchen im Text ein weiteres Beispiel für Adjektive auf „-bar" (erreichbar) und versuchen, den Satz mit „können" zu formulieren. Notieren Sie den Satz ebenfalls an der Tafel. Weisen Sie auch auf den Infospot hin.

Arbeitsbuch 15: als Hausaufgabe

Deshalb müssen wir ihn ja dauernd in die Werkstatt bringen.

Konjunktion *deshalb*
Lernziel: Die TN können etwas begründen und Sicherheitshinweise verstehen.

C

C3 Anwendungsaufgabe: Begründungen und Folgen mit *weil* und *deshalb*

1. Die TN lesen den Text aus C2 noch einmal und markieren dabei, welche Probleme es im Straßenverkehr gibt und wie man die Sicherheit verbessern kann.
2. Zeichnen Sie eine Tabelle an die Tafel und ergänzen Sie das erste Beispiel, während die TN den Text lesen.

Welche Probleme gibt es? Was muss man beachten?	*Wie kann man die Sicherheit verbessern?*
Man muss oft plötzlich bremsen.	→ *Die Bremsen müssen funktionieren.*

Die TN nennen aus dem Text weitere Beispiele für Sicherheitsrisiken und sagen, was man tun kann, um die Sicherheit zu verbessern. Achten Sie darauf, dass die TN „deshalb" benutzen, und helfen Sie ggf. bei der Formulierung.

3. Fragen Sie dann exemplarisch, warum die Bremsen funktionieren müssen. Da die TN Nebensätze mit „weil" bereits aus *Schritte international 3,* Lektion 1 kennen, wird ihnen die korrekte Antwort nicht schwerfallen. Verweisen Sie die TN in diesem Zusammenhang auch auf den Grammatikspot im Buch. Sprechen Sie mit den TN im Plenum über weitere Sicherheitsprobleme und -risiken im Straßenverkehr und fragen Sie gezielt nach, wie diese verbessert werden können. *Hinweis:* Einige TN haben anfangs erfahrungsgemäß noch Schwierigkeiten, Ursachen und Folgen einer Handlung zu unterscheiden bzw. bei der Formulierung eigener Sätze daran zu denken, dass im „weil"-Satz die Ursache genannt wird, im „deshalb"-Satz dagegen die Folge. Aus diesem Grund bietet es sich an, Teilsätze, die die Ursache bzw. die Folge benennen, an der Tafel mit unterschiedlichen Farben zu unterstreichen. Lassen Sie TN dann auch selbst in ihrem Heft Ursache und Folge farbig markieren, damit sie ein Gefühl für diesen Unterschied bekommen.
4. *fakultativ:* Verteilen Sie an Kleingruppen von 3–4 TN je einen Spielplan von Kopiervorlage L11/C3. Sie brauchen für jeden TN eine Spielfigur und pro Gruppe eine Münze.

Arbeitsbuch 16–18: als Hausaufgabe

C4 Aktivität im Kurs: Über das Fahrradfahren sprechen

1. Die TN finden sich zu Kleingruppen von 3–4 TN zusammen und erzählen sich gegenseitig über Erlebnisse mit dem Fahrrad. Sie können das Thema auch auf das Thema „Auto" erweitern, wenn die TN mehrheitlich Autofahrer sind.
2. *fakultativ:* Geben Sie als Hausaufgabe eine Erlebniserzählung auf. Die TN berichten schriftlich über ein besonderes Erlebnis mit ihrem Auto oder Fahrrad (siehe auch Tipp auf Seite 38).

Arbeitsbuch 19: als Hausaufgabe:

PHONETIK · **Arbeitsbuch 20–23:** im Kurs: Spielen Sie die Wörter aus Übung 20 vor. Die TN sprechen im Chor nach. Konzentrieren Sie sich auf den Laut, der den TN Schwierigkeiten macht. Welcher das ist, hängt von der Ausgangssprache ab: Von Italienern wird „qu" häufig als „ku" statt" „kw" realisiert, andere Nationen haben Probleme mit dem Laut „z". Zeigen Sie auch die Unterschiede zwischen Orthografie und Aussprache auf: „ks" kann als „x", als „ks" oder als „chs" usw. verschriftlicht werden. Die TN machen Übung 21. Sie finden selbstständig weitere Beispiele. Die TN lösen mithilfe von Übung 20 auch Übung 22 (Lösung: t, tz, z). Spielen Sie zum Abschluss Übung 23 vor.

11  **D** Bei jedem Wetter unterwegs

Wetter- und Verkehrslage
Lernziel: Die TN können Nachrichten zum Wetter und Verkehrsdurchsagen verstehen.

D1 **Erweiterung des Wortfelds „Wetter"**

1. Fragen Sie die TN, wie das Wetter heute ist, und sammeln Sie gemeinsam mit den TN bekannte Wetterausdrücke und -wörter an der Tafel.
2. Die TN sehen sich die Bilder an und ordnen die passenden Begriffe zu. Wer fertig ist, vergleicht mit der Partnerin / dem Partner.
3. Abschlusskontrolle im Plenum. *Lösung:* A Eis; B Nebel; C Sonnenschein; D Schnee; E Gewitter
   Hinweis: Wenn die Wörter für Ihre TN neu sind, notieren Sie auch den Artikel zu den Nomen an der Tafel.

D2 **Leseverstehen: Kurze Nachrichtentexte verstehen**

1. Die TN lesen die Aufgabenstellung und die Adjektive. Gehen Sie aber zunächst noch nicht auf Fragen zum Wortschatz ein.
2. Fragen Sie die TN dann nach dem Wetter in Text a). Die TN lesen den Text und ergänzen das passende Adjektiv aus der Liste.
3. Notieren Sie die beiden Lösungen zu Text a) untereinander an der Tafel. Fragen Sie weiter, welche Wörter aus dem Text dazupassen, und notieren Sie die entsprechenden Nomen ebenfalls an der Tafel. Unterstreichen Sie die Adjektivendungen „-isch" und „-ig" und zeigen Sie anhand dieser Beispiele, wie aus einem Nomen ein Adjektiv werden kann. Verweisen Sie auch auf den Infospot.

   ⚡ Der Infospot soll den TN helfen, die Bedeutung von Adjektiven zu erschließen. Es geht also um rezeptives Verstehen.

   ● Erwarten Sie nicht von den TN, dass sie selbstständig neue Adjektive bilden.

4. Die TN lesen die Texte b), c) und d) und ergänzen die fehlenden Adjektive.
5. Abschlusskontrolle im Plenum. *Lösung:* a) eisig; b) wolkig, gewittrig, windig, regnerisch; c) sonnig; d) neblig
6. Gehen Sie in diesem Zusammenhang auch kurz auf die Bedeutung von „wegen des schlechten Wetters" ein, indem Sie ein Beispiel an die Tafel schreiben:

   > … *wegen des schlechten Wetters* = …, *weil das Wetter schlecht ist.*

   ⚡ Gehen Sie nicht näher auf „wegen" als Präposition mit Genitiv ein. Diese Gruppe von Präpositionen wird erst in *Schritte*
   ● *international 5* bzw. *Schritte international 6* systematisch eingeführt. Hier geht es lediglich darum, dass die TN die Bedeutung von „wegen" verstehen.

Arbeitsbuch 24: als Hausaufgabe; **25–26:** in Stillarbeit

D3 **Hörverstehen: Verkehrsnachrichten im Radio**

1. Die TN lesen die Aussagen, bevor sie die Verkehrsnachrichten hören. Geben Sie den TN ggf. Gelegenheit zu Wortschatzfragen, um den nachfolgenden Hörtext vorzubereiten.
2. Die TN hören die Durchsagen so oft wie nötig und kreuzen an, was richtig bzw. falsch ist.
3. Abschlusskontrolle im Plenum. *Lösung:* 1 richtig; 2 richtig; 3 richtig; 4 richtig; 5 richtig
4. Fragen Sie die TN, welche Verkehrsmittel sie benutzen. TN, die überwiegend mit öffentlichen Verkehrsmitteln fahren, sollten auch erzählen, inwieweit sie mit dem Angebot und Service zufrieden bzw. unzufrieden sind. TN, die selbst Auto fahren, können berichten, ob sie während der Fahrt die Verkehrsmeldungen – falls vorhanden – im Radio verfolgen.

Materialien
E1 *Variante:* Farbkopien der Fotos oder Folie
Test zu Lektion 11
Wiederholung zu Lektion 10 und Lektion 11

Ärger im Straßenverkehr

Zeitungstexte: Die Meinungsseite
Lernziel: Die TN können einen kurzen Zeitungstext lesen und ihre Meinung äußern.

E1

Vor dem Lesen: Vermutungen äußern

Die TN lesen die Überschrift des Zeitungstextes und sehen sich die Fotos an. Sie stellen Vermutungen darüber an, wovon der Zeitungstext handelt. Fragen Sie auch ganz explizit, warum auf den Fotos immer der gleiche Mann abgebildet ist. Geben Sie aber noch keine Hilfestellung, sondern lassen Sie alle Vermutungen unkommentiert stehen!

Variante: Wenn Sie vermeiden möchten, dass die TN schon auf den Text „schielen", machen Sie Farbkopien von den Fotos oder eine Folie und schreiben Sie die Überschrift an die Tafel.

E2

Leseverstehen: Einen Zeitungstext lesen

1. Die TN lesen den Text und ergänzen allein oder zu zweit die Tabelle.
2. Abschlusskontrolle im Plenum.
   Lösung:

Was nervt?	Radfahrer	Fußgänger	Autofahrer
Warum?	*Fahren mit 30 km/h durch die Fußgängerzone, achten nicht auf Kinder und alte Leute*	*laufen immer vors Rad*	*parken und machen die Tür auf parken auf den Gehwegen*

3. Gehen Sie noch einmal auf Ihre Frage von E1 ein: Warum ist auf allen Fotos derselbe Mann abgebildet?
   Lösungsvorschlag: Das soll zeigen, dass jeder nicht nur Autofahrer, sondern auch Radfahrer oder Fußgänger ist / sein kann. In verschiedenen Situationen reagiert man also verschieden. Macht es also überhaupt Sinn, sich über die anderen aufzuregen?

E3

Aktivität im Kurs: Kursgespräch über Ärger im Straßenverkehr

1. Die TN lesen die Leitfragen im Buch und sammeln zu zweit oder zu dritt weitere Situationen im Straßenverkehr, die nerven könnten.
2. Wenn nötig, sammeln Sie für die Diskussion mit den TN einige Redemittel, um Aufregung zu beschreiben, z.B.: Es ärgert mich besonders, wenn ...; Am meisten nervt mich, dass ...; Das ist einfach unverschämt! Das Verhalten der ... regt mich wirklich auf! Wie können die nur ...? usw.
3. Diskutieren Sie im Plenum mit den TN über ihre Erfahrungen im Straßenverkehr.
4. *fakultativ:* Gehen Sie auch auf Unterschiede im Verhalten von deutschen Verkehrsteilnehmern und den Verkehrsteilnehmern in anderen Ländern ein, wenn die TN darüber etwas wissen oder durch Reisen nach Deutschland gar von eigenen Erlebnissen berichten können.

**LÄNDER
INFO**

Die Deutschen gelten als sehr diszipliniert im Straßenverkehr. Machen Sie den TN klar, dass das ein Klischee ist. Ein Klischee ist zwar bis zu einem bestimmten Grad richtig, und so wird man in Deutschland auf einer mehrspurigen Straße nicht ein ungeordnetes Chaos vor einer Ampel erleben. Aber auch Deutsche überschreiten gern die Geschwindigkeit, gehen bei Rot über die Straße oder parken, wie es ihnen gefällt.

Arbeitsbuch 27–28: als Hausaufgabe

PRÜFUNG

Arbeitsbuch 29: Im Prüfungsteil Hören, Teil 3, der Prüfung *Start Deutsch 2* hören die TN ein Gespräch und müssen Aufgaben dazu lösen. Die TN sollten zuerst die Aufgabenstellung aufmerksam lesen und die vorgegebenen Stichpunkte überfliegen. Sie hören das Gespräch wie in der Prüfung zweimal.

Einen Test zu Lektion 11 finden Sie auf Seite 118 f. Weisen Sie die TN auf die interaktiven Übungen auf ihrer Arbeitsbuch-CD hin. Die TN können mit diesen Übungen den Stoff der Lektion selbstständig wiederholen und sich ggf. auch auf den Test vorbereiten. Wenn Sie mit den TN den Stoff von Lektion 10 und Lektion 11 wiederholen möchten, verteilen Sie die Kopiervorlage „Wiederholung zu Lektion 10 und Lektion 11" (Seite 108–109).

11

Zwischenspiel 11
Punkte in Flensburg?
Landeskunde: Regeln für Autofahrer in Deutschland

Materialien
1, 2 Kopiervorlage „Zwischenspiel zu Lektion 11"
2 ggf. Übersichtskarte der Autobahnen in
  Deutschland

1   **Vorwissen aktivieren**

1. Die TN haben in Lektion 11 schon über Auto und Verkehr gesprochen. Malen Sie einen Wortigel an die Tafel und fragen Sie die TN, was sie mit dem Thema „Autobahn" und „Autofahren in Deutschland" verbinden.

2. Führen Sie dabei einige Schlüsselwörter für das Quiz auf Seite 46 ein: Gas geben, die rechte/mittlere/linke Spur, vorbeilassen, rausfahren, erreichen.
3. Verteilen Sie die Kopiervorlage „Zwischenspiel zu Lektion 11". Die TN lösen Übung 1 in Stillarbeit oder mit der Partnerin / dem Partner.
4. Abschlusskontrolle im Plenum.
   Lösung: Foto Getränke: d; Foto Handy: c; Foto Autobahn: e; Foto Schild: f

2   **Ein landeskundliches Quiz lösen**

1. Wenn möglich, zeigen Sie eine deutsche Autokarte, auf der die vielen Autobahnen gut erkennbar sind. In manchen Auto-Atlanten gibt es auch reine Autobahnkarten. Zeigen Sie die A5 mit der Strecke Frankfurt-Flensburg. Was vermuten die TN: Wie viel Kilometer sind es von Frankfurt bis Flensburg (651,3 Kilometer) und wie viele Stunden Autofahrt braucht man ungefähr (5 Stunden, 35 Minuten)?
2. Die TN lösen das Quiz auf Seite 46 am besten in Partnerarbeit, damit sie sich bei Unsicherheiten austauschen können und vielleicht die eine oder andere Diskussion zustande kommt. Gehen Sie herum und hören Sie in die Partnergespräche hinein.
3. Abschlusskontrolle: Besprechen Sie mit den TN ihre Lösungen. Wo gab es Unsicherheiten? Gibt es Lösungen, die die TN verwundern? Kommentieren Sie die Lösungen aber noch nicht und lassen Sie die TN auch noch nicht die Lösung im Buch lesen!
4. Die TN lesen den blau unterlegten Text auf Seite 47.
5. Die TN überprüfen das Textverständnis mithilfe von Übung 2 der Kopiervorlage.
   Lösung: <u>Bußgeldkatalog</u>: Wie viele Punkte bekomme ich, wenn ich bei Rot über die Ampel fahre? Das und anderes kann man hier nachlesen. <u>Idiotentest</u>: Wenn die Polizei einem Autofahrer (mit 18 Punkten in Flensburg) den Führerschein weggenommen hat, muss der Fahrer eine medizinisch-psychologische Prüfung machen. Nur wenn er sie besteht, bekommt er den Führerschein zurück. <u>Punkte in Flensburg</u>: Man bekommt sie für falsches Verhalten im Straßenverkehr. <u>18</u>: Bei so vielen Punkten verliert man seinen Führerschein. <u>Deutsches Verkehrszentralregister</u>: Hier werden Informationen über Autofahrer gesammelt.
6. Die TN überprüfen jetzt ihre Quiz-Antworten mit der Lösung im Buch und geben sich Punkte. Fragen Sie in die Runde: Wie viele Punkte in Flensburg haben Sie? Muss jemand seinen Führerschein abgeben oder sind alle fit für das Fahren auf deutschen Straßen?
7. Die kurzen Info-Texte zu Flensburg, Hamburg, Hannover und Frankfurt am Main lesen die TN als Hausaufgabe und bearbeiten dazu Übung 3 der Kopiervorlage.
   Lösung: a) Hamburg; b) Flensburg; c) Flensburg; d) Hannover; e) Flensburg und Hamburg; f) Frankfurt am Main; g) Frankfurt am Main

LÄNDER
INFO

Die Auto-Industrie ist einer der wichtigsten Industriezweige in Deutschland. Die deutschen Autobauer gehören zu den größten auf der Welt (z.B. VW Platz 5, BMW Platz 10, Stand Januar 2006). Die deutsche Auto-Industrie ist sehr mächtig und nimmt auch Einfluss auf die deutsche Politik. So kommt die Diskussion um eine Geschwindigkeitsbegrenzung auf deutschen Autobahnen immer wieder auf. Aber bis jetzt konnten sich die Befürworter des Tempolimits nicht durchsetzen – auch wegen der Autokonzerne. Das Motto „Freie Fahrt für freie Bürger", das die Auto-Industrie und die Automobilverbände in den 1970er-Jahren propagierten, ist immer wieder ein zugkräftiges Argument.
Die großen Autobauer haben an ihren Standorten Museen und Erlebniswelten rund ums Auto errichtet. Hier können sich die Besucher durch das Werk führen lassen oder sich über die Geschichte und die Entwicklung der jeweiligen Automarke informieren. Beipiele: VW Autostadt Wolfsburg (www.autostadt.de), Audi-Forum Ingolstadt (www.museummobile.de), BMW-Welt München (www.bmw-welt.com) oder Porsche-Museum Stuttgart (www.porsche.de).

Weitere Materialien für noch mehr Abwechslung im Unterricht finden Sie unter www.hueber.de/schritte-international.

Materialien
1 eine Folie; Foto-Hörgeschichte als Kärtchen oder Poster der Foto-Hörgeschichte; DIN A3-Papier, Scheren, Klebestifte

REISEN

Folge 12: *Reisepläne*
Einstieg in das Thema: Reisepläne/-vorbereitungen

12

---

1   **Vor dem Hören: Einen Comic schreiben**

1. Präsentieren Sie Foto 1 und die Aufgabe auf einer Folie. Die TN stellen Vermutungen an, zu wem welches Zitat passt. Lassen Sie die TN ggf. abstimmen und notieren Sie das jeweilige Ergebnis mit den meisten Stimmen in der Tabelle der Aufgabe. *Lösung:* a) Simon; b) Larissa; c) Kurt

2. Verteilen Sie das Poster oder kopieren Sie die Foto-Hörgeschichte für Kleingruppen von fünf TN, schneiden Sie die Fotos aus und kleben Sie diese in losem Abstand auf ein DIN A3-Blatt, sodass die TN zu jedem Bild Sprechblasen malen und schreiben können. Die TN denken sich in der Gruppe den Text zu ihrem Foto-Comic aus.

3. Jeder TN schlüpft in die Rolle eines Protagonisten. Die TN lesen ihren Comic mit verteilten Rollen.

4. Wer möchte, kann den Comic im Plenum als Rollenspiel präsentieren. Die anderen Comics werden im Kursraum aufgehängt.

2   **Beim ersten Hören**

1. Bitten Sie die TN, beim Hören darauf zu achten, was Larissa und Simon in den Ferien machen wollen und worauf sie sich schließlich einigen. Die TN hören die Foto-Hörgeschichte ein erstes Mal komplett und verfolgen sie im Buch mit.

2. Abschlusskontrolle im Plenum.
Lösungsvorschlag: Sie fahren zusammen mit Maria an die Nordsee. Dort kann man reiten, surfen und Mozart hören bzw. ein Musikfestival besuchen.

3   **Nach dem ersten Hören: Details der Geschichte verstehen**

1. Lesen Sie den Anfang des Lückentextes mit den TN gemeinsam und zeigen Sie anhand des ersten Beispiels, dass es jeweils zwei Möglichkeiten gibt, aber nur eine passt.

2. Die TN lesen den Text und ergänzen die Lücken zusammen mit ihrer Partnerin / ihrem Partner. Spielen Sie die Foto-Hörgeschichte noch einmal vor, wenn nötig.

3. Abschlusskontrolle im Plenum. *Lösung:* reiten; surfen; wegfahren; Kataloge; teuer; ein Musikfestival

4   **Nach dem Hören: Über Urlaubsträume sprechen**

1. Die TN lesen die Aufgabenstellung im Buch und finden sich zu Kleingruppen von 3–4 TN zusammen. Weisen Sie die TN, wenn nötig, explizit darauf hin, dass sie auch Reisewünsche äußern können, die sich – zumindest momentan – nicht verwirklichen lassen. Erinnern Sie die TN daran, dass in diesem Fall „würde" verwendet wird. Den Konjunktiv kennen die TN bereits aus Lektion 8.

2. Die TN erzählen sich in Kleingruppen gegenseitig, wohin sie gern einmal fahren würden und was sie gern einmal sehen möchten. Gehen Sie herum und hören Sie in die Gruppen hinein. Stellen Sie gezielte Fragen, wenn Sie das Gefühl haben, dass das Gespräch in einer Gruppe nicht so recht in Gang kommen will.
Variante: Sprechen Sie in kleineren Kursen im Plenum über die Urlaubsträume der TN.

12 **A**

Wir fahren **an den** Atlantik.

Lokale Präpositionen *in*, *an* und *auf*
Lernziel: Die TN können über Reiseziele sprechen.

Materialien
A3 Reiseprospekte, Reisekataloge
A4 Kärtchen, Kopiervorlage zu A4 (im Internet)

A1 **Variation: Erweiterung der lokalen Präpositionen *in*, *an* und *auf***

1. Gehen Sie vor wie auf Seite 8 beschrieben. Wenn die TN Lust haben, können sie die Variationsübung als Streitgespräch vorführen.
2. Notieren Sie einige Beispiele zu den Präpositionen an der Tafel und verweisen Sie auf den Grammatikspot.
   Erinnern Sie die TN ggf. daran, dass auf die Frage „Wohin?" der Akkusativ steht.

Arbeitsbuch 1–2: als Hausaufgabe; **3:** in Stillarbeit oder Partnerarbeit

---

A2 **Anwendungsaufgabe zu den lokalen Präpositionen**

1. Die TN hören sechs unterschiedliche Geräuschsequenzen und ordnen ihnen jeweils das passende Bild zu.
2. Abschlusskontrolle im Plenum. Lassen Sie die TN noch einmal mit eigenen Worten berichten, wohin Julius der Reihe nach fährt. Achten Sie dabei auf die korrekte Verwendung der Präpositionen und Artikel.
   Lösung: 2 in die Wüste; 3 in die Berge; 4 ans Meer; 5 aufs Land; 6 an den Bodensee

Arbeitsbuch 4: in Stillarbeit

A3 **Anwendungsaufgabe zu den lokalen Präpositionen auf die Frage *Wo?* bzw. *Wohin?***

1. Klären Sie zusammen mit den TN zunächst die Situation auf dem Bild und notieren Sie, wenn nötig, einige Beispiele an der Tafel:

Wohin?	*Wir könnten im Sommer doch in die Berge fahren!*	*– **In die** Berge? Nein!*
Wo?		*– **In den** Bergen ist es zu langweilig.*
...		

2. Machen Sie anhand des Tafelbildes deutlich, dass nach den Präpositionen „in", „an" und „auf" Dativ oder Akkusativ stehen kann. Erinnern Sie die TN in diesem Zusammenhang auch daran, dass „in" und „nach" vor Städtenamen sowie vor den meisten Ländernamen ohne Artikel benutzt werden. Verweisen Sie die TN auch auf den Grammatikspot im Buch.
3. Die TN finden sich paarweise zusammen und suchen sich einen Reiseprospekt oder -katalog aus, in dem sie ein wenig blättern und einige Reiseziele auswählen können. Die TN lesen dann den Beispieldialog im Buch und handeln mit ihrer Partnerin / ihrem Partner aus, wohin sie gemeinsam fahren wollen. Die Stichpunkte im Redemittelkasten sowie die beiden Grammatikspots helfen ihnen dabei.
   Hinweis: Diese Aufgabe ist auch eine gute Vorbereitung auf die mündliche Prüfung von *Start Deutsch 2*, in der die TN sich ebenfalls auf etwas einigen müssen.

Arbeitsbuch 5–7: als Hausaufgabe; **8–9:** in Stillarbeit; **10:** als Hausaufgabe

---

A4 **Aktivität im Kurs: Ratespiel**

1. Drei TN lesen das Beispiel mit verteilten Rollen vor. Schreiben Sie ggf. drei andere Begriffe auf eine Karte und lassen Sie die TN raten, wo Sie sich befinden.
2. Die TN bilden Kleingruppen von 3–4 TN. Jeder überlegt sich ein Reiseziel und schreibt jeweils drei dazu passende Gegenstände auf eine Karte. Anschließend lesen die TN ihren Mitspielern vor, welche Gegenstände sie im Gepäck haben, und lassen ihre Mitspieler raten, wo sie gerade Urlaub machen.
   Variante: Wenn Sie nicht viel Zeit haben oder das Ratespiel etwas gelenkter gestalten wollen, können Sie die Kopiervorlage zu A4 (im Internet) kopieren und an die TN verteilen. Weiter wie oben beschrieben.

Materialien
B1 gebastelte Hotelschlüssel (mit Anhänger für Zimmernummer)
B2 physische und/oder politische Landkarte D-A-CH
B5 Kopiervorlage L12/B5

Schöne Apartments mit **großem** Balkon.

Adjektivdeklination ohne Artikel
Lernziel: Die TN können Kleinanzeigen und Werbeaussagen zu Urlaubsunterkünften verstehen.

B1 **Präsentation der Adjektivdeklination ohne Artikel im Nominativ und Dativ**

1. Deuten Sie auf Foto 6 der Foto-Hörgeschichte und fragen Sie die TN, ob sie sich noch daran erinnern, für welches Angebot Simon sich interessiert.
2. Die TN hören noch einmal, was Simon seinem Vater vorliest, und ergänzen den Anzeigentext im Buch.
3. Abschlusskontrolle im Plenum. *Lösung:* großem; freiem; Ruhige
4. Notieren Sie dann Folgendes an der Tafel:

Ergänzen Sie das Tafelbild gemeinsam mit den TN und markieren Sie die Endungen der Artikel bzw. der Adjektive im Nominativ farbig, sodass der Zusammenhang deutlich wird:

```
der Balkon      →  großer Balkon
das Zimmer      →  großes Zimmer
die Lage        →  ruhige Lage
die Apartments  →  schöne Apartments
```

5. Verfahren Sie ggf. mit dem Dativ ebenso. Erinnern Sie die TN an dieser Stelle an die Adjektivdeklination nach dem unbestimmten und nach dem bestimmten Artikel, die sie bereits in Lektion 9 und Lektion 10 kennengelernt haben. Zeigen Sie anhand des Tafelbildes, dass Adjektive, denen kein Artikel vorausgeht, die Endungen des Artikels übernehmen.
6. *fakultativ:* Bilden Sie mehrere Hotelteams und ein Gästeteam. Jedes Hotelteam gibt seinem Hotel einen Namen und bastelt einen Hotelschlüssel. Jedes Hotelteam formuliert einen Anzeigentext, in dem es sein Hotel mit möglichst vielen Details anpreist. Das Gästeteam formuliert einen Anzeigentext, aus dem möglichst genau hervorgeht, was für ein Hotel es sucht. Gehen Sie herum und helfen Sie bei Schwierigkeiten. Anschließend stellen sich die verschiedenen Hotels vor und das Gästeteam entscheidet, welches Hotel seinen Vorstellungen am ehesten entspricht. Zur Kontrolle wird der Anzeigentext des Gästeteams vorgelesen, bevor das auserwählte Hotel den Gästen ihren Zimmerschlüssel überreicht.

B2 **Leseverstehen 1: Bild und Text**

1. Bringen Sie nach Möglichkeit eine politische und eine physische Landkarte der deutschsprachigen Länder mit und hängen Sie sie im Kursraum auf. Die TN suchen nach den angegebenen Regionen und lokalisieren sie auf der Landkarte. Geben Sie den TN, wenn nötig, etwas Hilfestellung, indem Sie den TN Anhaltspunkte geben.
   Variante: Wenn Sie keine Landkarte zur Hand haben, können Sie sich mit der Karte in der vorderen Umschlagseite des Kursbuchs behelfen.
2. Die TN lesen die Texte in Stillarbeit und ordnen sie den Fotos zu.
3. Abschlusskontrolle im Plenum. Fragen Sie die TN nach Begründungen für die jeweilige Zuordnung. Sie sollten Ihnen passende Hinweise aus dem Text nennen können. Erklären Sie, wenn nötig, die Landeskennzeichen D, A und CH, die unter den Bildern in Klammern stehen.
   Lösung: A Schleswig-Holstein; B Luzern; C Mecklenburger Seenplatte; D Salzkammergut
4. Gehen Sie nun noch einmal auf die Adjektivendungen ein, indem Sie die TN zunächst bitten, in Stillarbeit alle Adjektive in den vier Anzeigentexten zu unterstreichen. Die TN tragen die Adjektive in selbst erstellte Formentabellen ein.
5. Weisen Sie die TN anhand des Grammatikspots auf die Adjektivendung ohne Artikel im Akkusativ hin. Machen Sie auch ein Beispiel für ein feminines und ein neutrales Nomen an der Tafel, wenn nötig.

B3 **Leseverstehen 2: Urlaubswünsche und -ziele erkennen**

1. Die TN lesen Aufgabe a) und die vier Anzeigen aus B2. Fragen Sie die TN, welches Angebot für die Familie am besten passt, und bitten Sie die TN, ihre Entscheidung auch zu begründen.
2. Die TN lesen die übrigen Reisewünsche und ordnen ihnen die passenden Anzeigentexte zu.
3. Abschlusskontrolle im Plenum. *Lösung:* a) D; b) B; c) C; d) A

Adjektivdeklination ohne Artikel
Lernziel: Die TN können Kleinanzeigen und Werbeaussagen zu Urlaubsunterkünften verstehen.

B4 **Anwendungsaufgabe zur Adjektivdeklination ohne Artikel**
1. Die TN finden sich paarweise zusammen und ergänzen gemeinsam die Adjektivendungen in den Anzeigentexten.
2. Abschlusskontrolle im Plenum. *Lösung:* a) Schöner; b) günstiges; c) Preiswerte; d) kleine; zentraler; freundliche

Arbeitsbuch 11–12: als Hausaufgabe: Mithilfe von Übung 12 können sich die TN die Adjektivdeklination ohne Artikel noch einmal selbstständig erarbeiten; **13–14:** in Stillarbeit

B5 **Aktivität im Kurs: Über persönliche Vorlieben/Präferenzen sprechen**
1. Fragen Sie einen TN exemplarisch, welche Unterkunft aus B2 sie/er wählen würde und warum. Erinnern Sie die TN, wenn nötig, an dieser Stelle noch einmal daran, dass man für hypothetische Äußerungen und Wünsche den Konjunktiv II benutzt.
2. Die TN finden sich zu Kleingruppen von 3–4 TN zusammen und sprechen über die Unterkünfte aus B2. Gehen Sie herum und achten Sie darauf, dass die TN ihre Entscheidung begründen. Wenn die TN am Thema interessiert sind, können Sie die Aufgabe erweitern und mit den TN allgemein über ihre Vorlieben bei Urlaubsunterkünften sprechen.
Variante: Wenn Ihr Kurs nicht allzu groß ist (10–16 TN), können die TN auch im Plenum über die Urlaubsunterkünfte sprechen. Erfahrungsgemäß haben es die TN gern, wenn auch Sie als Kursleiterin/Kursleiter mitdiskutieren.
3. *fakultativ:* Geben Sie die Aufgabe im Anschluss an das Kursgespräch als schriftliche Hausaufgabe: Die TN schreiben einen kurzen Text über Unterbringungswünsche/-präferenzen auf Reisen. Beim Schreiben haben die TN mehr Zeit zur Reflexion und können ihre Meinung noch differenzierter darstellen. Sammeln Sie die Texte ein und korrigieren Sie sie.

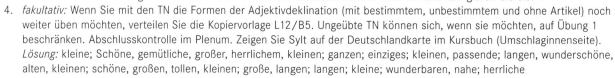

4. *fakultativ:* Wenn Sie mit den TN die Formen der Adjektivdeklination (mit bestimmtem, unbestimmtem und ohne Artikel) noch weiter üben möchten, verteilen Sie die Kopiervorlage L12/B5. Ungeübte TN können sich, wenn sie möchten, auf Übung 1 beschränken. Abschlusskontrolle im Plenum. Zeigen Sie Sylt auf der Deutschlandkarte im Kursbuch (Umschlaginnenseite).
Lösung: kleine; Schöne, gemütliche, großer, herrlichem, kleinen; ganzen; einziges; kleinen, passende; langen, wunderschöne, alten, kleinen; schöne, großen, tollen, kleinen; große, langen; langen; kleine; wunderbaren, nahe; herrliche

Materialien
C1 Kopiervorlage L12/C1
C3 Kopiervorlage zu C3 (im Internet), (aktuelle)
Reiseangebote, Flyer von Reiseagenturen etc.

Eine Reise buchen

Gespräche im Reisebüro
Lernziel: Die TN können im Reisebüro Informationen einholen und eine Reise buchen.

C 12

C1 Hörverstehen 1: Eine Reiseroute; Präsentation eines Gesprächs im Reisebüro

1. Fragen Sie mit Verweis auf die Landkarte im Buch: „Wo beginnt Hanna ihre Reise?" und „Was ist ihr erstes Reiseziel?"
2. Die TN hören den Anfang eines Gesprächs im Reisebüro. Erklären Sie den TN, dass sie besonders auf die Orte der Reise achten und die Reiseroute in die Landkarte einzeichnen sollen. Die TN vergleichen ihre Notizen mit ihrer Partnerin / ihrem Partner.
3. Fragen Sie die TN, mit welchen Verkehrsmitteln Hanna ab Leipzig weiterreist. Die TN hören das Gespräch noch einmal und ergänzen die Tabelle.
4. Abschlusskontrolle im Plenum. Achten Sie darauf, dass die TN die lokalen Präpositionen „von" und „nach" sowie die Präposition „mit" korrekt gebrauchen.
   Lösung: 2 von Leipzig nach Helgoland: mit dem Flugzeug, mit dem Schiff; 3 von Helgoland nach Bremerhaven: mit dem Schiff; 4 von Bremerhaven nach Düsseldorf: mit dem Auto
5. *fakultativ:* Kopieren Sie die Kopiervorlage L12/C1 für alle. Die TN finden sich paarweise zusammen und beschreiben sich gegenseitig ihre Reiseroute. Auf diese Weise wenden die TN die Redemittel aus der Hörübung aktiv an.
   Hinweis: Wenn Sie das Hörverstehen nicht unterbrechen möchten, können Sie die Kopiervorlage auch nach C2 einsetzen.

C2 Hörverstehen 2: Detailinformationen zu einer Reise verstehen

1. Die TN lesen die drei Aussagen und hören dann das Gespräch im Reisebüro weiter. Sie kreuzen eine Lösung an.
2. Abschlusskontrolle im Plenum. Weisen Sie die TN auch auf den Infospot hin. *Lösung:* a) richtig; b) richtig; c) falsch

Arbeitsbuch 15–17: als Hausaufgabe

C3 Aktivität im Kurs: Rollenspiel

1. Die TN lesen die Anzeigen. Fragen Sie dann, was die beiden Reisebüros jeweils anbieten. Fragen Sie die TN auch, ob sie Bus- oder Flugreisen bevorzugen und warum.
2. Die TN finden sich paarweise zusammen und einigen sich auf die Rollenverteilung. Wenn Sie den TN Alternativen oder Zusatzaufgaben anbieten möchten, verteilen Sie die Kopiervorlage zu C3 (im Internet).
3. Lassen Sie einige Gespräche im Plenum vorspielen. Da es in großen Kursen ermüdend sein kann, wenn alle auf einmal ihr Gespräch präsentieren, verteilen Sie die Präsentation auf mehrere Unterrichtsstunden.
   Die TN bereiten paarweise ein Gespräch vor. Geübte TN erhalten Reiseangebote und -prospekte aus Reisebüros und suchen sich selbst ein Angebot aus, über das sie mit dem Reiseverkäufer sprechen möchten.

Arbeitsbuch 18: in Stillarbeit oder als Hausaufgabe

C4 Aktivität im Kurs: Von eigenen Reisen berichten

1. Die TN lesen die Fragen a) bis d) im Buch. Fragen Sie dann einen TN, welche Länder sie/er zuletzt bereist hat, wie lange sie/er unterwegs war usw. Die anderen TN stellen weitere Fragen und berichten dann auch selbst über ihre Reisen. Erfahrungsgemäß erzählen die TN gerne von vergangenen Reisen und sind auch neugierig, was die anderen zu berichten haben. Die Fragen im Buch dienen als Leitfragen, die jederzeit um weitere Aspekte ergänzt werden können.
   Variante: Wenn Sie einen sehr großen Kurs haben, bietet es sich an, die TN in Gruppen einzuteilen, damit es nicht langweilig wird. Gehen Sie herum und sprechen Sie jeweils ein paar Minuten mit jeder Gruppe, bevor Sie zur nächsten Gruppe wechseln.
2. *fakultativ:* Die TN schreiben als Hausaufgabe einen kurzen Bericht über ihre letzte Reise. Bitten Sie sie, dabei besonders auf die Leitfragen aus dem Buch einzugehen. Sammeln Sie die Texte ein und korrigieren Sie sie.

12 **D** Postkarten schreiben

Einladungen schreiben und Vorschläge machen

Lernziel: Die TN können private Postkarten schreiben, jemanden einladen und unterschiedliche Aktivitäten vorschlagen und beschreiben.

D1 **Leseverstehen 1: Die Hauptinformationen verstehen**

1. Die TN sehen sich die Fotos im Buch an. Fragen Sie die TN, ob sie eine der Städte oder Gegenden kennen oder wo das sein könnte. Die TN stellen Vermutungen an oder umschreiben die abgebildeten Orte. Wenn jemand bereits in Frankfurt war und die Stadt auf dem oberen Bild wiedererkennt, kann sie/er kurz berichten, was es dort zu sehen gibt. .
2. Die TN lesen die drei Postkartentexte und ordnen sie dem passenden Foto zu. Wer schon fertig ist, kann neuen Wortschatz für alle im Wörterbuch nachschlagen und später bei Worterklärungen behilflich sein.
3. Abschlusskontrolle im Plenum. Geben Sie dabei auch Gelegenheit zu Wortschatzfragen.
   Lösung: oben: Text B; Mitte: Text C; unten: Text A

D2 **Leseverstehen 2: Den wesentlichen Inhalt verstehen**

1. Die TN sehen sich die Rubriken in der Tabelle an. Fragen Sie die TN, welche Vorschläge Thorsten für den Besuch von Lukas macht. Die TN lesen Postkarte A noch einmal und ergänzen die Tabelle. Besprechen Sie die Lösungen im Plenum.
2. Verfahren Sie mit den Postkarten B und C ebenso.
   Lösung:

Vorschläge	Sport	Kultur	Essen/Trinken	Ausflüge
Karte A	Wandern, Fußballstadion	–	–	(in die Berge)
Karte B	–	der Römer (= das Rathaus), die alte Oper, das Museumsufer, Kneipen	Apfelwein, Grüne Soße	–
Karte C	Rad fahren, spazieren gehen	–	–	mit dem Schiff nach Helgoland

Arbeitsbuch 19–20: in Stillarbeit oder als Hausaufgabe

D3 **Anwendungsaufgabe: Eine Postkarte schreiben**

Die TN lesen die Aufgabenstellung. Stellen Sie sicher, dass alle TN verstanden haben, was sie tun sollen und welche Punkte sie in ihrer Postkarte berücksichtigen sollen. Die TN entscheiden selbst, ob sie die Postkarte alleine oder zusammen mit ihrer Partnerin / ihrem Partner schreiben wollen. Die Vorlage im Buch dient als Orientierung, sie kann selbstverständlich verändert und/oder erweitert werden. Gehen Sie herum und helfen Sie bei Schwierigkeiten.

Hinweis: Die TN haben bereits in *Schritte international 2,* Lektion 14 gelernt, wie man einfache Einladungen verfasst. Während sie sich auf Niveau A1 im Wesentlichen auf Termin- und Ortsangaben beschränken mussten, sollten sie jetzt zeigen, wie sich ihre Kenntisse erweitert haben.

Variante: Wenn Sie wenig Zeit im Kurs haben und ihre TN gut selbstständig arbeiten, können Sie die Aufgabe auch als Hausaufgabe aufgeben.

TIPP

Wenn Ihre TN mit oder ohne Vorlage einen Text schreiben, sollten Sie diesen nach Möglichkeit einsammeln und mit Korrekturhinweisen versehen. Erfahrungsgemäß ist es wenig effektiv, die Fehler lediglich zu korrigieren, d.h. beispielsweise einen falschen Artikel durch den richtigen zu ersetzen. In diesem Fall denken nur die wenigsten TN über ihre Fehler nach, sondern akzeptieren die Korrektur und legen den Text zur Seite. So werden sie denselben Fehler voraussichtlich immer wieder machen. Wenn Sie die Fehlerquelle dagegen nur markieren und Ihren TN einen Hinweis geben, dass sie z.B. die Pluralendung vergessen haben, können die TN sich selbst korrigieren und dabei etwas lernen. In diesem Fall sollten Sie ihnen die Gelegenheit geben, ihren Text noch einmal abzugeben und durchsehen zu lassen. Dieses Korrekturverfahren nimmt zwar zunächst mehr Zeit in Anspruch, ist jedoch langfristig gesehen wesentlich effektiver. Wenn Sie das erste Mal mit Korrekturhinweisen arbeiten, sollten Sie den TN kurz erklären, welche Korrekturzeichen Sie verwendet haben. Sie können z.B. mit unterschiedlichen Farben für Orthographie, Grammatikfehler etc. arbeiten, sollten dann aber während der gesamten Kursdauer bei denselben Farben bleiben, um die TN nicht zu verwirren.

Arbeitsbuch 21: in Stillarbeit oder Partnerarbeit; **22–23:** in Stillarbeit: Ungeübte TN bearbeiten Übung 22, geübte TN bearbeiten Übung 23. Lassen Sie die TN selbst entscheiden, welcher „Gruppe" sie angehören. **24:** im Kurs

PHONETIK **Arbeitsbuch 25–26:** im Kurs: Die TN haben schon häufiger Übungen zum Satzakzent und zur Satzmelodie gemacht. Deshalb werden sie mit den Übungen keine Schwierigkeiten haben. Gehen Sie vor wie im Arbeitsbuch beschrieben und lassen Sie die TN die Gedichte auch vorlesen. Dabei achten sie besonders auf die Pausen.

Materialien
E1–E4 Plakate, dicke Stifte
E4 Kopiervorlage L12/E4
Lerntagebuch: auf Folie
Test zu Lektion 12

Eine Traumreise planen

Urlaubspläne und Reisewünsche

Lernziel: Die TN können aus mehreren Optionen etwas Passendes auswählen und sich bei einer Diskussion auf einen Vorschlag einigen.

E1 Vorbereitung: Assoziationen sammeln und Vorwissen aktivieren

1. Schreiben Sie auf vier Plakate die vier Wortigel aus dem Kursbuch und hängen Sie die Plakate auf. Die TN gehen von Plakat zu Plakat und notieren darauf ihre Assoziationen zum jeweiligen Begriff.
2. Wenn kein TN mehr schreibt, finden sich die TN paarweise zusammen und gehen wieder von Plakat zu Plakat. Sie lesen die Assoziation der anderen TN und helfen sich gegenseitig bei Wortschatzfragen

Arbeitsbuch 27: in Partnerarbeit: Abschlusskontrolle im Plenum.

E2 Vorlieben und Abneigungen ausdrücken

1. Schreiben Sie die vier Urlaubstypen auf je ein Plakat und hängen Sie in jede Zimmerecke eins. Die TN lesen die Kurzbeschreibungen zu den vier Urlaubstypen in ihrem Buch. Gehen Sie herum und gehen Sie individuell auf Wortschatzfragen der TN ein.
2. Die TN entscheiden sich für einen der vier Urlaubstypen und stellen sich in die entsprechende Ecke. Fragen Sie einzelne TN aus jeder Gruppe, warum sie sich für diesen Urlaubstyp entschieden haben. Was ist für sie/ihn im Urlaub wichtig bzw. unwichtig?

E3 Aktivität im Kurs: Eine gemeinsame Traumreise planen

1. Die TN entwerfen ein Plakat nach dem Muster im Buch.
2. Sammeln Sie mit den TN an der Tafel Ausdrucksmöglichkeiten dazu, wie man Ablehnung bzw. Zustimmung zu einem Vorschlag ausdrücken und neue Vorschläge ins Gespräch bringen kann.
3. Die TN lesen die Aufgabe und das Beispiel und diskutieren dann in der Gruppe mögliche Reiseziele. Sie sollten sich auch über den Reisetermin, die Reisedauer, das Reisemittel, die Unterkunft einigen und sich darüber beraten, was sie mitnehmen und was sie während der Reise machen wollen. Die Redemittel an der Tafel und im Buch helfen ihnen bei der Diskussion. Gehen Sie herum und hören Sie in die Gruppengespräche hinein. Wenn in einer Gruppe keine richtige Diskussion in Gang kommt, helfen Sie mit ein paar Fragen oder provokativen Vorschlägen nach.
   Hinweis: Diese Aufgabe dient auch als Vorbereitung auf die mündliche Prüfung von *Start Deutsch 2,* wo die Prüfungsteilnehmer ebenfalls im Laufe einer Diskussion über ein bestimmtes Thema zu einer Einigung kommen sollen. Gehen Sie an dieser Stelle nicht auf die Verwendungsmöglichkeiten von „lassen" ein. „Lass uns doch …!" sollte zunächst als Formel gelernt werden.

E4 Aktivität im Kurs: Präsentation der Traumreisen

1. Die TN entwerfen ein Plakat nach dem Muster im Buch.
2. Die TN hängen ihre Plakate gut sichtbar im Kursraum auf. Jede Gruppe stellt ihr Plakat gemeinsam dem Plenum vor. Die anderen hören zu und stellen ggf. Rückfragen. Achten Sie bei der Präsentation darauf, dass alle TN einer Gruppe aktiv sind und jeweils einen Teil der Reiseplanung vorstellen. Denken Sie auch daran, die Ergebnisse angemessen zu honorieren, z.B. in Form von Applaus.
3. *fakultativ:* Wenn Sie das Thema „Urlaubstypen" noch vertiefen möchten und die TN auf die Prüfung *Start Deutsch 2* vorbereiten möchten, verteilen Sie die Kopiervorlage L12/E4. Ähnlich wie im Prüfungsteil Lesen, Teil 3, sollen die TN hier für die vier Urlaubstypen ein passendes Reiseangebot auswählen. Weisen Sie die TN darauf hin, dass nicht alle Angebote passen.
   Lösung: A: Anzeige 5; B: Anzeige 1; C: Anzeige 3; D: Anzeige 6

TIPP

Wenn die TN die Ergebnisse einer freieren Aufgabe oder eines Projekts in Form eines Plakats präsentieren, sollte nur das Wichtigste in Stichpunkten auf dem Plakat stehen, dies aber möglichst groß. Die Detailinformationen erfahren die Zuhörer dann in der mündlichen Präsentation. Das Plakat dient dabei als Gedankenstütze, bietet aber keine vollständigen Sätze, die abgelesen werden können. Auf diese Weise können Sie das freie Sprechen der TN fördern.

Arbeitsbuch 28: im Kurs

LERNTAGEBUCH

Arbeitsbuch 29: Kopieren Sie das Lerntagebuch auf Folie und ergänzen Sie das Wortfeld „Meer" gemeinsam mit den TN. Regen Sie die Fantasie der TN an, indem Sie gezielt fragen, welche Gerüche, Geräusche … ihnen bei dem Wort „Meer" einfallen. Fordern Sie die TN dann auf, in Kleingruppen oder als Hausaufgabe zu den Themen „Stadt" und „Land" ebenfalls ein Wortfeld der Sinne zu erstellen.

PRÜFUNG

Arbeitsbuch 30: Diese Übung bereitet auf den Prüfungsteil Hören, Teil 2, der Prüfung *Start Deutsch 2* vor. Die TN sollten zuerst die Aufgabenstellung und die Antwortmöglichkeiten aufmerksam lesen.

Einen Test zu Lektion 12 finden Sie auf Seite 120 f. Weisen Sie die TN auf die interaktiven Übungen auf ihrer Arbeitsbuch-CD hin. Die TN können mit diesen Übungen den Stoff der Lektion selbstständig wiederholen und sich ggf. auch auf den Test vorbereiten.

1   **Kursgespräch über das Ballonfahren**

1. Geben Sie den TN Zeit, den großen Heißluftballon im Buch zu betrachten, und schreiben Sie inzwischen „Ballon" und „eine runde Sache" an die Tafel.
2. Die TN äußern Vermutungen über den Titel der Seite: Was ist mit „eine runde Sache" gemeint? Erklären Sie dann das Wortspiel: Der Ballon ist rund, also eine runde Sache – darauf sind die TN vielleicht selbst schon gekommen. Aber eine „runde Sache" ist auch etwas, was von vorn bis hinten gut geplant und durchdacht ist.
3. Sprechen Sie mit den TN über das Ballonfahren und stellen Sie dazu die Leitfragen aus dem Buch. Vielleicht ist sogar schon einmal jemand mit einem Heißluftballon gefahren und kann von der Fahrt berichten.
4. Die TN lesen das Interview mit Jürgen Fels und überprüfen mithilfe von Übung 1 der Kopiervorlage „Zwischenspiel zu Lektion 12", wie gut sie den Text verstanden haben. Sie suchen auch Überschriften für die einzelnen Textabschnitte aus.
   Variante: Wenn Sie wenig Zeit im Kurs haben, können die TN das Interview auch als Hausaufgabe lesen und die Übung dazu bearbeiten. Gehen Sie in diesem Fall direkt zum Rollenspiel über.
5. Abschlusskontrolle im Plenum.
   Lösung: 1 a) falsch: das Wasser, richtig: die Luft, falsch: Schifffahrten, richtig: Ballonfahrten; b) falsch: zehn, richtig: acht, falsch: Kaltluftballon, richtig: Heißluftballon, falsch: über fünf, richtig: vier bis fünf, falsch: drei Stunden, richtig: eine bis eineinhalb Stunden; c) falsch: Ballonflüge, richtig: Ballonfahrten, falsch: saubere Luft, richtig: ruhige Luft, falsch: die Mittagszeit, richtig: der Morgen und der Abend, falsch: am Morgen und am Abend, richtig: in der Mittagszeit; d) falsch: einen Ballon, richtig: ein Ticket, falsch: muss man ein neues Ticket kaufen, richtig: bleibt das Ticket gültig, falsch: Spaß, richtig: Sicherheit; 2 a) Fliegen – Beruf und Hobby; b) Die Welt von oben genießen; c) Ohne Sicht geht es nicht!; d) Tickets und Termine

2   **Rollenspiel: Argumentieren und überzeugen**

1. Die TN haben in der Lektion schon geübt, sich zu einigen. Hier können die TN das noch einmal auf einer etwas komplexeren Ebene trainieren. Die TN bilden Gruppen mit je fünf Personen und lesen die Aufgabenstellung im Buch. Stellen Sie durch Nachfragen sicher, dass die TN die Aufgabe wirklich verstanden haben und allen klar ist, was sie tun sollen.
2. Sammeln Sie mit den TN zur Wiederholung Redemittel, die sie für ihre Argumentation brauchen, und notieren Sie diese an der Tafel.

Gründe	*Zustimmung*	*Ablehnung*
Ich muss im Ballon bleiben, weil …	*Ja, du hast recht.*	*Das ist kein gutes Argument.*
Ich bin wichtig für den Ballon, denn …	*Das stimmt.*	*Das finde ich nicht. Ich aber …*
…		

3. Die TN jeder Gruppe entscheiden gemeinsam, wer welchen Beruf hat. Es können auch andere Berufe gewählt werden als im Kursbuch vorgeschlagen. Manche TN haben auch Probleme, sich in Rollen hineinzuversetzen, die mit ihrem Leben nichts zu tun haben. Lassen Sie die TN bei diesem Spiel ggf. mit ihrem eigenen Beruf spielen und argumentieren.
4. Jeder TN überlegt sich im Stillen Argumente für seine Position und macht Notizen dazu. Gehen Sie herum und helfen Sie mit Ideen, wenn nötig.
5. Die TN diskutieren in der Gruppe. Dabei helfen ihnen die Redemittel an der Tafel und ihre Notizen. Gehen Sie herum und hören Sie in die Gruppengespräche hinein.
6. Fragen Sie im Plenum, wer jeweils im Ballon bleiben darf. Die Gruppen berichten und sagen auch, welches Argument sie so sehr überzeugt hat, dass sie schließlich diesen TN ausgewählt haben.

Weitere Materialien für noch mehr Abwechslung im Unterricht finden Sie unter www.hueber.de/schritte-international.

Materialien
1 eine EC-Karte, eine Telefonkarte, eine
  Kundenkarte, eine Kreditkarte

GELD

Folge 13: *Die Geheimzahl*
Einstieg in das Thema: Geld abheben

13

1   Vor dem Hören: Vorwissen aktivieren

1. Bringen Sie – wenn möglich – die Karten (EC-Karte, Telefonkarte etc.) aus Ihrem Land mit und klären Sie mit den TN, um welche Art von Karte es sich jeweils handelt. Die Bücher bleiben dabei zunächst geschlossen.
2. Die TN sehen sich die Abbildungen im Buch an und ordnen zu.
   Lösung: A Telefonkarte; B Kreditkarte; C EC-Karte; D Kundenkarte

2   Vor dem Hören: Schlüsselwörter verstehen

1. Gehen Sie mit gezielten Fragen näher darauf ein, was man mit einer EC-Karte machen kann und was man dazu benötigt. Sicher haben die meisten ein eigenes Konto bei der Bank und wissen, dass man mit einer EC-Karte überall in Europa und darüber hinaus Geld abheben kann, vorausgesetzt, man kennt die Geheimzahl. Mehr Wortschatz zum Thema „Bank" wird in dieser Lektion schrittweise aufgebaut.
2. Die TN lesen die Aussagen im Buch und entscheiden sich jeweils für eine der beiden Worterklärungen.
3. Abschlusskontrolle im Plenum. Geben Sie den TN ggf. Gelegenheit zu Wortschatzfragen, um sicherzugehen, dass alle TN verstanden haben, worum es geht.
   Lösung: a) kaputt machen; b) Nur eine Person darf die Zahl kennen; c) holen

3   Beim ersten Hören

1. Die TN hören die Foto-Hörgeschichte und versuchen herauszufinden, was Marias Problem ist und wie sie es am Ende lösen kann. Die TN hören die Foto-Hörgeschichte ggf. mehrmals.
2. Abschlusskontrolle im Plenum. *Lösungsvorschlag:* Maria hat ihre Geheimzahl vergessen. Durch Simons Frage erinnert sie sich wieder daran.

4   Nach dem ersten Hören: Den wesentlichen Inhalt verstehen

1. Die TN finden sich paarweise zusammen. Sie sehen sich das Beispiel an und ordnen dann die übrigen Textteile. Auf diese Weise rekonstruieren sie die Geschichte.
2. Abschlusskontrolle im Plenum.
   Lösung: b) Sie will mit ihrer EC-Karte Geld vom Geldautomaten abheben. Aber sie hat leider ihre Geheimzahl vergessen. Ohne Geheimzahl kann man aber kein Geld abheben. c) Sie fragt den Angestellten am Bankschalter nach ihrer Geheimzahl. Er kann ihr aber nicht helfen. Nur sie selbst kennt ihre Geheimzahl. d) Sie kommt enttäuscht nach Hause. Dort fällt ihr die Geheimzahl wieder ein – durch eine Frage von Simon!
3. *fakultativ:* Die TN schreiben die Zusammenfassung der Foto-Hörgeschichte noch einmal komplett in ihr Heft, um eine zusammenhängende Inhaltsangabe zu haben.
   Variante: Geübte TN können statt Aufgabe 4 versuchen, eine eigene Zusammenfassung der Foto-Hörgeschichte zu schreiben. Sie kontrollieren anschließend mithilfe von Aufgabe 4, dass sie keine wesentlichen Punkte vergessen haben.

5   Nach dem Hören: Kursgespräch über Erfahrungen mit der eigenen Vergesslichkeit

Fragen Sie die TN, ob ihnen so etwas Ähnliches auch schon einmal passiert ist und wie sie das Problem gelöst haben.

13 **A** Kannst du mir sagen, **was** das heißt?

Indirekte Fragen mit Fragepronomen
Lernziel: Die TN können sich am Bankschalter informieren.

Materialien
A2 auf Folie
A3 blaue und rote Satzkarten; Kopiervorlage zu A3
(im Internet)

A1 **Präsentation der indirekten Fragen mit Fragepronomen**

1. Deuten Sie noch einmal auf Foto 2 der Foto-Hörgeschichte und fragen Sie die TN, was Maria von Larissa wissen möchte. Die TN formulieren Marias Frage mit eigenen Worten.
2. Die TN hören Beispiel 1 und ergänzen die Lücke. Verfahren Sie mit den anderen zwei Beispielen genauso.
   Lösung: 1 was; 2 wo; 3 wie
3. Notieren Sie die drei Fragen aus den Beispielen an der Tafel:

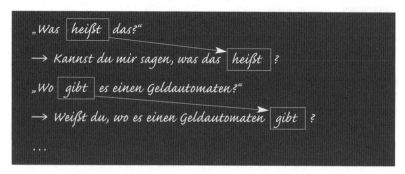

Zeigen Sie den TN anhand des Tafelbildes, dass das Verb in der indirekten Frage ans Satzende rückt.
4. Verweisen Sie die TN auch auf den Grammatikspot im Buch und heben Sie hervor, dass diese Art der Frage mit allen Fragewörtern möglich ist und zusammen mit bestimmten einleitenden Formulierungen wie „Können Sie mir sagen, … ?" oder „Weißt du, …?" benutzt wird, um eine Frage höflich zu machen.

A2 **Anwendungsaufgabe zu indirekten Fragen mit Fragepronomen**

1. Zeigen Sie die Zeichnung zunächst auf einer Folie. Die TN stellen Vermutungen zum Ort der Handlung an und überlegen, worüber die beiden Personen sprechen könnten. Notieren Sie neue Wörter für alle an der Tafel mit.
2. Die TN lesen die beiden Sprechblasen im Buch. Geben Sie den TN Gelegenheit zu Wortschatzfragen.
3. Ein TN liest die direkte Frage in Beispiel a) laut vor. Deuten Sie noch einmal auf den Grammatikspot und erinnern Sie daran, dass man Fragen so höflicher formulieren kann. Der TN liest die Sprechblase und die indirekte Frage vor.
4. Die TN formen die direkten Fragen aus den Beispielen b) bis e) ebenfalls in indirekte Fragen um.
5. Abschlusskontrolle im Plenum. Klären Sie mit den TN ggf. unbekannten Wortschatz.
   Lösung: b) …, welche Service-Nummer ich anrufen muss? c) …, wie lange ich warten muss? d) …, wie ich trotzdem Geld von meinem Konto abheben kann? e) …, wie ich eine neue Kreditkarte bekomme?

Arbeitsbuch 1–6: in Stillarbeit oder als Hausaufgabe

A3 **Aktivität im Kurs: Partnersuchspiel**

1. Zeigen Sie die Beispiele im Buch und machen Sie deutlich, dass auf dem blauen Kärtchen ein Problem und eine Frage notiert sind, auf dem roten Kärtchen eine passende Antwort bzw. ein Ratschlag. Jeder TN erhält nun ebenfalls ein blaues und ein rotes Kärtchen, auf das er eine eigene W-Frage bzw. die passende Antwort schreibt.
2. Notieren Sie in der Zwischenzeit noch einmal die höflichen Einleitungen für Fragen an der Tafel.
3. Anschließend werden die Karten eingesammelt, gemischt und neu verteilt. Jeder TN erhält wieder ein Frage- und ein Antwortkärtchen. Die TN lesen zunächst zu dritt das Beispiel im Buch und ergänzen es. Wer eine richtige Antwort geben kann, darf sein eigenes Fragekärtchen ins Spiel bringen und einem anderen TN eine Frage stellen. Wer richtig antworten kann, darf fortfahren.
   Variante: Wenn Sie sehr viele TN im Kurs haben, bietet es sich an, in Kleingruppen von 4–6 TN zu spielen. Dazu werden die Karten innerhalb der Kleingruppe gesammelt, gemischt und neu verteilt. Wenn Sie wenig Zeit im Unterricht haben oder die TN noch Schwierigkeiten mit dem selbstständigen Formulieren von Fragen haben, können Sie auch die Kopiervorlage zu A3 (im Internet) auf festes Papier kopieren und als Kartensatz verteilen. Die TN befragen sich gegenseitig, bis jeder seine Frage stellen konnte bzw. geantwortet hat. Gehen Sie herum und helfen Sie bei Schwierigkeiten.

PHONETIK **Arbeitsbuch 7–8:** im Kurs: Die TN haben schon mehrfach die Satzmelodie in Fragen geübt (z.B. *Schritte international 1*, Lektion 2 und Lektion 3). Hier können sie speziell die Satzmelodie in indirekten W-Fragen trainieren: Die TN hören die Beispiele aus Übung 7 und markieren die Satzmelodie. Machen Sie sie, wenn nötig, darauf aufmerksam, dass wie in direkten Fragen auch in indirekten Fragen die Stimme am Ende nach oben geht. Bei der Einleitungsfloskel (Kannst du mir sagen, … / Ich frage mich, …) bleibt die Stimme noch auf einem Niveau, sie wird nicht gesenkt. Übung 8 können die TN in Partnerarbeit machen und dabei die richtige Satzmelodie üben. Regen Sie die TN auch dazu an, eigene Fragen zu erfinden.

Können Sie mal nachsehen, **ob** die Zahl in Ihrem Computer ist?

B   13

Indirekte Fragen mit dem Fragepronomen *ob*
Lernziel: Die TN können sich über Zahlungsmöglichkeiten informieren.

B1 **Variation: Präsentation der indirekten Frage mit dem Fragepronomen *ob***
1. Die TN hören das Beispiel und lesen im Buch mit.
2. Schreiben Sie die Frage ggf. noch einmal an die Tafel und machen Sie deutlich, dass auch bei dieser Frage das Verb am Ende steht.

Können Sie mal nachsehen, (*ob*) *die Zahl in Ihrem Computer* [*ist*] *?*

Fragen Sie die TN, wie die direkte Frage lautet, und schreiben Sie sie unter die indirekte Frage. Zeigen Sie anhand des Beispiels auf, dass bei Fragen, die mit Ja oder Nein beantwortet werden, nach einleitenden Höflichkeitsformeln „ob" eingefügt werden muss. Verweisen Sie die TN auch auf den Grammatikspot im Buch.
3. Gehen Sie weiter vor wie auf Seite 8 beschrieben.

B2 **Erweiterung des Wortfelds „Bank"**
1. Diese Aufgabe dient der Vorbereitung von B3. Die TN lesen Beispiel a) im Buch.
2. Die TN finden sich paarweise zusammen und ordnen den neuen Wörtern die passenden Erklärungen zu.
3. Abschlusskontrolle im Plenum.
   Lösung: b) Zoll bezahlen: Das bezahlt man an den Staat, wenn man bestimmte Waren ins Land mitbringt. c) Geld überweisen: Man zahlt nicht direkt, sondern vom eigenen Konto auf ein anderes. d) die Bankverbindung, -en: Das sind die Kontonummer und die Nummer der Bank, die Bankleitzahl. e) die Zinsen: Man bezahlt sie, wenn man sich Geld ausleiht. Oder man bekommt sie, wenn man Geld spart.

Arbeitsbuch 9 – 11: in Stillarbeit oder als Hausaufgabe: In Übung 11 können sich die TN das Satzbauschema der indirekten Fragen mit „ob" bewusst machen.

B3 **Anwendungsaufgabe zu indirekten Fragen mit dem Fragepronomen *ob***
1. Sehen Sie sich mit den TN Bild 1 an und klären Sie gemeinsam die Situation. Zwei TN lesen den Dialog vor und ergänzen dabei die indirekte Frage.
2. Die TN finden sich paarweise zusammen und ergänzen die übrigen Dialoge.
3. Abschlusskontrolle im Plenum.
   Lösung: 1 …, ob ich bar bezahlen muss? 2 …, ob Sie auch Kreditkarten akzeptieren. 3 …, ob ich das Geld überweisen kann?
4. Weisen Sie die TN an dieser Stelle auch auf die Wortstellung in indirekten Fragen mit Modalverben hin. Machen Sie ggf. ein Beispiel an der Tafel:

[*Kann*] *ich in Raten* [*zahlen*] *?*   *Weißt du,* (*ob*) *ich in Raten* [*zahlen*] [*kann*] *?*
Position 1   *Satzende*

Machen Sie anhand des Tafelbildes deutlich, dass „können" in der direkten Frage am Satzanfang steht, in der indirekten Frage aber am Satzende stehen muss.
5. *fakultativ:* Die TN finden sich paarweise zusammen. Kopieren Sie die Kopiervorlage L13/B3 für jedes Paar: ein Partner bekommt Teil A, der andere Teil B. Die TN erfragen gegenseitig die fehlenden Informationen auf ihrem Abschnitt.

Arbeitsbuch 12: in Partnerarbeit; **13 – 16:** in Stillarbeit oder als Hausaufgabe

B4 **Aktivität im Kurs: Partnerinterview**

1. Die TN lesen das Beispiel im Buch.
2. Notieren Sie die Satzanfänge „Ich wollte dich fragen, …" und „Ich würde gern wissen, …" an der Tafel. Die TN finden sich paarweise zusammen und notieren zunächst fünf Fragen schriftlich, bevor sie ihre Partnerin / ihren Partner fragen. Geübte TN notieren direkte Fragen und formulieren die indirekten Fragen dann im Gespräch mündlich. Wer fertig ist, überlegt sich weitere Fragen, ohne diese vorher aufzuschreiben.

LERN
TAGEBUCH
Arbeitsbuch 17: Lesen Sie zusammen mit den TN die Einträge im Lerntagebuch. Die TN finden in Partnerarbeit oder Stillarbeit weitere Beispiele für die beiden Kategorien. Gehen Sie herum und korrigieren Sie, wenn nötig. Wer möchte, kann die Liste zu Hause um weitere Beispiele ergänzen.

Ich musste mir eine neue Karte ausstellen **lassen.**

Das Verb *lassen*
Lernziel: Die TN können über Dienstleistungen sprechen.

Materialien
C2 als Arbeitsblatt für geübte TN (ohne Schüttelkasten)
C3 Kopiervorlage L13/C3

C1 Variation: Präsentation des Verbs *lassen*

1. Die TN sehen sich das Foto an, das sie bereits aus der Foto-Hörgeschichte kennen, und versuchen, sich daran zu erinnern, was passiert war.
2. Gehen Sie weiter vor wie auf Seite 8 beschrieben.
3. Klären Sie die Bedeutung des Verbs „lassen", indem Sie fragen, ob man sich z.B. auch selbst eine neue EC-Karte ausstellen oder sich selbst Geld auszahlen kann. Notieren Sie an der Tafel:

> *Die Bank stellt mir eine neue Karte aus.*   <u>aber:</u> *Ich* [*lasse*] *mir eine neue Karte* [*ausstellen*] .
>
> *Die Bank zahlt mir das Geld aus.*   <u>aber:</u> *Ich* [*lasse*] *mir das Geld am Schalter* [*auszahlen*] .

Weisen Sie die TN darauf hin, dass das Verb „lassen" immer dann benutzt wird, wenn man etwas nicht selbst machen kann oder will.

! Gehen Sie nur in Kursen mit überwiegend geübten TN auch auf die Bedeutung „erlauben" ein (Ich lasse meine Kinder abends noch Schokolade essen).

4. Weisen Sie die TN auch auf den Infospot im Buch hin.

Arbeitsbuch 18: in Stillarbeit oder Partnerarbeit

C2 Anwendungsaufgabe zum Verb *lassen*

1. Schreiben Sie „Der Kunde ist König." an die Tafel. Sprechen Sie mit den TN über diese Aussage.
2. Die TN lösen die Aufgabe im Buch. Verweisen Sie die TN auf die Grammatikspots. Geübte TN erhalten die Aufgabe als Kopie ohne den Schüttelkasten (= die Vorgaben) und versuchen, mit eigenen Worten zu formulieren, was die Person auf den Bildern machen lässt. Verweisen Sie auch hier auf die Grammatikspots. Gehen Sie herum und helfen Sie bei Schwierigkeiten.
3. Abschlusskontrolle im Plenum. Bitten Sie immer TN aus beiden Gruppen, ihre Lösung vorzutragen. Besonders schöne Sätze der geübten TN können für alle an der Tafel notiert werden.
   Lösung: A Er lässt sich die Haare schneiden. B Er lässt sich einen Anzug nähen. D Er lässt seine Einkaufstüten tragen. E Er lässt sein Auto waschen.
4. Gehen Sie abschließend auch auf die Wortstellung im Satz mit Modalverben ein, um die nächste Aufgabe vorzubereiten.

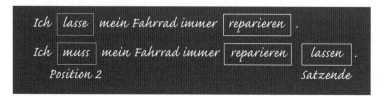

> *Ich* [*lasse*] *mein Fahrrad immer* [*reparieren*] .
>
> *Ich* [*muss*] *mein Fahrrad immer* [*reparieren*] [*lassen*] .
>
> Position 2   Satzende

Machen Sie anhand des Tafelbildes deutlich, dass das Verb „lassen" in einem Satz mit Modalverb ans Satzende rückt.

Arbeitsbuch 19: als Hausaufgabe; **20:** in Stillarbeit; **21–23:** in Stillarbeit oder als Hausaufgabe

C3 Aktivität im Kurs: Partnerinterview

1. Die TN lesen die Beispiele im Redemittelkasten und das Beispiel. Geben Sie den TN Gelegenheit zu Wortschatzfragen.
2. Die TN finden sich in Kleingruppen von 3–4 TN zusammen und unterhalten sich darüber, welche Dienstleistungen sie in Anspruch nehmen und was sie selbst machen (können).
   Variante: Wenn der Kurs nicht allzu groß sind, können die TN auch im Plenum darüber sprechen.
3. *fakultativ:* Wenn Sie mit Ihren TN die Verwendung von „lassen" weiter üben möchten, kopieren Sie die Kopiervorlage L13/C3. Die TN finden sich zu Kleingruppen von drei TN zusammen. Jede Gruppe erhält einen Kartensatz, der verdeckt auf den Tisch gelegt wird. Die TN ziehen reihum eine Karte und bilden je nachdem, ob die Aktivität mit oder ohne Krone dargestellt ist, einen Satz mit oder ohne „lassen". Gehen Sie herum und helfen Sie bei Schwierigkeiten.

Arbeitsbuch 24: in Stillarbeit oder als Hausaufgabe

PHONETIK **Arbeitsbuch 25:** Gedichte eignen sich durch ihren Rhythmus besonders gut, um die Satzintonation zu üben: Die TN lesen die Gedichte und markieren selbstständig die Hauptbetonungen. Sie hören die CD und vergleichen. Weisen Sie auf Text b) hin. Was stimmt hier nicht? (Zeile 2 reimt sich eigentlich nicht, es müsste „schöner" heißen. Zeile 4 ist als langer Vokal realisiert, obwohl „dumm" kurz gesprochen wird und deshalb mit zwei „m" geschrieben wird). Die TN sprechen die Gedichte der Partnerin / dem Partner vor. Wenn die TN Spaß an diesen Tiergedichten hatten, können sie als Hausaufgabe versuchen, ein eigenes Gedicht zu schreiben.

Materialien
D4 Kopiervorlage L13/D4

Lotto

Landeskunde: Lotto; ein Radiointerview
Lernziel: Die TN können ein Radiointerview verstehen und über Wünsche sprechen.

D 13

D1 Spiel: Lotto

1. In vielen Ländern kennt man Lotto oder ganz ähnliche Glücksspiele. Wenn das Spiel den TN nicht bekannt ist, erklären Sie kurz die Regeln (siehe Länder-Info).
2. Jeder TN füllt für sich den Lottoschein im Buch aus.
3. In Partnerarbeit oder bei kleinen Kursen im Plenum sprechen die TN über ihre Zahlen und warum sie sich für diese sechs Zahlen entschieden haben. Geben Sie ggf. Formulierungshilfen und weisen Sie auf den Infospot hin.
4. Die TN hören auf der CD/Kassette die Ziehung der Lottozahlen und prüfen, wie viele richtige Zahlen sie haben. Fragen Sie im Kurs: Gibt es einen Lottogewinner?
5. Die TN erzählen, ob sie bei Lotto oder ähnlichen Glücksspielen mitmachen: Warum ja, warum nein?

LÄNDER
INFO

Aus 49 Zahlen werden beim Lotto sechs angekreuzt und der Lottoschein wird bei Lotto-Annahmestellen (oft in Schreibwarenläden oder in Tankstellen) abgegeben. Es werden sechs Gewinnzahlen jeweils am Mittwoch und am Samstag offiziell gezogen. Ab drei richtigen Zahlen bekommt man schon einen kleinen Gewinn, wer alle sechs Gewinnzahlen angekreuzt hat, hat „den Jackpot geknackt" und kann sehr viel Geld gewinnen. Wenn mehrere Personen die richtigen Zahlen haben, wird der Gewinn aufgeteilt.

D2 Hörverstehen 1: Wichtige Fakten verstehen

1. Die TN lesen die Fragen a) und b) im Buch und diskutieren mit der Partnerin / dem Partner die möglichen Antworten.
2. Die TN hören den Anfang der Radiosendung und vergleichen ihre Vermutungen mit der tatsächlichen Lösung. Sie kreuzen an.
3. Abschlusskontrolle im Plenum. *Lösung:* a) 1 : ca. 14 000 000; b) 21 Millionen

D3 Hörverstehen 2: Die Kernaussagen verstehen

1. Die TN sehen das Foto von Herrn Sellers an. Fragen Sie die TN, warum Lottogewinner ihrer Meinung nach einen Lottoberater brauchen. Die TN diskutieren.
2. Die TN lesen die Aussagen a) bis h) und kreuzen mit Bleistift die Lösungen an. Durch das Lesen vorab bereiten sich die TN automatisch auf den Hörtext vor, denn die Aussagen geben Informationen über den Inhalt des Hörtextes. Indem sie vorab Hypothesen aufstellen und die Lösungen schon ankreuzen, wird das Hören weiter vorentlastet. Die TN achten beim Hören nur noch darauf, ob ihre Vermutungen zutreffen.
3. Die TN hören die Radiosendung zweimal.
4. Abschlusskontrolle im Plenum.
Lösung: a) richtig; b) falsch; c) falsch; d) richtig; e) falsch; f) richtig; g) falsch; h) falsch

TIPP

Raten Sie den TN, auch in einer Prüfung bei Hör- und Leseaufgaben zuerst die Fragen oder Aussagen zu lesen. Sie verraten meist schon sehr viel über den Text und es finden sich darin die meisten Schlüsselwörter des Hörtextes. Manche Fragen sind sogar suggestiv, die richtige Antwort lässt sich schon vor dem Hören bzw. Lesen erraten. Die TN sollten ruhig den Mut haben, die ihnen plausibel erscheinenden Lösungen vorab zu markieren. Beim Hören oder Lesen müssen sie sich nur noch darauf konzentrieren, ihre Lösungen zu prüfen. Und das ist viel leichter, als zu versuchen, zuerst den kompletten Text zu erfassen.

Arbeitsbuch 26: als Hausaufgabe

D4 Aktivität im Kurs: Über Wunschträume sprechen

1. *fakultativ:* Die TN haben den Konjunktiv II schon in Lektion 8 geübt. Für eine Wiederholung können Sie die Kopiervorlage L13/D4 austeilen. Die TN bearbeiten diese in Stillarbeit. Abschlusskontrolle im Plenum.
Lösung: … Es hätte auch einen großen Garten. Ich würde jeden Tag auf meiner Terrasse sitzen und die Aussicht auf meine Blumen genießen. In den Bäumen würden Vögel sitzen und singen. Zwischen zwei Bäumen wäre eine Hängematte. Darauf würde ich liegen und träumen. Mein Hund würde zu meinen Füßen liegen. Mein Haus hätte zehn Zimmer und drei Bäder. Die Bäder wären aus Marmor und Gold. Die Küche wäre total modern mit sehr exklusiven Küchengeräten. Mein Schlafzimmer würde ich ganz weiß anmalen. In der riesigen Garage würden drei Autos stehen. Ich könnte jeden Tag ein anderes Auto fahren. Mit dem Lottogewinn würde ich auch endlich meine Traumfrau finden. Wir würden heiraten und hätten zwei Kinder zusammen. Ach ja, so ein Leben wäre schön!
2. Die TN zeichnen ein Bild von ihrem Leben nach einem Lottogewinn. Wenn sie nicht gern zeichnen, machen sie sich Notizen dazu.
3. In Kleingruppen von vier TN sprechen die TN über ihr Leben als Lottogewinner. Gehen Sie herum und achten Sie darauf, dass die TN den Konjunktiv II einsetzen.

Arbeitsbuch 27: im Kurs

Kurzmeldungen zum Thema „Geld"
Lernziel: Die TN können einfache Zeitungstexte verstehen.

Materialien
E1 die Bilder in Kopie
Test zu Lektion 13
Wiederholung zu Lektion 12 und Lektion 13

E1 **Leseverstehen 1: Das Thema erfassen und eine Überschrift finden**

1. Kopieren Sie die Bilder auf ein Arbeitsblatt und verteilen Sie dieses. Die Bücher bleiben noch geschlossen. Die TN finden sich paarweise zusammen, wählen eines der drei Bilder aus und denken sich dazu eine kleine Geschichte aus, die sie aufschreiben. Gehen Sie herum und helfen Sie bei Schwierigkeiten.
2. Wer will, kann seine Geschichte vorlesen. Sammeln Sie die Texte auch zur Korrektur ein.
3. Die TN lesen die Texte im Buch und entscheiden, welches der drei Bilder jeweils passt.
4. Abschlusskontrolle im Plenum. Die TN vergleichen die Geschichten im Buch mit ihren eigenen und überlegen abschließend gemeinsam, welche Überschriften sie den Texten geben wollen.
   Lösung: 1 C; 2 B; 3 A
5. Weisen Sie auf den Infospot hin und notieren Sie an der Tafel ein Beispiel:

> *Die Bankmitarbeiter helfen Ihnen nicht <u>vor 9 Uhr</u>.*
> *Da ist die Bank noch nicht geöffnet.*
>
> *Sie helfen Ihnen auch nicht <u>nach 15 Uhr</u>.*
> *Da ist die Bank schon geschlossen.*   = außerhalb der Öffnungszeiten
>
> *Aber sie helfen Ihnen <u>von 9 bis 15 Uhr</u>.*
> *Zu dieser Zeit ist die Bank geöffnet.*   = während der Öffnungszeiten

! Gehen Sie nicht auf den Genitiv ein. Dieser ist Thema von *Schritte international 5*. Die TN sollen für den Moment nur die Bedeutung verstehen.

E2 **Leseverstehen 2: Die Kernaussagen verstehen**

1. Die TN lesen die Aussagen zu Text 1 und entscheiden, welche Aussage stimmt. Geben Sie ggf. Zeit, damit die TN den Text noch einmal lesen können.
2. Die TN bearbeiten Text 2 und Text 3. *Lösung:* 1 a) richtig; b) falsch; 2 c) falsch; d) richtig; 3 e) richtig; f) falsch

PRÜFUNG **Arbeitsbuch 28:** Im Prüfungsteil Schreiben, Teil 1, der Prüfung *Start Deutsch 2* ergänzen die TN ein Formular mit den fehlenden Informationen. Die TN müssen sich die notwendigen Informationen aus einem Begleittext heraussuchen.

Einen Test zu Lektion 13 finden Sie auf Seite 122 f. Weisen Sie die TN auf die interaktiven Übungen auf ihrer Arbeitsbuch-CD hin. Die TN können mit diesen Übungen den Stoff der Lektion selbstständig wiederholen und sich ggf. auch auf den Test vorbereiten. Wenn Sie mit den TN den Stoff von Lektion 12 und Lektion 13 wiederholen möchten, verteilen Sie die Kopiervorlage „Wiederholung zu Lektion 12 und Lektion 13" (Seite 110–111). Die TN spielen zu zweit nach der Anleitung auf der Vorlage.

Zwischenspiel 13
Sie wollen alle nur das eine!
Gespräche auf der Straße

1 Rollenspiel: Ein Gespräch auf der Straße

1. Die TN betrachten das Bild. Stellen Sie ein paar Fragen dazu, um die TN auf die Beschäftigung mit den Szenen einzustimmen, z.B.: Was macht der Mann am Parkscheinautomat? Warum sieht er wohl so ärgerlich aus?
2. Die TN beschreiben sich in Partnerarbeit, was sie sehen, wer die Personen wohl sind, was sie machen. Gehen Sie herum und geben Sie den TN individuell Gelegenheit zu Wortschatzfragen. Notieren Sie Schlüsselwörter, die aus den Partnergesprächen kommen, für alle an der Tafel: z.B. Räuber, Strafzettel, Spendendose.
3. Verteilen Sie die Kopiervorlage „Zwischenspiel zu Lektion 13". Die TN lösen Übung 1 in Partnerarbeit.
4. Abschlusskontrolle im Plenum.
   Lösung: Das passiert: a, f, g, i, k. Das passiert nicht: b, c, d, e, h, j, l
5. Die TN suchen sich paarweise eine der Szenen auf dem Bild aus und schreiben ein Gespräch dazu.
6. Die Gespräche der TN werden im Kurs vorgespielt. Bilden Sie bei größeren Gruppen zwei Plenen, damit diese Unterrichtsphase nicht zu lange dauert.

2 Hörverstehen: Kurze Gespräche verstehen

1. Die TN hören die Gespräche einmal.
2. Spielen Sie die Gespräche noch einmal vor. Ungeübte TN bearbeiten Übung 2 der Kopiervorlage, geübtere TN Aufgabe 2 im Buch.
   Variante: Sie können auch für alle nur eine der Aufgaben vorgeben und die zweite Aufgabe weglassen.
3. Abschlusskontrolle im Plenum.
   Lösung (Buch): richtig: A Der Passant hat kein Bargeld. / Der Passant möchte dem Räuber das Geld überweisen. B Der Gast hat kein Geld. / Der Kellner will die Polizei rufen. C Die Frau spendet Geld für die Kinderhilfe. D Der Autofahrer hat kein Kleingeld. E Die beiden Leute sagen, dass die Geldbörse ihnen gehört.
   Lösung (Kopiervorlage): a) E; b) C; c) A; d) B; e) D; f) B; g) A; h) D; i) C
4. *fakultativ:* Die TN lesen die Fragen zu Übung 3 der Kopiervorlage und fassen die Kernaussagen der Szenen noch einmal in eigenen Worten zusammen.
   Lösung: Gespräch A: Weil der Passant kein Bargeld hat. Er bietet an, Geld zu überweisen, aber der Räuber hat kein Konto. Gespräch B: Weil der Gast nicht zahlen kann/will. Gespräch C: Weil es nicht gesagt hat, dass über der Frau eine Uhr ist. Gespräch D: Weil er es ungerecht findet, dass er eine Strafe zahlen soll. Denn er wollte ja einen Parkschein lösen. Gespräch E: Weil kein Geld drin ist.
5. Erinnern Sie die TN an die selbst entwickelten Straßengespräche aus Aufgabe 1 und bitten Sie sie, die tatsächlichen Gespräche mit ihren erfundenen Gesprächen zu vergleichen: Gab es Parallelen? Unterschiede? Worüber haben sich die TN gewundert?

3 Rollenspiel zu Szene F

1. Die TN sehen sich zu dritt die Szene F an und schreiben ein Gespräch.
2. Die Gruppen geben ihr Gespräch an eine andere Gruppe weiter, die das „Manuskript" zunächst auf sprachliche Fehler hin liest und korrigiert. Gehen Sie herum und helfen Sie bei Schwierigkeiten.
3. Die Gruppen spielen das Gespräch, das sie gerade korrigiert haben, dem Plenum vor.
4. Geben Sie jeder Gruppe einen Namen (A, B, C ...) und stellen Sie auf Ihrem Schreibtisch für jede Gruppe ein Papierschild auf. Verteilen Sie an jeden TN fünf Streichhölzer und erklären Sie: Die Streichhölzer sollen für die lustigsten oder interessantesten Gespräche vergeben werden. Jeder kann dabei seine Streichhölzer an verschiedene Gruppen verteilen oder auch nur an eine. Die TN überlegen jeder für sich, welche Gespräche ihnen gut gefallen haben, und legen dann ihre Streichhölzer zu den jeweiligen Papierschildern auf Ihrem Schreibtisch. Zählen Sie zusammen: Welche Gruppe hat die meisten Streichhölzer bekommen? Zur „Belohnung" darf diese Gruppe ihr Gespräch noch einmal vorführen.

Weitere Materialien für noch mehr Abwechslung im Unterricht finden Sie unter www.hueber.de/schritte-international.

14

LEBENSSTATIONEN

Folge 14: *Belinda*

Einstieg in das Thema: Kindheit, Jugend, Erwachsenenalter, Alter

Materialien

1 Plakate mit Lebensstationen, alte Zeitschriften, Zeitungen; Foto 4 auf Folie

4 Glückwunschkarten zur Geburt

1 Vor dem Hören: Vermutungen äußern

1. *fakultativ*: Bereiten Sie zu Hause fünf Plakate vor, auf denen Lebensstationen stehen: Geburt/Säuglingsalter, Kindheit, Jugend, Erwachsenenalter, Alter. Die TN hängen die Plakate in der richtigen Reihenfolge an die Wand. Bilden Sie fünf Gruppen, für jede Lebensstation eine. Zunächst überlegen die Gruppen, welches Alter gemeint ist, und notieren die Zahlen. Dann überlegen sie, was alles zu dieser Lebensstation dazugehört, was die Leute normalerweise in diesem Alter machen. Die Gruppen halten ihre Ergebnisse auf den Plakaten fest. Wenn möglich, bringen Sie alte Zeitungen und Zeitschriften mit und lassen Sie die TN zu ihren Plakaten passende Bilder ausschneiden und aufkleben.

2. *fakultativ*: Die Gruppen stellen ihre Ergebnisse im Plenum vor.

3. *fakultativ*: Die TN kennen die Personen der Foto-Hörgeschichte inzwischen recht gut. Sprechen Sie mit den TN darüber, in welcher Lebensstation die Protagonisten sich gerade befinden.

4. Die TN öffnen die Bücher. Besprechen Sie mit den TN Aufgabe 1 wie im Kursbuch angegeben. Fragen Sie die TN auch, worüber Larissa und Simon gerade diskutieren. Warum lacht Simon Larissa wohl aus? Was denkt Maria?

5. Kopieren Sie Foto 4 auf eine Folie und werfen Sie das Bild an die Wand. In Partnerarbeit schreiben die TN einen Dialog zur Situation: „Larissa und Simon besuchen Susanne im Krankenhaus. Sie sehen das Baby zum ersten Mal. Was sagen sie? Schreiben Sie einen Dialog."

2 Beim ersten Hören

1. Fragen Sie, wer an Tante Erika gedacht hat und wie sie ins Krankenhaus gekommen ist. Dann hören die TN die Foto-Hörgeschichte.

2. Abschlusskontrolle im Plenum.
   Lösungsvorschlag: Maria hat an Tante Erika gedacht. Sie ruft Sebastian an und bittet ihn, Tante Erika ins Krankenhaus zu bringen.

3 Nach dem ersten Hören: Die Geschichte nacherzählen

1. Die TN erzählen die Geschichte schriftlich nach. Dabei verwenden Sie die Stichwörter aus dem Kursbuch. Zuvor hören sie die CD/Kassette noch einmal. Geübte TN notieren sich selbstständig bei geschlossenen Büchern Stichwörter.

2. Die TN tauschen ihre Texte aus und korrigieren den Text der Partnerin / des Partners, soweit es ihnen möglich ist. Damit hier nicht immer die Paare zusammenarbeiten, die sowieso nebeneinander sitzen, sollten Sie die Partner, die ihre Texte miteinander tauschen, auslosen.

3. Sammeln Sie die Texte anschließend ein und korrigieren Sie sie. Verwenden Sie für die Korrektur eine andere Farbe.
   Variante: Einzelne TN lesen ihre Geschichte vor, die anderen TN hören zu und achten auf Fehler. Wer einen Fehler hört, klopft auf den Tisch und korrigiert ihn.

4 Nach dem Hören: Über Lieblingsnamen sprechen

1. Sprechen Sie im Plenum über die Lieblingsnamen der TN und fragen Sie sie ggf. auch, wie ihre Kinder heißen.

2. In Deutschland schreiben viele Leute den Eltern zur Geburt eines Kindes eine Karte. Sprechen Sie mit den TN darüber, was man schreiben kann. Notieren Sie Beispiele an der Tafel.

3. Kopieren Sie Glückwunschkarten zur Geburt. Jeder TN erhält eine Kopie und schreibt eine Karte an Susanne und Kurt. Besprechen Sie einige Karten exemplarisch.

4. *fakultativ*: Die TN stellen sich vor, sie seien Susanne oder Kurt, und schreiben einen Antwortbrief auf eine der Grußkarten. Für ungeübte TN können Sie eine Kopie mit Stichwörtern vorbereiten, z.B. sich bedanken, sich freuen, jetzt große Familie, Au-pair-Mädchen haben usw. Geübte TN schreiben einen freien Text zu dieser Vorgabe: Bedanken Sie sich. Erzählen Sie etwas über die neue Familie. Was wird sich ändern?

Materialien
A2 die Bilder aus A2, Folie
A4 Folie von A4; kleine Zettel oder Post-its
A5 Digitalkamera, Passfotos; Kopiervorlage L14/A5,
    Spielfiguren, Würfel

Ich **habe** nicht **gewusst**, dass Babys so klein sind!

Wiederholung von Perfekt und Präteritum
Lernziel: Die TN können über die Vergangenheit sprechen.

A1 Wiederholung des Perfekts
1. Die TN lesen die Mini-Dialoge im Buch und ergänzen die Tabelle. *Lösung:* ich habe gewusst; ich bin gekommen
2. Schreiben Sie auf eine Seite der Tafel „ich habe …", auf die andere Seite „ich bin …". Die TN gehen nacheinander an die Tafel und notieren zuerst ein Verb auf der „haben"-Seite, dann ein zweites auf der „sein"-Seite. Wenn die Übung ins Stocken gerät, weil den TN keine Verben mit „sein" mehr einfallen, beschränken sie sich darauf, Verben mit „haben" zu notieren.
3. Besprechen Sie im Plenum die Verben, die an der Tafel stehen. Fragen Sie die TN nach der Regel, welche Verben das Perfekt mit „sein" und welche es mit „haben" bilden.

A2 Hörverstehen 1: Das Thema erfassen
1. Kopieren Sie die Bilder mehrfach und schneiden Sie sie auseinander. Die TN arbeiten zu zweit zusammen und erhalten pro Paar ein Bild. Sie stellen sich vor, sie seien in ihrer Kindheit oft an dem Ort auf dem Bild gewesen. Sie sollen notieren, was sie dort gemacht haben. Geben Sie eine Zeit vor, da es sich hier nur um eine kurze Einstiegsübung handelt.
   Variante: Wenn Sie die Übung abwechslungsreicher gestalten wollen, geben Sie nicht nur diese drei Beispiele vor, sondern kopieren Sie weitere Bilder von Orten, an denen man aufgewachsen sein könnte. (z.B. *Schritte international 4*, Seite 50, A2 „das Meer", „das Land", Seite 112, 1 „die Bäckerei" usw.).
2. Legen Sie eine Folie der Bilder auf, damit die TN jetzt alle Bilder sehen können. Ohne den Ort zu nennen, lesen die TN ihre Erzählungen vor, die anderen hören zu und erraten, welcher Ort gemeint ist.
3. Die TN hören die Einleitung zur Sendung (bis: „Wer hat sie nicht?"). Sprechen Sie mit den TN darüber, was das für eine Sendung ist und wo man sie hören könnte. Gehen Sie besonders auf den Begriff „Feature" ein.
4. Die TN öffnen die Bücher, hören die CD/Kassette und ordnen die Kindheitserinnerungen der Personen dem passenden Bild zu.
5. Abschlusskontrolle im Plenum. *Lösung*: 1 Baustelle; 2 Bauernhof; 3 Lebensmittelladen

A3 Hörverstehen 2: Den Inhalt global verstehen
1. Die TN lesen die Textausschnitte und ordnen sie den Hörtexten zu. Dabei helfen die zuvor besprochenen Bilder.
2. Die TN hören die Radiosendung ein zweites Mal und vergleichen ihre Lösungen.
3. Abschlusskontrolle im Plenum. *Lösung*: 1 b, d; 2 c, f; 3 a, e

A4 Bewusstmachung der Perfekt- und Präteritumformen
1. Die TN lesen die Aussagen aus A3 noch einmal und unterstreichen alle Verben bzw. Verbformen. Dann füllen sie die Tabelle aus.
2. Legen Sie eine Folie der Tabelle auf und ergänzen Sie die Tabelle. Die TN vergleichen und korrigieren ihre Lösungen.
   Lösung:

ich habe mich verletzt	ich durfte	ich war
ich habe bekommen	ich konnte	ich hatte
ich habe erlebt	ich musste	
ich bin aufgewachsen	ich wollte	
es ist passiert	ich sollte	

3. Wiederholen Sie mit den TN die Regeln zur Bildung des Partizip Perfekt bei regelmäßigen und unregelmäßigen Verben, bei trennbaren Verben und den Verben auf „-ieren". Die Modalverben sowie „sein" und „haben" werden meistens im Präteritum benutzt. Weisen Sie die TN auch auf die beiden Verben „kam" und „sagte" hin, die im Infospot auftauchen. Vertiefen Sie das Präteritum hier nicht, dieses wird explizit in *Schritte international 5*, Lektion 1, eingeführt.
4. *fakultativ:* Erinnern Sie die TN an Tante Erika. Sprechen Sie mit ihnen darüber, was sie noch über Tante Erika wissen. Halten Sie Stichpunkte an der Tafel fest. Verteilen Sie an jeden TN zwei kleine Zettel oder Post-its. Beschränken Sie sich in großen Kursen auf einen Zettel, sonst dauert die Übung zu lange. Auf jedem Zettel notieren die TN eine Zahl zwischen 1 und 80. Sammeln Sie die Zettel wieder ein und verteilen Sie sie neu. Erzählen Sie mit den TN zusammen Tante Erikas Leben. Beginnen Sie: „Tante Erika wurde 1926 geboren. Mit einem Jahr ist sie unter dem Küchentisch herumgekrabbelt." Der TN mit der nächsten Zahl setzt die Geschichte fort: „Mit … Jahren hat sie …"

Arbeitsbuch 1–2: als Hausaufgabe

14 **A** Ich **habe** nicht **gewusst**, dass
Babys so klein sind!

Wiederholung von Perfekt und Präteritum
Lernziel: Die TN können über die Vergangenheit sprechen.

Materialien
A5 Digitalkamera, Passfotos; Kopiervorlage L14/A5,
Spielfiguren, Würfel

A5 **Aktivität im Kurs: Partnerinterview zu Kindheitserinnerungen**

1. *fakultativ:* Besprechen Sie mit dem Kurs die ersten beiden Beispiele im Kasten. Wie kann man daraus Fragen formulieren? Notieren Sie die Vorschläge an der Tafel.
2. In Partnerarbeit erstellen die TN einen Fragenkatalog von zwölf Fragen für das Interview. Die Beispiele im Buch sind Anregungen, die die TN benutzen können, aber nicht müssen. Erklären Sie den TN, dass beide Partner die Fragen notieren müssen.
3. Stellen Sie die Paare neu zusammen. Die Partner interviewen sich gegenseitig und notieren die Antworten des Partners.
4. Stellen Sie Gruppen von vier TN zusammen. Die TN berichten, was sie über ihren Interviewpartner erfahren haben. Achten Sie darauf, dass die TN nicht nur die Fragen und die Antworten vorlesen, sondern eigenständig neue Sätze formulieren. Gehen Sie herum und helfen Sie bei Schwierigkeiten.
5. *fakultativ:* Anhand ihrer Notizen schreiben die TN einen kleinen Text über die Kindheit ihres Interviewpartners. Lassen Sie die Texte vorlesen oder hängen Sie sie nach dem Korrigieren auf. Wenn die TN Passfotos mitbringen oder Sie die Möglichkeit haben, Fotos mit einer Digitalkamera zu machen, können Sie aus diesen Texten und den Fotos ein Erinnerungsalbum für die TN zusammenstellen, das Sie leicht für jeden TN kopieren können.
6. Verteilen Sie die Kopiervorlage L14/A5. Die TN sitzen zu viert zusammen und erhalten Spielfiguren und einen Würfel. Die TN spielen nach den Spielregeln auf dem Spielplan. Wenn ein TN zu einem Thema nichts sagen kann, weil sie/er beispielsweise noch nicht verheiratet ist und nichts über die eigene Hochzeit erzählen kann, kann sie/er über die Hochzeit eines Freundes, eines Bruders, einer Schwester ... erzählen.
   Hinweis: Diese Kopiervorlage können Sie auch zu einem späteren Zeitpunkt wieder einsetzen, wenn Sie ein Gespräch unter den TN anregen möchten.

Arbeitsbuch 3: in Stillarbeit oder als Hausaufgabe

Könntet ihr nicht mal Ruhe geben?

Wiederholung: Konjunktiv II
Lernziel: Die TN können über Wünsche sprechen, Vorschläge machen und Ratschläge geben.

B1 **Wiederholung: Wünsche und Konflikte**
1. Die TN sehen sich zunächst nur die Fotos an. Fragen Sie sie, woran sie sich noch erinnern können. Die TN berichten in eigenen Worten über die Konfliktsituationen.
2. Die TN ordnen die Texte den Fotos zu.
3. Abschlusskontrolle im Plenum. *Lösung* (von oben nach unten): E; D; B; C; A

B2 **Bewusstmachung der Konjunktivformen**
1. Die TN ergänzen mithilfe von B1 die Lücken. Ein TN trägt seine Lösung auf einer Folie ein.
2. Legen Sie die Folie auf und besprechen Sie die Lösungen. Um den TN noch einmal bewusst zu machen, dass der Konjunktiv II für Wünsche benutzt wird, kringeln Sie dieses Wort auf der Folie ein, ebenso die Verben, mit denen ein Wunsch im Deutschen ausgedrückt wird: hier „würde" + Infinitiv, „hätte", „wäre", „möchte" + Infinitiv. Verfahren Sie ebenso mit der Aufforderung / dem Vorschlag im rechten Kasten.
Lösung: vgl. B1

Arbeitsbuch 4: in Stillarbeit oder als Hausaufgabe

B3 **Schreiben: Konflikte beschreiben**
1. Die Konflikte aus B1 sind typische Familienkonflikte zwischen Eltern und Kindern. Diskutieren Sie mit den TN bei geschlossenen Büchern darüber, welche Konflikte es noch geben kann. Halten Sie die Ergebnisse stichwortartig in einer Tabelle fest.

Familienkonflikte			
Eltern	*Kinder*	*Eltern – Kinder*	*Familie – andere Personen*
		zu wenig Taschengeld	

2. Die TN öffnen die Bücher und schreiben zu den Situationen aus B3 kleine Texte. Bereiten Sie für die TN Zettel mit Stichwörtern als Hilfestellung vor. Geübte TN bearbeiten die Aufgabe wie angegeben. Besonders schnelle TN können noch weitere Konflikte aus der Tabelle verschriftlichen und/oder Lösungen formulieren.
3. Einige TN lesen ihre Texte im Plenum vor. Die anderen TN achten auf Fehler.

B4 **Aktivität im Kurs: Ratschläge geben**
1. Verteilen Sie an die TN je ein rotes und ein blaues Kärtchen. Auf dem roten Kärtchen notieren die TN ein Problem in der Ich-Form. Auf dem blauen Kärtchen formulieren sie in der Du-Form einen Ratschlag zu dem Problem. Dabei können sie das Tafelbild aus B3 als Hilfestellung nutzen oder die Kopiervorlage aus dem Internet. Weisen Sie die TN auf den Wiederholungsspot im Buch hin: Ratschläge kann man auch mit „sollte" formulieren. Das kennen die TN bereits aus *Schritte international 3*, Lektion 4.
2. Sammeln Sie die Kärtchen ein und verteilen Sie sie neu.
3. Ein TN liest das Problem auf ihrem/seinem roten Kärtchen vor. Wer den dazu passenden Ratschlag auf einem blauen Kärtchen hat, liest diesen ebenfalls vor usw., bis alle Probleme gelöst sind.

Arbeitsbuch 5: im Kurs: Ungeübte TN bearbeiten 5b, während geübte TN in 5c einen freien Antwortbrief schreiben. Sammeln Sie die Briefe ein und korrigieren Sie sie. Besprechen Sie häufige Fehler mit allen TN.

14 C   **Hallo Schwesterchen.**
Wortbildung
Lernziel: Die TN können einen kurzen Zeitungsartikel verstehen.

Materialien
C1 Kopiervorlage L14/C1
C4 Kopiervorlage L14/C4; *Variante:* Zettel

<u>C1</u> **Präsentation des Diminutivs *-chen***
1. Die TN sehen sich die Bilder an und ordnen zu.
2. Abschlusskontrolle im Plenum.
   Lösung: 1 die Schwester; 2 das Schwesterchen; 3 der Bär; 4 das Bärchen; 5 das Haus; 6 das Häuschen
3. Notieren Sie das erste Beispiel an der Tafel:

Erklären und notieren Sie die Regel. Weisen Sie anhand des dritten Beispiels auf die Umlautung hin (H<u>äu</u>schen).
4. Sammeln Sie mit den TN weitere Beispiele an der Tafel für sinnvolle Diminutiva.
5. Geben Sie den Satz „Oh, Sie haben aber ein schönes Häuschen!" an der Tafel vor. Erstellen Sie mit den TN zusammen einen kleinen Dialog um diesen Satz herum. Einigen Sie sich auf eine Situation und die Personen. Notieren Sie die Dialogteile erst, wenn die TN sie korrekt gesagt haben.
6. *fakultativ:* Verteilen Sie die Sätze der Kopiervorlage L14/C1. Je zwei TN erhalten einen Satz und erstellen einen Dialog, wie Sie es zuvor an der Tafel vorgeführt haben. Gehen Sie herum und helfen Sie bei Schwierigkeiten. Die TN spielen einige Dialoge im Plenum vor. Sprechen Sie auch über die jeweilige Situation des Dialogs. Hier können Sie auch die negativen Untertöne einiger Formulierungen ansprechen. Wenn man beispielsweise zu jemandem sagt: „Was hast du denn für ein Jäckchen an!", ist nicht unbedingt eine zu kleine Jacke gemeint, sondern eine besonders hässliche oder schlecht sitzende.

! Das Spiel wird freier, wenn die TN den Text nicht ablesen, sondern frei sprechen müssen. Korrigieren Sie keine Fehler, hier stehen das Spielen und die Situation im Vordergrund. Greifen Sie nur ein, wenn ein TN offensichtlich nicht mehr weiterweiß.

<u>C2</u> **Landeskunde: Kosenamen**
1. Die TN lesen die Worterklärung zu Kosename bei C3. Lassen Sie die TN auch in eigenen Worten eine Erklärung formulieren, um sicherzugehen, dass alle das Wort verstanden haben.
2. Die TN sehen sich die Bilder an und lesen die Wörter. Welche sind ihrer Meinung nach Kosenamen, welche nicht? Fragen Sie auch nach Begründungen für die Meinung der TN.
   Lösung: Zuckermaus; Schatz; Engel
3. Führen Sie in diesem Zusammenhang auch das Wort „Schimpfwort" bzw. „Schimpfname" ein und erklären Sie, dass Personen durchaus auch „Esel", „Kuh" oder „Drache" genannt werden, dass das dann aber negativ gemeint ist.
4. *fakultativ:* Wenn es in Ihrem Kurs TN gibt, die schon häufiger in einem deutschsprachigen Land waren oder viel Kontakt zu Deutschen haben, fragen Sie sie, ob sie noch andere Kosenamen kennen.

<u>C3</u> **Leseverstehen: Artikel über Kosenamen**
1. Die TN lesen den Text und ergänzen selbstständig die Kosenamen. Gehen Sie herum und helfen Sie individuell bei Wortschatzfragen.
2. Abschlusskontrolle im Plenum.
   Lösung: Schätzchen; Bärchen; Dickerchen; Fee; Nüdelchen
3. Sprechen Sie mit den TN über den Text: Wie finden die TN die „deutschen" Kosenamen? Welche gefallen ihnen? Werden in ihrem Heimatland ähnliche Kosenamen vergeben oder gibt es ganz andere, aus ganz anderen Bereichen?

Arbeitsbuch 6: in Stillarbeit

Hallo Schwester**chen**.

Wortbildung
Lernziel: Die TN können einen kurzen Zeitungsartikel verstehen.

C | | 14

C4

Wiederholung und Erweiterung: Wortbildung

1. Die TN suchen aus dem Text in C3 die passenden Wörter und tragen in die Spalten ein.
2. Besprechen Sie mit den TN die Lösungen an der Tafel. Fragen Sie die TN, was die jeweilige Endung bedeutet. Was sagt diese Endung aus (z.B. „los"= ohne)? Sprechen Sie zuletzt über die Komposita und ihre Regeln. Die TN haben verschiedene Wortbildungsregeln in *Schritte international 1–4* kennen gelernt. Hier werden noch einmal die bekannten Formen in einer Übersicht zusammengefasst.
   Lösung: dankbar, lustig, einfallslos, unangenehm; Raucher, Partnerin, Befragung; der Arbeitskollege, die Tierwelt
3. Verteilen Sie die Kopiervorlage L14/C4. Die TN lösen die Aufgabe in Stillarbeit oder als Hausaufgabe. Abschlusskontrolle im Plenum. Führen Sie dabei auch die Pluralformen ein.
   Lösung: b) das Türschloss; c) das Tischbein; d) die Fensterscheibe; e) die Stuhllehne; f) die Deckenlampe; g) der Kursteilnehmer; h) die Kursteilnehmerin; i) das Kursbuch; j) die Zimmertür; k) der Rucksack; l) der Bleistift; m) das Wörterbuch; n) der Lichtschalter; o) die Fensterbank; p) die Herrenhose; q) der Fenstergriff; r) der CD-Spieler
   Variante: Wenn Sie die Abschlusskontrolle einmal anders gestalten wollen, bereiten Sie zu Hause DIN A4-Zettel vor, auf denen jeweils die Nummer und das Lösungswort mit der Pluralform stehen. Während die TN an ihren Lösungen arbeiten, hängen Sie die Zettel an den jeweiligen Gegenstand. TN, die fertig sind, gehen herum und vergleichen ihre Ergebnisse mit den Zetteln im Kursraum. Sie notieren sich dabei auch die Pluralformen.

Arbeitsbuch 7–9: als Hausaufgabe

C5

Aktivität im Kurs: Wörter suchen

1. Bilden Sie Gruppen von vier TN. Je ein TN pro Gruppe überträgt die Tabelle aus dem Buch auf einen Zettel oder ins Heft.
2. Die Gruppen haben zehn Minuten Zeit, Wörter mit den angegebenen Endungen zu suchen. Die TN suchen im Kursbuch und auch im Wörterbuch.
3. Jede Gruppe trägt ihre Ergebnisse vor und erhält Punkte für richtige Wörter. Die Gruppe mit den meisten Punkten hat gewonnen.

14 | D | Schön, **dass** du da bist.

Wiederholung der Nebensatzverbindungen (*wenn, dass, weil*) und der Hauptsatzverbindungen
(*denn, aber, trotzdem, deshalb*)
Lernziel: Die TN können etwas begründen und widerlegen.

Materialien
D2 auf Folie, Zettel mit den Streitthemen

D1 **Wiederholung der Nebensatzverbindungen**

1. Die TN lesen die Postkarte und ergänzen die Tabelle.
2. Abschlusskontrolle im Plenum. Schreiben Sie die drei Beispielsätze aus der Tabelle auch an die Tafel. Erläutern Sie den TN den Unterschied zwischen „weil" und „wenn". Mit „weil" wird ein Grund genannt, mit „wenn" ein gleichzeitiges oder zukünftiges Ereignis angegeben. Das Verb steht jeweils am Ende, markieren Sie es. Erläutern Sie den TN auch, dass „Schön" im dritten Beispiel eine Verkürzung von „Es ist schön" ist, es sich in diesem Beispiel also auch um einen Hauptsatz und einen Nebensatz handelt. Sammeln Sie mit den TN weitere Einleitungen von „dass"-Sätzen an der Tafel.

> *Du wirst es ja sehen, <u>wenn</u> Du mich* | besuchst | *. (Zeit)*
>
> *Simon und Larissa haben sogar im Krankenhaus gestritten, <u>weil</u> sie sich nicht einigen* | konnten | *. (Grund)*
>
> *Schön, <u>dass</u> Du* | kommst | *.*

Arbeitsbuch 10: in Stillarbeit

D2/D3 **Vermutungen über eine Statistik äußern**

1. Legen Sie eine Folie der Aufgabe auf. Die TN haben die Bücher geschlossen. Lesen Sie die Frage und die Beispiele vor. Stellen Sie sicher, dass alle TN die Beispiele verstanden haben. Stimmen Sie dann im Kurs ab. Jeder TN hat eine Stimme. Schreiben Sie das Abstimmungsergebnis auf die Schreibzeilen neben der Tabelle.
2. Die TN vergleichen mit dem tatsächlichen Ergebnis: Was hat die TN überrascht? Ist das in ihrem Heimatland genauso? Vielleicht haben einige TN Lust, im Internet zu recherchieren, wie es in anderen Ländern aussieht. Vielleicht finden sie entsprechende Statistiken und können sie im Kurs vorstellen.
3. *fakultativ*: Machen Sie eine anonyme Abstimmung (auf Zettelchen), worüber die TN sich am häufigsten mit Ihrer Partnerin/ Ihrem Partner streiten. Entspricht das Ergebnis der Statistik?
4. *fakultativ*: Bereiten Sie zu Hause Zettel vor, auf denen Sie die Streitpunkte notieren. Die TN finden sich zu Paaren zusammen, möglichst ein Mann und eine Frau, falls Ihre Kurszusammensetzung das zulässt. Jedes Paar zieht einen Zettel mit einem Streitthema. Die Paare schreiben ein Streitgespräch zu ihrem Thema. Anschließend werden die Dialoge im Plenum vorgespielt.

Arbeitsbuch 11: als Hausaufgabe

D4 **Hörverstehen: Ein Interview**

1. Sagen Sie den TN, dass sie ein Interview mit einem Ehepaar hören und notieren sollen, worüber das Paar oft streitet.
2. Die TN hören das Interview und notieren ihre Lösungen.
3. Abschlusskontrolle im Plenum. *Lösung*: 1 Haushalt; 2 Zeit; 3 Erziehungsfragen
4. Wenn Sie das Interview noch weiter besprechen wollen, fragen Sie die TN, wer mit wem warum unzufrieden ist. *Lösungsvorschlag*: 1. Justus ist mit Karin unzufrieden, weil sie nie aufräumt. 2. Karin ist mit Justus unzufrieden, weil er nie Zeit für sie hat. 3. Karin ist mit Justus unzufrieden, weil er den Kindern zu viel erlaubt.

D5 **Wiederholung der Hauptsatzverbindungen**

1. Die TN lesen die Beispielsätze und ergänzen die Lücken. *Lösung*: a) trotzdem; b) deshalb; c) denn; d) aber
2. Notieren Sie die Beispielsätze an der Tafel. Markieren Sie die Konjunktionen und die Verben. Erklären Sie den TN, dass das Verb immer auf Position 2 steht. „Deshalb" und „trotzdem" stehen auf Position 1. Aber „denn" und „aber" stehen auf einer sogenannten Position 0. Es ist wichtig, den TN diesen Unterschied an dieser Stelle sehr deutlich zu machen.

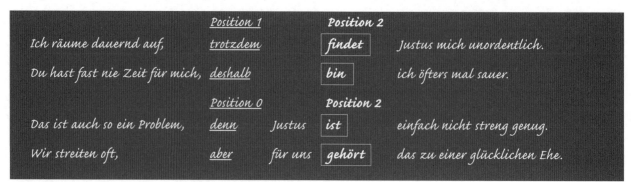

	Position 1	Position 2	
Ich räume dauernd auf,	*trotzdem*	*findet*	*Justus mich unordentlich.*
Du hast fast nie Zeit für mich,	*deshalb*	*bin*	*ich öfters mal sauer.*

	Position 0		Position 2	
Das ist auch so ein Problem,	*denn*	*Justus*	*ist*	*einfach nicht streng genug.*
Wir streiten oft,	*aber*	*für uns*	*gehört*	*das zu einer glücklichen Ehe.*

Arbeitsbuch 12–13: in Stillarbeit oder als Hausaufgabe

Lebensabschnitte

Biografische Daten

Lernziel: Die TN können aus ihrem Leben erzählen und biografische Angaben machen.

E1 Einstimmung auf das Thema: Ein Lied

1. Die TN ergänzen allein oder zu zweit den Ausschnitt des Liedes von Udo Jürgens.
2. Spielen Sie die CD/Kassette vor. Die TN vergleichen ihre Lösungen mit dem Lied.
3. Sprechen Sie mit den TN über den Liedausschnitt: Wie steht der Sänger zur Seniorenzeit? Wie finden die TN die Melodie (fröhlich, flott, traurig, langsam ...)? Und das Lied (ermutigend, unrealistisch ...)?
4. Zeigen Sie auch ein Foto von Udo Jürgens und berichten Sie, dass der Musiker auch mit 70 Jahren noch Konzerte gibt und sehr fit ist. Das Lied, das er vor vielen Jahren geschrieben hat, hat sich zumindest in seinem Fall als wahr herausgestellt.

E2 Leseverstehen: Biografische Angaben

1. Die TN lesen den Text einmal. Geben Sie Gelegenheit zu Wortschatzfragen.
2. Die TN lesen den „Steckbrief". Sie suchen im Text die Informationen und ergänzen den „Steckbrief".
3. Abschlusskontrolle im Plenum. Weisen Sie die TN ggf. darauf hin, dass „Wir waren fünf Geschwister" bedeutet, dass Birgitta Schulze vier Geschwister hatte.
   Lösung: Eltern/Geschwister: Mutter arm, Vater im Krieg gefallen, vier Geschwister; Verheiratet – wann/mit wem: früh geheiratet, einen zehn Jahre älteren Mann; Kinder: drei; Beruf: Hausfrau; Hobbys: Theater, Mitglied bei Amnesty International und im Kulturverein
4. Die TN lesen Aufgabe b) und, wenn nötig, auch noch einmal den Text. Sie äußern ihre Meinung zu Birgittas Leben. Lassen Sie unterschiedliche Meinungen gelten, aber verlangen Sie Begründungen!

E3 Aktivität im Kurs: Über das eigene Leben sprechen

1. Ein TN liest das Beispiel aus dem Buch vor.
2. Die TN machen sich Gedanken zu den im Buch angegebenen Lebensabschnitten und notieren Stichpunkte.
3. Die TN erzählen im Kurs von ihren Erlebnissen bzw. ihren Plänen für spätere Lebensabschnitte. Ermuntern Sie die anderen TN, der Erzählerin / dem Erzähler Fragen zu stellen. Möglicherweise ergibt sich ein interessantes Kursgespräch.
   Variante: Wenn Ihr Kurs sehr groß ist, bilden Sie Gruppen von 5–6 TN. Die TN erzählen in der Gruppe. Gehen Sie herum und regen Sie zu Nachfragen an.
4. Als Hausaufgabe schreiben die TN analog zum Beispiel im Buch einen kurzen Text über ihr Leben und ihre Pläne. Sammeln Sie die Texte zur Korrektur ein.

Einen Test zu Lektion 14 finden Sie auf Seite 124. Weisen Sie die TN auch auf die interaktiven Übungen auf ihrer Arbeitsbuch-CD hin. Die TN können mit diesen Übungen den Stoff der Lektion selbstständig wiederholen und sich ggf. auch auf den Test vorbereiten. Die TN können jetzt auch ihren Kenntnisstand mit dem Fragebogen auf den Seiten 78 und 79 im Kursbuch überprüfen.

Zwischenspiel 14
Sag beim Abschied leise „Servus"
Landeskunde: Wörter zum Abschied

Materialien
1, 2 Zettel mit Textausschnitten von S. 77,
Kopiervorlage „Zwischenspiel zu Lektion 14"

1   **Landeskunde: Abschiedswörter**

1. Die TN betrachten das Foto und beachten die Textabschnitte vorerst nicht. Sprechen Sie mit den TN über die Situation: Wer sind die Personen? Wie stehen sie zueinander? Wohin fährt die junge Frau? Was sagen/fühlen die beiden? Es ist den TN sicher klar, dass es um einen Abschied geht.
   Variante: Wenn die TN Freude an Rollenspielen haben, können sie sich zu zweit ein kurzes Gespräch zur Situation ausdenken und es im Plenum vorspielen.
2. Machen Sie an der Tafel eine Tabelle mit vier Spalten. Fragen Sie die TN zunächst nach den Abschiedswörtern, die sie kennen (z.B. tschüs, auf Wiedersehen), und tragen Sie die Beispiele in der Tabelle ein.

Nord-/Westdeutschland	Süddeutschland	Österreich	Schweiz
Auf Wiedersehen	Auf Wiedersehen	Auf Wiedersehen	
Tschüs	Tschüs		
...			

3. Die TN lesen die Abschiedswörter auf Seite 76 und diskutieren, wo diese wohl benutzt werden. Regen Sie ruhig zu unterschiedlichen Hypothesen an, tragen Sie die Wörter dann im Tafelbild an den „richtigen" Stellen ein.

Nord-/Westdeutschland	Süddeutschland	Österreich	Schweiz
Auf Wiedersehen	Auf Wiedersehen	Auf Wiedersehen	
Tschüs	Tschüs		
Bis dann	Bis dann		Bis dann
Tschö			
	Servus	Servus	
Bis bald	Bis bald	Bis bald	Bis bald
			Salü
			Auf Wiederluege
			Ade
	Ade		
Tschau	Tschau	Tschau	Tschau
Wir sehen uns	Wir sehen uns	Wir sehen uns	

4. Kopieren Sie die Liedausschnitte auf Seite 77 und kleben Sie jedes Lied auf eine kleine Karte. Verteilen Sie an Paare jeweils 2 bis 3 Liedkarten. Die TN lesen in Partnerarbeit nur ihre Liedausschnitte und suchen nach weiteren Abschiedswörtern.
5. Die TN nennen ihre Abschiedswörter und Ausdrücke für Abschied.
6. Verteilen Sie die Kopiervorlage „Zwischenspiel zu Lektion 14". Die TN lesen die Erklärungen zu den Abschiedswörtern in Übung 1. Deuten Sie auf einzelne Wörter an der Tafel und fragen Sie nach Informationen dazu, um sicherzustellen, dass die TN die Erklärungen verstanden haben.
7. Die TN ordnen die Erklärungen den Situationen auf der Kopiervorlage zu. Wenn Sie wenig Zeit im Kurs haben, kann diese Übung auch als Hausaufgabe gemacht werden.
8. Abschlusskontrolle im Plenum.
   Lösung: Schweizurlaub: f; Kaffeehaus: a, d, e; Kölner Karneval: g; Party: b; Kinobesuch: a, d

LÄNDER
INFO

Die heute gängigsten Abschiedsgrüße sind im Kursbuch auf Seite 76 aufgelistet. „Salü" wird in der Schweiz auch für die Begrüßung verwendet, ebenso „Servus", das in Bayern und Österreich für die Begrüßung verwendet wird. „Ich muss dich lassen" steht für „Ich muss dich verlassen", „Lebwohl" und „Adieu" sind veraltete Formen für den Abschied auf immer, die heute kaum verwendet werden. „Ade" wird vor allem in Baden-Württemberg verwendet, das Wort kommt vom französischen „Adieu".
Machen Sie die TN darauf aufmerksam, dass auch „Gute Nacht" ein Abschiedsgruß ist, den man nur spätabends sagt, wenn klar ist, dass man jetzt nach Hause und zu Bett geht.

2/3   **Lieder singen**

1. Spielen Sie die Liedausschnitte vor. Die TN lesen mit.
2. Stellen Sie das Verständnis sicher und erklären Sie Schlüsselwörter (z.B. „scheiden").
3. Spielen Sie die Liedausschnitte noch einmal vor. Wer Lust hat, singt mit.
   Variante: TN, die lieber spielen, können die Situationen pantomimisch nachmachen, während die anderen singen.
4. *fakultativ:* Wenn die TN gern singen und spielen, spielen Sie auch die Karaoke-Version der Liedausschnitte vor. Die TN singen und spielen wie oben.

Zwischenspiel 14
Sag beim Abschied leise „Servus"
Landeskunde: Wörter zum Abschied

4 Ein Abschiedsgedicht

1. Die TN finden sich in Kleingruppen von 2 bis 3 TN zusammen. Sie lesen die Aufgabenstellung von Übung 2 der Kopiervorlage und wählen ein bis zwei Liedtexte aus, auf die sie antworten möchten. Sie schreiben einen Antworttext bzw. ein Antwortgedicht. Geübte TN schreiben ebenfalls in Kleingruppen ein eigenes Abschiedsgedicht.

2. Die TN tragen ihre Texte im Plenum vor.
   Variante: Wenn der Kurs sehr groß ist oder Sie wenig Zeit haben, werden die Texte im Kursraum aufgehängt. Die TN haben dann in der Pause Gelegenheit, die Texte und Gedichte der anderen zu lesen.

Weitere Materialien für noch mehr Abwechslung im Unterricht finden Sie unter www.hueber.de/schritte-international.

Wiederholungsstationen

Materialien
Lösungsschlüssel; Hinweiszettel für Lernstationen
fakultativ: zusätzliche Aufgaben

Schritte international 4 bietet als Abschluss im Arbeitsbuch ein Kapitel mit Wiederholungsübungen. Sicher haben die TN unterschiedliche Wünsche im Hinblick auf das, was sie noch üben möchten. Sagen Sie den TN daher, dass sie nicht alle Übungen machen müssen, sondern selbst auswählen können und sollen, welche Übungen sie machen möchten. Geben Sie eine Zeit für das Lösen der Übungen vor, z.B. eine Unterrichtsstunde. Legen Sie mehrere Lösungsschlüssel zu den „Wiederholungsstationen" bereit, damit die TN sich selbstständig kontrollieren können.

Variante:

1. Bereiten Sie die Wiederholungsübungen im Arbeitsbuch als Lernstationen (siehe den Tipp unten) vor, indem Sie z.B. an den einzelnen Stationen Hinweise auf die Übungen im Buch legen: „Möchten Sie die Wortbildung üben? Machen Sie Übung 1, 2 und 3."

2. Geben Sie den TN Zeit, die Stationen in Ruhe abzugehen und sich darüber zu informieren, welche Wiederholungs-möglichkeiten sie haben. Die TN entscheiden selbst, welche und wie viele Stationen sie bearbeiten möchten, gehen wieder an ihren Platz und lösen die Übungen zu ihren Stationen. Sie kontrollieren sich selbst mithilfe des Lösungsschlüssels.

3. *fakultativ:* Zusätzlich zu den Wiederholungsübungen aus dem Arbeitsbuch können Sie weitere Stationen „erfinden". Legen Sie z.B. kleine Schreibaufgaben aus, um auch das freie Schreiben zu üben (Brief aus dem Urlaub, Beschwerdebrief, Leserbrief usw.). Sammeln Sie diese Texte ein und geben Sie sie korrigiert an die TN zurück.

TIPP

Eine gute Möglichkeit für binnendifferenzierten Unterricht ist das Arbeiten mit Lernstationen: Den TN werden bei dieser Methode mehrere Arbeitsstationen angeboten, an denen sie bereits Gelerntes wiederholen und vertiefen können. Diese Arbeitsstationen werden als Arbeitsblätter, Kopiervorlagen, Arbeitsaufträge oder Hinweise auf Aufgaben im Kursbuch an verschiedenen Stellen im Kursraum ausgelegt und z.B. nach Schwierigkeitsgrad oder Themengebieten geordnet. Sie können Lernstationen immer wieder in Ihren Unterricht einbauen, wenn Sie ein Thema oder mehrere Themen wiederholen möchten. Mithilfe von Lernstationen fördern Sie die TN nach ihren unterschiedlichen Bedürfnissen und Interessen.

Im Arbeitsbuch finden Sie eine Einheit zur Vorbereitung auf die Prüfung *Start Deutsch 2*.

Mit *Schritte international 3* und *Schritte international 4* sind die TN optimal auf die Anforderungen der Prüfung *Start Deutsch 2* vorbereitet, da sich das Lehrwerk in Themen, Sprachhandlungen, Wortschatz und Grammatik nach den Lernzielbeschreibungen der Prüfung richtet. Im Arbeitsbuch haben die TN zudem bereits Aufgaben im Prüfungsformat bearbeitet. Wenn Sie also TN im Kurs haben, die die Prüfung ablegen müssen oder möchten, können Sie den Modelltest im Buch Schritt für Schritt durchgehen. Für die anderen TN ist dies eine gute Gelegenheit zur Wiederholung bzw. zum Fertigkeitentraining.

Jeder Prüfungsteil wird im Prüfungstraining kurz vorgestellt und beschrieben. Außerdem finden Sie am Anfang jedes Prüfungsteils konkrete Tipps, die den TN das Lösen der Aufgaben in der vorgegebenen Zeit erleichtern sollen. Betrachten Sie mit den TN zuerst die Übersicht zur Prüfung auf Seite 156 im Arbeitsbuch. Die TN finden hier Informationen, wie lange sie für jeden Prüfungsteil Zeit haben und wie die Punkte auf die einzelnen Prüfungsteile verteilt sind. Gehen Sie mit den TN die Tipps und die einzelnen Prüfungsteile Schritt für Schritt durch.

Besonders wenn Sie überwiegend nicht so lernstarke TN im Kurs haben, sollten Sie die einzelnen Prüfungsteile auf mehrere Unterrichtsstunden verteilen, um die TN nicht zu überfordern. Erfahrungsgemäß bereitet der Teil „Schreiben" den TN die meisten Schwierigkeiten. Verweisen Sie die TN ggf. noch einmal auf prüfungsähnliche Schreibaufgaben in *Schritte international 3* und *Schritte international 4* (z.B. *Schritte international 3:* Seite 153; *Schritte international 4:* Seite 83, Seite 107) und geben Sie den TN weitere ähnliche Aufgaben zum Training ihrer Schreibfertigkeit.

Verwenden Sie genügend Zeit für die Tipps zur Herangehensweise an die Aufgaben sowie für die gemeinsame Korrektur des Modelltests. Diese erfolgt idealerweise direkt im Anschluss an den jeweiligen Prüfungsteil, damit offene Fragen oder Schwierigkeiten beim Lösen der Aufgaben sofort besprochen werden können.

Und zu guter Letzt: Machen Sie den TN Mut für die Prüfung. Weisen Sie sie darauf hin, dass es in der Prüfung weniger auf Regelwissen und sprachliche Korrektheit ankommt als auf angemessenen Sprachgebrauch.

Wer sagt das? Zu welchem Foto passt der Dialogteil?

<u>a</u> .... :

Hier. Das kannst du ganz einfach ausrechnen.

<u>b</u> .... :

Das Stück kenne ich!

<u>c</u> .... :

Hi, Simmi! Ich dachte, du musst das ganze Wochenende lernen.

<u>d</u> .... :

Deine CD ist super! Kannst du mir die mal leihen?

<u>e</u> .... :

Ich verstehe euch. Ein Wochenende nur für euch beide, das geht ja bald nicht mehr.

<u>f</u> .... :

Ach, Simon! Da bist du wieder. Hast du was rausbekommen?

<u>g</u> .... :

Das ist total ungerecht! Alle fahren weg, und ich? Warum darf ich nicht mal für ein paar Stunden zum Skaten? Wo ist das Problem?

Schritte international 4, Lehrerhandbuch 02.1854 • © Hueber Verlag 2007

Lesen Sie den Brief und ergänzen Sie Sätze mit *trotzdem*.

~~jeden Tag draußen sein~~	morgen ins Apothekermuseum gehen
heute Abend ins Restaurant gehen	sehr gut schlafen können
mir morgen die Stadt zeigen wollen	mit ihm gehen
ein Glas getrunken haben	noch fünf weitere Gläser bestellt haben
mich vom Bahnhof abholen	

Lieber Thomas,

jetzt bin ich schon eine Woche in Heidelberg. Es regnet und regnet. (a) .....Trotzdem bin
jeden Tag draußen...

Ich kenne fast jedes Museum hier, (b) ....
.... Zweimal war ich schon in einem Restaurant essen und es
hat nie geschmeckt. (c) ....
.... Weil ich wenig Geld habe, schlafe ich in einem billigen
Hotel. Es liegt an einer Hauptstraße. Das ist manchmal sehr laut, (d) ....
.... , weil ich immer todmüde bin.

Gestern habe ich einen Studenten kennengelernt. Er hat wenig Zeit, weil er viel lernen muss.
(e) ....
.... Er sagt, dass ich mir das Heidelberger Schloss unbedingt
ansehen muss. Natürlich war ich schon da, (f) ....

Vielleicht macht es zu zweit mehr Spaß als allein. Gestern Abend ist er mit mir ein Bier trinken
gegangen. Du weißt, dass ich Bier nicht mag. (g) ....
....

Denn das ist hier eine Spezialität. Es hat furchtbar geschmeckt. (h) ....
....

Heute habe ich Kopfschmerzen.
Am Montag komme ich zurück. Ich weiß, dass Du viel arbeiten musst. (i) ....
.... ?

Ich komme um 19.07 Uhr auf Gleis 13 an und freue mich auf Dich.

Viele Grüße aus Heidelberg
deine Ulrike

Schritte international 4, Lehrerhandbuch 02.1854 • © Hueber Verlag 2007

Geben Sie Tipps!

Sie brauchen einen Würfel und eine Spielfigur für jede Spielerin / jeden Spieler. Gehen Sie die gewürfelten Felder vor. Geben Sie einen Tipp:
Was würden Sie an ihrer/seiner Stelle tun?
Auf einem Pause-Feld müssen Sie nichts tun.

Beispiel: Ihre Freundin hat oft Kopfschmerzen: Was würden Sie an ihrer Stelle tun? – *Ich an ihrer Stelle würde einmal zum Arzt gehen.*

START →	Ihre Freundin hat oft Kopfschmerzen.	Ihr Bruder hat nie Geld.	**Pause**	Ihre Tochter möchte den Führerschein machen.	Ihre Nachbarin ist oft erkältet.
					Ihr Freund möchte mit dem Rauchen aufhören.
Ihr Kind isst zu viel Schokolade.	Der Hund Ihres alten Nachbarn läuft ständig weg.	Ihr Neffe hat schlechte Noten in der Schule.	Ihr Schwager sucht Arbeit.	Ihre Freundin möchte jetzt auch Deutsch lernen.	Ihre Mutter ist zu dick.
				Ihre Kollegin hat private Probleme und arbeitet immer schlechter.	
Pause					
Ihre Lehrerin hat Zahnschmerzen.	Der Computer Ihrer Tochter ist kaputt.	Ihre Kleine Nichte möchte ein Haustier haben.	Die Telefonrechnung Ihrer Eltern ist immer sehr hoch.	Ihre Freunde haben ein sehr altes Auto.	Ihr Großvater hört immer schlechter.
					Pause
Ziel	Ihr bester Freund ist immer nervös.	Ihr Mann hat zu viel Arbeit.	Ihr Bruder kann sich die deutschen Wörter nicht merken.	Ihr Deutschkurs-Kollege kann nicht lesen, was an der Tafel steht.	Ihr Vater braucht dringend eine neue Hose.
					Ihr Onkel muss jeden Tag 20 km mit dem Fahrrad zur Arbeit fahren.

Schritte international 4, Lehrerhandbuch 02.1854 • © Hueber Verlag 2007

Wie verbringen die Deutschen ihr Wochenende am liebsten? Lesen Sie und kreuzen Sie an: Was steht im Text?

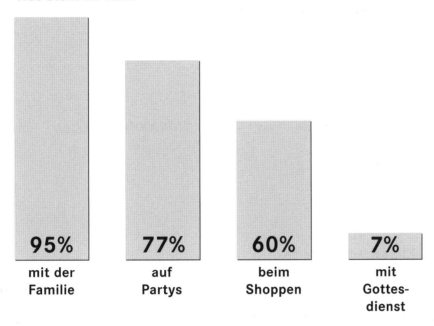

95%	77%	60%	7%
mit der Familie	auf Partys	beim Shoppen	mit Gottes-dienst

Eine neue Studie zeigt: Nicht die Italiener oder Franzosen sind die größten Romantiker, sondern die Deutschen. Denn für 97 % der Deutschen ist Romantik sehr wichtig für ein schönes Wochenende. Sie sind auch richtige „Familientiere" und verbringen ihr Wochenende am liebsten mit der Familie. Das sagen jedenfalls 95 Prozent. In einer Zeit mit viel Stress finden es die meisten Deutschen wichtig, am Wochenende etwas für sich selbst zu tun oder einfach mal faul zu sein: Sie wollen am Wochenende einfach gar nichts tun. Aber die Deutschen sitzen nicht nur zu Hause: Partys mit Bier und Wein sorgen bei vielen (77 Prozent) für gute Laune am Wochenende. Und 60 Prozent gehen gern shoppen. In die Kirche gehen Deutsche nur noch selten. Nur für sieben Prozent ist ein gutes Wochenende ein Wochenende mit Gottesdienst.

a Die Italiener und Franzosen sind besonders romantisch. ❏

b Die Deutschen sind am Wochenende gern mit der Familie zusammen. ❏

c Die Deutschen haben auch am Wochenende Stress. ❏

d Viele Deutsche gehen gern einkaufen. ❏

e Die Kirche ist für die meisten nicht mehr wichtig. ❏

Kopiervorlage „Zwischenspiel zu Lektion 8"

1 **Lesen Sie den Text oben links und schreiben Sie.**

a Was haben die Menschen früher am Sonntag gemacht?
Wie verbringen sie den Tag heute?

....

....

b Warum ist der Sonntag in den deutschsprachigen Ländern ein besonderer Tag?

....

....

2 **Sonntags-Wörter**
Welche Sätze sind richtig? Kreuzen Sie an.

	richtig
a Eine Sonntagsbeilage isst man zum Sonntagsbraten. Das können Reis, Nudeln oder auch Kartoffeln sein.	❏
b Der Sonntagsbraten ist ein Fleischgericht für reiche Leute.	❏
c Ein Sonntagsfahrer fährt nur am Sonntag mit dem Auto.	❏
d In Sonntagsreden hört man oft Wörter wie „hätte", „könnte", „wäre", „würde", weil der Redner viele Wünsche äußert und Vorschläge macht.	❏
e Wenn eine Zeitung am Sonntag erscheint, ist das eine Sonntagszeitung.	❏

3 **Ist der Sonntag in Ihrem Land auch ein besonderer Tag?**
Warum/Warum nicht? Sprechen Sie im Kurs.

Schritte international 4, Lehrerhandbuch 02.1854 • © Hueber Verlag 2007

START	Kinder	Feuerzeug	Regal	Fenster	Gläser	Löffel	Lampen	Brautkleid	Tante
ZIEL									Gutschein
Kuli	weiß	teuer (!) teure(n)	günstig	alt		interessant			Tesafilm
Ehering									Schere
Fahrrad									Eltern
Getränke	dick					modern			Texte
Koffer									Geschenke
Wohnung									Kochbuch
Häuser	billig					langweilig			Telefon
Müll									Handy
Zimmer									CDs
Jacke	hoch					schnell			Auto
Zeitung									Straßenbahn
Kleider									Fernseher
Tasche	hässlich					groß			Schokolade
Bilder									Tee
Turnschuhe									Brötchen
Kursbuch	schön					laut			Eis
Bett									Tassen
Teppich									Computer
Hose	blau	gut	viel	klein		lang			Wecker
Büros									Kuchen
Fußball									Uhr
Garten									Töpfe
Blumen	Haus-schlüssel	Brief	Fotos	Familien	Sessel	Schreibtisch	Kühlschrank	Schrank	Messer

Das große Adjektiv-Spiel

Sie brauchen für jeden Spieler eine Spielfigur, außerdem eine Spielfigur extra und einen Würfel. Jede Spielerin / Jeder Spieler setzt die eigene Figur auf ein beliebiges Wort im inneren Rechteck. Eine Figur steht auf dem Startfeld am Rand.

Die erste Spielerin / Der erste Spieler würfelt und zieht die eigene Figur vor und auch die Figur am Rand. Nun verbindet sie/er das Wort im inneren Rechteck mit dem Wort in dem äußeren Rechteck, z.B. „teuer" und „Feuerzeug": ein teures Feuerzeug.

Dann würfelt die nächste Spielerin / der nächste Spieler und zieht die eigene Figur und die Figur am Rand vor.

Wenn die beiden Wörter nicht zusammenpassen, darf die Spielerin / der Spieler ein passendes neues Wort aus dem inneren Rechteck wählen.

Schwieriger: Die Spielerin / Der Spieler sagt einen ganzen Satz: Ich kaufe ein teures Feuerzeug.

Schritte international 4, Lehrerhandbuch 02.1854 • © Hueber Verlag 2007

Hinweis: Schneiden Sie die Kärtchen aus und verteilen Sie sie an die Hälfte der TN.

Radio: gut – Antenne (die)	**Parfüm:** frisch – Duft (der)
Tisch: dünn – Glasplatte (die)	**Bluse:** groß – Knöpfe (die, Pl.)
Lampe: stark – Glühbirne (die)	**Handtücher:** bunt – Blumen (die, Pl.)
Buch: groß – Schrift (die)	**Schrank:** grün – Türen (die, Pl.)
Kuchen: süß – Obst (das)	**Waschmaschine:** gering – Wasserverbrauch (der)
Teetassen: gelb – Glas (das)	**Schuhe:** warm – Futter (das)
T-Shirt: bunt – Bild (das)	**Computer:** flach – Bildschirm (der)
Handy: groß – Tasten (die, Pl.)	**Mixer:** stark – Motor (der)
Bleistift: weich – Mine (die)	**Wörterbuch:** viel – Stichwörter (die, Pl.)

Schritte international 4, Lehrerhandbuch 02.1854 • © Hueber Verlag 2007

1 Vergleichen Sie.

a Fahrrad	Flugzeug	Auto	schnell
b Berlin	Stuttgart	Bremen	groß
c Apfel	Orange	Bananen	lecker
d Haus	Kirche	Wolkenkratzer	hoch
e Maus	Fliege	Hase	schnell
f Kugelschreiber	Laptop	Schreibmaschine	modern
g Walkman	Kofferradio	Stereoanlage	billig
h Bett	Sessel	Stuhl	bequem

Beispiel: Das Auto ist schneller als das Fahrrad. Das Flugzeug ist am schnellsten.

2 Was können Sie noch vergleichen? Finden Sie weitere Beispiele.

Ich finde Fahrräder schöner als Autos. Ich fahre auch lieber Fahrrad als Auto.

....

....

....

....

Vergleichen Sie die Personen.

Sarah

27 Jahre
Journalistin
verdient 2.115 € monatlich
1,68 cm groß
wiegt 57 kg
Wohnung: 46 qm

Gerd

39 Jahre
Automechaniker
verdient 1.870 € monatlich
1,79 cm groß
wiegt 94 kg
Wohnung: 103 qm
verheiratet
3 Kinder

Mohamed

34 Jahre
Koch
verdient 1.998 € monatlich
1,93 cm groß
wiegt 85 kg
Wohnung: 63 qm
verheiratet
1 Baby

Mohamed verdient mehr als Gerd.

Sarah verdient ...

Schritte international 4, Lehrerhandbuch 02.1854 • © Hueber Verlag 2007

Kopiervorlage „Zwischenspiel zu Lektion 9"

1   **Die Mundharmonika hat eine Reise rund um die Welt gemacht. Markieren Sie die Stationen der Weltreise.**

Brasilien   Österreich   Weltal   Ägypten   Griechenland   Indien   Tunesien

Italien   Südafrika   Deutschland   Spanien   China   Schweiz   Schweden

Türkei   Nordamerika

2   **Der Text hat vier Abschnitte. Finden Sie zu jedem Abschnitt eine Überschrift.**

Abschnitt	Überschrift
1	
2	
3	
4	

3   **Was bedeuten die Sätze? Kreuzen Sie an.**

a   Das Instrument könnte aus Österreich kommen.

Das Instrument kommt sicher aus Österreich.   ❑

Das Instrument kommt vielleicht aus Österreich.   ❑

b   Für seinen späteren Erfolg sind vor allem zwei Firmen verantwortlich: ...

Besonders zwei Firmen haben das Instrument bekannt gemacht.   ❑

Das Instrument war erst spät erfolgreich.   ❑

c   In der Blues-, Country- und Jazzmusik darf die Mundharmonika bald nicht mehr fehlen.

Wenn es in der Blues-, Country- und Jazzmusik keine Mundharmonika gibt, ist das ein Fehler.   ❑

Die Mundharmonika gehört zur Blues-, Country- und Jazzmusik dazu. Sie ist typisch dafür.   ❑

d   In allen Ländern und Kontinenten lassen Menschen mit diesem kleinen Ding aus Metall ihr Herz ‚sprechen'.

Menschen aus aller Welt spielen Mundharmonika und zeigen durch die Musik ihre Gefühle.   ❑

Wenn Menschen nicht sprechen können, spielen sie Mundharmonika.   ❑

Was passt? Ordnen Sie zu. Es gibt oft mehrere Möglichkeiten!

bekommen	das Paket, -e	die Post austragen
zukleben	der Brief, -e	aufmachen
kaufen	die Adresse, -n	kontrollieren
eintragen	der Karton, -s	schreiben
einwerfen	die Paketkarte, -n	hineingehen
auspacken	die Waage, -n	wiegen
sich anstellen	der Briefkasten, ¨	legen
leeren	die Briefmarke, -n	einpacken
ausfüllen	das Formular, -e	verschicken
	das Päckchen, -	
	der Absender, -	
	der Briefträger, -	
	die Postfiliale, -n	
	der Schalter, -	
	das Gewicht	

Schritte international 4, Lehrerhandbuch 02.1854 · © Hueber Verlag 2007

Teleshopping

1 **Sortieren Sie: Was passiert zuerst, was danach?**

☑ die Verkaufssendung einschalten

☐ die Bestellung notieren

☐ das Paket in die richtige Stadt transportieren
und zum Empfänger bringen

☐ das Produkt bestellen

☐ ein interessantes Produkt sehen

☐ einen Paketschein ausfüllen

☐ den Empfang bestätigen

☐ die Telefonnummer aus der Fernsehsendung wählen

☐ die richtige Ware heraussuchen und verpacken

☐ das Paket zur Post bringen

☐ das Paket auspacken

2 **Beschreiben Sie jetzt, was passiert.**

Die Verkaufssendung wird eingeschaltet. ...

Schuhfabrik	Schule	Metzgerei	Bank
Krankenhaus	Ausländeramt	Bäckerei	Kunstmuseum
Sparkasse	Volkshochschule	Apotheke	Post
Supermarkt	Hotel	Reisebüro	Kinocenter
Autohaus	Restaurant	Reinigung	Computerfirma

Schritte international 4, Lehrerhandbuch 02.1854 • © Hueber Verlag 2007

1   Ordnen Sie zu.

a   Wenn ich über die Straße gehe, schaue ich oft nicht nach rechts und links.
Ich weiß, das ist sehr   ❑   ungern.

b   Der Sohn von meiner Nachbarin ist 18 und kann nicht kochen,
nicht waschen und nicht aufräumen. Er ist wirklich sehr   ❑   unvorsichtig.

c   Meine Tochter hilft mir kaum im Haushalt. Und wenn sie es tut,
dann leider nur sehr   ❑   unselbstständig.

d   Setz dich doch! Aber vielleicht nicht auf das Sofa, das ist ziemlich   ❑   unaufgeräumt

e   Du hättest mir doch keine Blumen mitbringen müssen! Das war wirklich   ❑   unappetitlich!

f   Leider kommt der Zug nach Hamburg heute etwas später.
Heute? Der ist doch immer   ❑   unsicher!

g   Herr Meier hat mich heute Morgen nicht gegrüßt. Das war sehr   ❑   unbequem.

h   Muss dein Zimmer denn immer so ... sein?   ❑   unnötig.

i   Igitt! Ein kleines Tier im Salat. Wie   ❑   unpünktlich.

j   Mein Bruder denkt immer, dass er nichts kann. Er ist so   ❑   unhöflich.

2   Welche „un"-Wörter passen zu Ihnen, welche nicht?
Suchen Sie in der Liste oben und im Wörterbuch.
Arbeiten Sie mit einer Partnerin / einem Partner und erzählen Sie.

Also, unpünktlich bin ich nicht, denn ich komme sehr selten zu spät. Vielleicht bin ich manchmal etwas unvorsichtig:
...

Schritte international 4, Lehrerhandbuch 02.18.04 • © Hueber Verlag 2007

1 Was passt? Ergänzen Sie.

| plötzlich | denn | aber | trotzdem | also | aber dann | leider | dann |

Kurt möchte ohne Handy joggen gehen. .... Susanne sagt, dass er das Handy

mitnehmen soll. .... sie hat Angst, dass etwas mit dem Baby ist und sie Kurt braucht.

.... geht Kurt ohne Handy aus dem Haus. .... bekommt Susanne

heftige Bauchschmerzen. Maria will sie ins Krankenhaus bringen. .... geht es Susanne

wieder besser und sie fahren wieder zurück. .... haben sie fast kein Benzin mehr.

.... fahren sie zur Tankstelle. .... merken sie, dass sie gar kein Geld

haben. Zum Glück kommt Kurt gerade aus dem Park und bezahlt das Benzin.

2 Schreiben Sie die Geschichte weiter.

Detektiv Walter macht einen Ausflug mit Erna. Erna, das ist sein Auto. Es ist knallrot und schon 15 Jahre alt. Aber Erna und Walter lieben sich und haben schon sehr viel zusammen erlebt: Heute wollen sie in die Berge fahren. Auf dem Weg …

3 Schreiben Sie eine Geschichte mit diesen Wörtern.

Motor – Tankstelle – Führerschein – Polizist – Hund – Handy

4 Was ist passiert? Schreiben Sie

| ein Reifen geplatzt | Reifen wechseln | kein Benzin mehr | zu Fuß zur Tankstelle gehen | … |

a

a *Michael hat nicht viel Glück mit Autos. Erst …*

....

....

b

b *Dann …*

....

....

....

Schritte international 4, Lehrerhandbuch 02.1854 • © Hueber Verlag 2007

Was haben die Leute vorher gemacht, was machen sie im Moment, was machen sie später? Schreiben Sie.

Vorher: Die Frau war heute den ganzen Tag an der Universität.
Sie ist Studentin.

Jetzt: Jetzt trainiert sie im Fitness-Studio.

Später: Danach geht sie zu ihrem Freund und isst mit ihm zu Abend.

Vorher: ....

Jetzt: ....

Später: ....

Vorher: ....

Jetzt: ....

Später: ....

Vorher: ....

Jetzt: ....

Später: ....

Vorher: ....

Jetzt: ....

Später: ....

Vorher: ....

Jetzt: ....

Später: ....

Hinweis: Kopieren Sie die Kopiervorlage mehrmals, schneiden Sie die Karten aus und kleben Sie sie auf festen Karton.

Wir müssen fast ganz **um** den Kreisverkehr **herum** und dann abbiegen.	
Wir müssen direkt **durch** das Zentrum fahren.	
Die nächste Tankstelle? Bei uns zu Hause, **gegenüber** der Kirche.	
Du fährst **bis zur** nächsten Kreuzung. Da musst du links abbiegen.	
Und jetzt geradeaus **über** die Brücke da.	
Da kommen wir übrigens auch **am** Mozartplatz **vorbei**.	
Nach der Brücke fahren wir das Flussufer **entlang**.	

Schritte international 4, Lehrerhandbuch 02.1854 • © Hueber Verlag 2007

Spielverlauf:

1. Gespielt wird in Gruppen von 3–4 Spielern. Jede Spielerin / Jeder Spieler erhält eine Spielfigur.
2. Die erste Spielerin / Der erste Spieler wirft die Münze. Zeigt die Zahl nach oben, darf sie/er ein Feld vorgehen, zeigt das Bild nach oben, darf sie/er zwei Felder weitergehen. Die Spielerin / Der Spieler liest den Satzanfang laut vor und vervollständigt den Satz mit eigenen Worten. Wenn die Mitspieler mit dem Satz einverstanden sind, darf sie/er ein weiteres Feld vorgehen. Wenn die Mitspieler die Lösung nicht akzeptieren, muss sie/er ein Feld zurück. Auf den Pausefeldern ist keine Aufgabe zu lösen.
3. Wer zuerst im Ziel ist, hat gewonnen.

| Start → | Mein Auto ist kaputt. Deshalb … | Heute gibt es Stau, weil … | Pause | Mein Fahrradreifen ist platt. Deshalb … | Ich möchte den Führerschein machen. Deshalb … |

Der Bremsweg ist lang, weil …

| Setzen Sie einmal aus! ☹ | Ich brauche Werkzeug, weil … | Rücken Sie 2 Felder vor! ☺ | An der Kreuzung ist ein Unfall passiert, weil … | | Rücken Sie 2 Felder vor! ☺ |

Ich fahre oft mit dem Bus. Deshalb …

Ich muss ein neues Rücklicht kaufen, denn …

Ich kann nicht klingeln, weil …

Pause

Ich muss zur Tankstelle fahren, weil …

Pause

Ich möchte ein Fahrrad kaufen, weil …

Ziel

Heute hat es geregnet. Deshalb …

Ich finde keinen Parkplatz. Deshalb …

Der Weg zum Deutschkurs ist weit. Deshalb …

Setzen Sie einmal aus! ☹

| Pause | Ich bin in einen Nagel gefahren. Deshalb … | Ich kann nicht Auto fahren, denn … | Rücken Sie 2 Felder vor! ☺ | Ich fahre gern mit der U-Bahn, weil … | Die Reifen sind alt. Deshalb … |

1 **Wählen Sie für jedes Foto / jede Testfrage den passenden Titel. (Zwei Titel passen nicht.)**

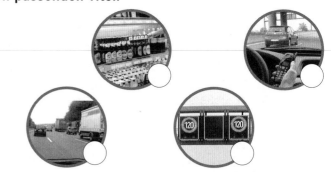

a Achtung – links überholen verboten!

b Tanken Sie mal wieder Alkohol!

c Handy in die Tasche, Hände ans Steuer!

d Durst? Aber bitte nur alkoholfrei!

e Überholen ist gut, Geduld besser.

f Mit 120 kommen Sie sicher auch ans Ziel.

2 **Ordnen Sie zu.**

Bußgeldkatalog	Hier werden Informationen über Autofahrer gesammelt.
Idiotentest	Wie viele Punkte bekomme ich, wenn ich bei Rot über die Ampel fahre? Das und anderes kann man hier nachlesen.
Punkte in Flensburg	Wenn die Polizei einem Autofahrer den Führerschein weggenommen hat, muss der Fahrer eine medizinisch-psychologische Prüfung machen. Nur wenn er sie besteht, bekommt er den Führerschein wieder zurück.
18	Man bekommt sie für falsches Verhalten im Straßenverkehr.
Deutsches Verkehrszentralregister	Bei so vielen Punkten verliert man seinen Führerschein.

3 **Zu welcher Stadt passt das? Kreuzen Sie an.**

	Flensburg	Hamburg	Hannover	Frankfurt
a Diese Stadt hat fast 2 Millionen Einwohner.	❑	❑	❑	❑
b In dieser Stadt kommen über 25 % der Einwohner aus dem Ausland.	❑	❑	❑	❑
c In dieser Stadt leben sehr viele Dänen.	❑	❑	❑	❑
d So heißt die Stadt mit den meisten Einwohnern in Niedersachsen.	❑	❑	❑	❑
e In diesen beiden Städten gibt es viel Schiffsverkehr.	❑	❑	❑	❑
f Dort landen und starten die meisten Flugzeuge in Deutschland.	❑	❑	❑	❑
g Viele Menschen nennen die Stadt Deutschlands „Finanzzentrum".	❑	❑	❑	❑

Schritte international 4, Lehrerhandbuch 02.1854 • © Hueber Verlag 2007

1 **Ergänzen Sie.**

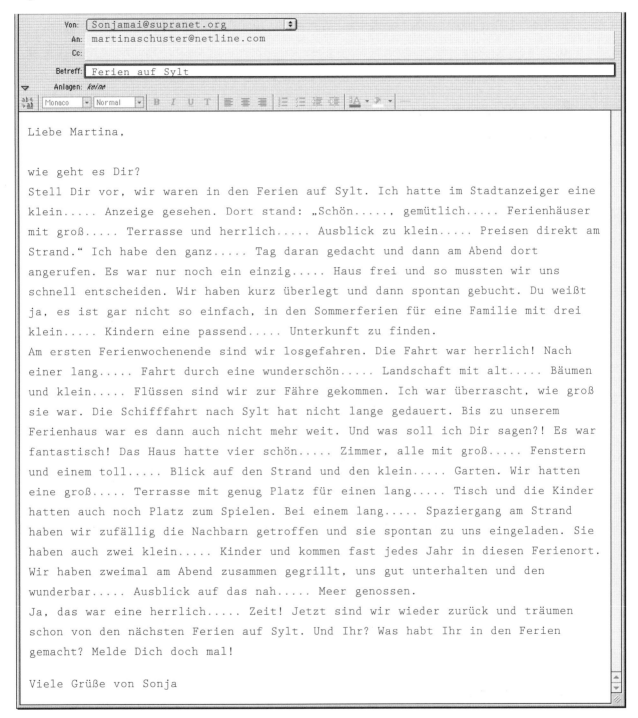

Von: Sonjamai@supranet.org
An: martinaschuster@netline.com
Cc:
Betreff: Ferien auf Sylt
Anlagen: *keine*

Liebe Martina,

wie geht es Dir?
Stell Dir vor, wir waren in den Ferien auf Sylt. Ich hatte im Stadtanzeiger eine
klein..... Anzeige gesehen. Dort stand: „Schön....., gemütlich..... Ferienhäuser
mit groß..... Terrasse und herrlich..... Ausblick zu klein..... Preisen direkt am
Strand." Ich habe den ganz..... Tag daran gedacht und dann am Abend dort
angerufen. Es war nur noch ein einzig..... Haus frei und so mussten wir uns
schnell entscheiden. Wir haben kurz überlegt und dann spontan gebucht. Du weißt
ja, es ist gar nicht so einfach, in den Sommerferien für eine Familie mit drei
klein..... Kindern eine passend..... Unterkunft zu finden.
Am ersten Ferienwochenende sind wir losgefahren. Die Fahrt war herrlich! Nach
einer lang..... Fahrt durch eine wunderschön..... Landschaft mit alt..... Bäumen
und klein..... Flüssen sind wir zur Fähre gekommen. Ich war überrascht, wie groß
sie war. Die Schifffahrt nach Sylt hat nicht lange gedauert. Bis zu unserem
Ferienhaus war es dann auch nicht mehr weit. Und was soll ich Dir sagen?! Es war
fantastisch! Das Haus hatte vier schön..... Zimmer, alle mit groß..... Fenstern
und einem toll..... Blick auf den Strand und den klein..... Garten. Wir hatten
eine groß..... Terrasse mit genug Platz für einen lang..... Tisch und die Kinder
hatten auch noch Platz zum Spielen. Bei einem lang..... Spaziergang am Strand
haben wir zufällig die Nachbarn getroffen und sie spontan zu uns eingeladen. Sie
haben auch zwei klein..... Kinder und kommen fast jedes Jahr in diesen Ferienort.
Wir haben zweimal am Abend zusammen gegrillt, uns gut unterhalten und den
wunderbar..... Ausblick auf das nah..... Meer genossen.
Ja, das war eine herrlich..... Zeit! Jetzt sind wir wieder zurück und träumen
schon von den nächsten Ferien auf Sylt. Und Ihr? Was habt Ihr in den Ferien
gemacht? Melde Dich doch mal!

Viele Grüße von Sonja

2 **Sie sind Martina. Antworten Sie auf Sonjas E-Mail.**

1 **Eine Reiseroute beschreiben**

   a Welche Orte möchten Sie besuchen? Wählen Sie fünf Orte und markieren Sie sie auf der Landkarte.

   b In welcher Reihenfolge besuchen Sie diese Orte? Zeichnen Sie Ihre Route auf der Karte ein.

   c Beschreiben Sie Ihrer Partnerin / Ihrem Partner Ihre Reiseroute.

Zuerst fahre ich mit dem Bus/Auto/Schiff/Zug nach ...

Zuerst fliege ich nach ...

Dann ...

Später ...

Schließlich ...

Am Schluss ...

2 **Sich verabreden**

Ihre Partnerin / Ihr Partner beschreibt Ihnen eine Reiseroute. Zeichnen Sie die Route in Ihre Karte ein.
Besuchen Sie dieselben Orte? Vielleicht können Sie sich verabreden! Sprechen Sie darüber.

Schritte international 4, Lehrerhandbuch 02.1854 • © Hueber Verlag 2007

Lesen Sie die Typbeschreibungen und die Anzeigen. Welches Angebot passt zum Abenteurer, zum Kulturfreak, zur Sportskanone oder zum Genießer? Ordnen Sie zu.

A

Der Abenteuertyp liebt das Risiko. Er möchte etwas Besonderes erleben! Eine Safari mit wilden Tieren, eine Dschungelwanderung oder eine Wüstentour sind für ihn genau das Richtige.

B

Der Kulturfreak möchte im Urlaub etwas Neues lernen. Museumsbesuche, Sightseeing und der Besuch von kulturellen Veranstaltungen machen ihn glücklich. Eine Städtereise in eine Metropole wie Paris oder London findet er gut.

C

Die Sportskanone interessiert sich für alle sportlichen Aktivitäten. Sie will schwimmen, surfen und tauchen oder wandern und auf einen Berg steigen. Ein Picknick in freier Natur wäre auch nach ihrem Geschmack.

D

Der Genießer interessiert sich vor allem für die angenehmen Seiten des Lebens. Gutes Essen und Ruhe sind für ihn sehr wichtig. Er liegt gern in der Sonne, und wenn er mal einen Ausflug in die nächste Stadt macht, möchte er nicht zu Fuß gehen.

1

3 Tage Mailand!
Lernen Sie die Mode-Metropole einmal ganz anders kennen: mit einer Rundfahrt bei Nacht. Ein Besuch der Mailänder Scala und eine Stadtbesichtigung sind ebenfalls im Preis inklusive! ...

2

New York einmal anders. Gehen Sie mit uns auf Shopping-Tour! Wir kennen die besten Boutiquen und Designerläden in Soho. Mit uns machen Sie bestimmt ein Schnäppchen!

3

```
Windsurfen ist Ihre Leidenschaft?
Dann sind Sie bei uns genau richtig!
Auf Hawaii gibt es die höchsten Wellen
der Welt. Hier können Sie 365 Tage im
Jahr Ihren Lieblingssport ausüben!
Überzeugen Sie sich selbst!
```

4

Ferien auf dem Bauernhof! Lieben Ihre Kinder Tiere und ernähren Sie sich gerne gesund? Dann verbringen Sie Ihre Ferien doch bei uns! Sie können das Leben auf dem Land einmal live erleben. Zum Frühstück servieren wir selbst gebackenes Brot, Käse aus eigener Herstellung und vieles mehr.

5

Reisen auf die ganz besondere Art!
Kommen Sie mit uns nach Tibet! Wir gehen weite Strecken zu Fuß, zelten oder übernachten bei tibetischen Familien und lernen das Land so von einer ganz anderen Seite kennen.

6

Endlich Sonne! Genießen Sie mit uns die Sonne Griechenlands! Weiße Strände und sauberes Wasser erwarten Sie. Tagsüber am Meer und abends in einem der ausgezeichneten Fischrestaurants. Kann Urlaub schöner sein?

Typ	A	B	C	D
Anzeige				

1   **Hier stecken noch 13 Fehler. Welche?**
Markieren und korrigieren Sie.

a ....

deutsche

Jürgen Fels arbeitet seit 1988 als Pilot für eine ~~bayrische~~ Fluggesellschaft. Als Kapitän liebt er das Wasser. Deshalb hat er vor einigen Jahren eine Firma gegründet und macht auch in seiner Freizeit Schifffahrten.

b ....

Bis zu zehn Passagiere nimmt Jürgen Fels in seinem Kaltluftballon mit und steigt mit ihnen auf eine Höhe zwischen 500 und 1500 Meter. Dort genießen die Passagiere einen wundervollen Blick auf Berge und Seen. Insgesamt dauert so ein Ausflug mit dem Ballon über fünf Stunden. Davon ist man etwa drei Stunden in der Luft.

c ....

Für Ballonflüge spielt das Wetter natürlich eine große Rolle. Man braucht saubere Luft und muss gut sehen können. In der warmen Jahreshälfte ist vor allem die Mittagszeit gut geeignet. Im Winter startet Herr Fels lieber am Morgen oder am Abend.

d ....

Wenn man bei Herrn Fels mitfahren will, kauft man am besten einen Ballon. Wenn das Wetter an dem Tag dann schlecht ist, muss man ein neues Ticket kaufen. Denn Spaß ist für Herrn Fels und sein Team am wichtigsten.

2   **Schreiben Sie zu jedem Abschnitt (a–d) die passende Überschrift.**

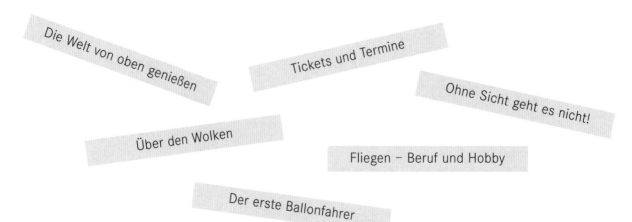

Die Welt von oben genießen

Tickets und Termine

Ohne Sicht geht es nicht!

Über den Wolken

Fliegen – Beruf und Hobby

Der erste Ballonfahrer

Schritte international 4, Lehrerhandbuch 02.1854 • © Hueber Verlag 2007

Sie sind neu in der Stadt und haben viele Fragen. Fragen Sie Ihre Partnerin / Ihren Partner!
Beginnen Sie mit „Können Sie mir sagen, ...?" oder mit „Wissen Sie, ...?" Notieren Sie die Antworten in der Tabelle.

Ihre Partnerin / Ihr Partner hat auch Fragen an Sie. Helfen Sie. Sie finden die Antworten in Ihrer Tabelle.

Beispiel: ~~Wo gibt es hier eine Bank?~~ → Können Sie mir sagen, wo es hier eine Bank gibt?

Wo gibt es hier eine Bank?	Geldautomat? Neben der Apotheke ist einer.	Gibt es hier ein günstiges Hotel?	Kreditkarten? Das ist ganz unterschiedlich. Manche akzeptieren Kreditkarten, andere nicht.
Wie viel Prozent Zinsen bekomme ich auf ein Sparbuch?	Banken länger geöffnet? Jeden Donnerstag. Die Banken schließen dann erst um 18 Uhr.	Wie hoch sind die Zinsen für einen Kredit?	EC-Karte? Nein, in circa einer Woche bekommen Sie Ihre EC-Karte per Post.
Wo kann ich außerhalb der Öffnungszeiten Geld überweisen?	Kreditkarte verloren? Sie müssen die Service-Nummer anrufen und die Karte sperren.	Ich habe meine Geheimzahl vergessen. Können Sie mir die Zahl sagen?	Karte aus dem Automaten? Weil Sie dreimal die falsche Geheimzahl eingegeben haben.

Sie sind neu in der Stadt und haben viele Fragen. Fragen Sie Ihre Partnerin / Ihren Partner! Beginnen Sie mit „Können Sie mir sagen, ...?" oder mit „Wissen Sie, ...?" Notieren Sie die Antworten in der Tabelle.

Ihre Partnerin / Ihr Partner hat auch Fragen an Sie. Helfen Sie. Sie finden die Antworten in Ihrer Tabelle.

Beispiel: ~~Wo finde ich hier einen Geldautomaten?~~ → Können Sie mir sagen, wo ich hier einen Geldautomaten finde?

eine Bank? Gleich hier um die Ecke in der Schnörstraße.	Wo finde ich hier einen Geldauto-maten?	günstiges Hotel? Ja, gegenüber dem Bahnhof ist das „Go-in". Die Zimmer sind günstig und sauber.	Akzeptieren die Geschäfte hier Kreditkarten?
Zinsen? Auf ein normales Sparbuch bekommen Sie 2% Zinsen.	An welchem Tag haben die Banken hier länger geöffnet?	Zinsen für einen Kredit? Das ist unterschiedlich. Zwischen 4 und 6,5%.	Muss ich lange auf meine EC-Karte warten?
Geld überweisen? An jedem Service-terminal Ihrer Bank.	Ich habe meine Kreditkarte verloren. Was muss ich jetzt tun?	Geheimzahl vergessen? Leider nein. Nur Sie selbst kennen die Zahl.	Warum kommt meine Karte nicht mehr aus dem Automaten?

Schritte international 4, Lehrerhandbuch 02.1854 • © Hueber Verlag 2007

Lampe aufhängen	Auto reparieren	Anzug nähen
Fahrrad reparieren	Reifen wechseln	Essen servieren
Auto waschen	Wohnung putzen	Briefe am Computer schreiben
Wohnung renovieren	Öl wechseln	Kleider ändern
Waschmaschine anschließen	Schrank aufbauen	Bilder aufhängen
ein Konto eröffnen	Jacke reinigen	ein Paket liefern

Mit einem Lottogewinn kaufe ich mir mein Traumhaus. Es hat auch einen großen Garten. Ich sitze jeden Tag auf meiner Terrasse und genieße die Aussicht auf meine Blumen. In den Bäumen sitzen Vögel und singen. Ich liege in der Sonne und träume. Mein Hund liegt zu meinen Füßen. Mein Haus hat zehn Zimmer und drei Bäder. Die Bäder sind aus Marmor und Gold. Die Küche ist total modern mit sehr exklusiven Küchengeräten. Mein Schlafzimmer male ich ganz weiß an. In der riesigen Garage stehen drei Autos. Ich kann jeden Tag ein anderes Auto fahren. Mit dem Lottogewinn finde ich auch endlich meinen Traummann. Wir heiraten und haben zwei Kinder zusammen.

Ach ja, so ein Leben ist schön!

Lesen Sie und schreiben Sie neu.

Mit einem Lottogewinn würde ich mir mein Traumhaus kaufen.

....

....

....

....

....

Schritte international 4, Lehrerhandbuch 02.1854 • © Hueber Verlag 2007

Kopiervorlage „Zwischenspiel zu Lektion 13"

1 Sehen Sie sich das Bild im Kursbuch an. Was passiert dort alles? Kreuzen Sie an.

Jemand …	Das passiert.	Das passiert nicht.
a bittet um eine Spende.	❏	❏
b gibt dem Kellner Trinkgeld.	❏	❏
c überweist auf der Bank Geld.	❏	❏
d verliert gerade seine Geldbörse auf der Straße.	❏	❏
e möchte ein Konto eröffnen.	❏	❏
f will ein Eis kaufen.	❏	❏
g findet eine Geldbörse.	❏	❏
h hebt vom Automaten Geld ab.	❏	❏
i spricht mit einem Räuber.	❏	❏
j stiehlt gerade Geld.	❏	❏
k wirft Geld in den Automaten.	❏	❏
l gibt viel Geld beim Juwelier aus.	❏	❏

2 Hören Sie die Gespräche noch einmal. Zu welchem Gespräch gehört dieser Satz?
Ergänzen Sie den richtigen Buchstaben (A–E).

a Dann wissen Sie sicher auch, wie viel drin ist, oder? ❏

b Hier hast du einen Euro. ❏

c Raus mit dem Geld! ❏

d Wie schade, dass ich überhaupt kein Geld habe. ❏

e Könnten Sie vielleicht diesen Fünf-Euro-Schein wechseln? ❏

f Darf ich Ihnen die Rechnung geben? ❏

g Ich hab kein Bargeld dabei. ❏

h Ich brauche dringend Münzen für den Automaten. ❏

i Eine kleine Spende … ❏

3 Wissen Sie, warum? Antworten Sie.

Gespräch A: Warum bekommt der Räuber kein Geld? Wie möchte der Passant das Problem lösen?

Gespräch B: Warum ruft der Kellner die Polizei?

Gespräch C: Warum ist die Frau mit dem Kind nicht zufrieden?

Gespräch D: Warum möchte der Autofahrer sich beschweren?

Gespräch E: Warum möchte keiner mehr die Geldbörse haben?

1. Stellen Sie Ihre Spielfiguren auf ein beliebiges Feld, möglichst nicht alle auf das gleiche.
2. Sie würfeln und kommen z.B. auf das Feld „über Ihre Hochzeit". Erzählen Sie eine Minute lang etwas über Ihre Hochzeit: Wann war sie? Wo? Wie? Wer war da? ...
3. Eine Mitspielerin / Ein Mitspieler beobachtet die Uhr.
4. Wenn Ihnen nichts mehr einfällt, dürfen die anderen Fragen stellen.
5. Der nächste Mitspieler würfelt.

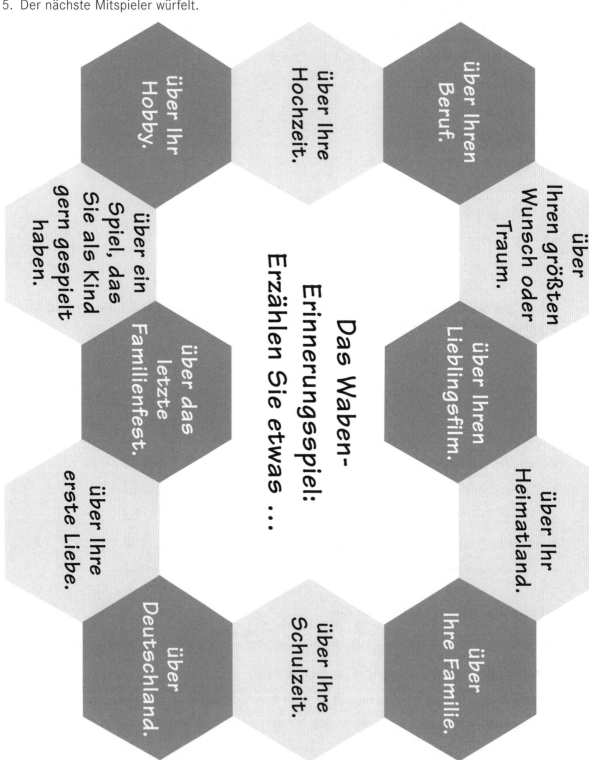

Schritte international 4, Lehrerhandbuch 02.1854 • © Hueber Verlag 2007

Ach, was für ein
süßes Kleidchen!

Herrje, was soll
ich mit so einem
kleinen Fläschchen?

Oh Gott,
was ist denn das
für ein Jäckchen?

Könnte ich ein
Gläschen Wasser haben?

Wo hast du
das hübsche Kettchen
denn her?

Das finden Sie
alles in diesem
Heftchen hier.

Nein, haben
Sie aber ein süßes
Hündchen!

Wissen Sie,
ich suche so ein ganz
kleines Tischchen!

**Diese Gegenstände finden Sie in Ihrem Kursraum.
Ergänzen Sie!**

> die Scheibe   das Fenster   die Teilnehmerin
> das Bein   der Sack   die Tür   die Lehne
> der Stift   das Fenster   das Licht   der Schreiber
> die Lampe   das Buch   der Spieler   der Kurs
> das Zimmer   die Wörter   die Hose

a *der* .... Kugel*schreiber* ....

b das .... schloss

c .... Tisch.....................

d die Fenster.........................

e .... Stuhl.....................

f die Decken.....................

g der ....teilnehmer

h .... Kurs.....................

i .... Kurs.....................

j ....tür

k der Ruck.....................

l .... Blei.....................

m ....buch

n der ....schalter

o ....bank

p .... Herren.....................

q der ....griff

r der CD- ....

Schritte international 4, Lehrerhandbuch 02.1854 • © Hueber Verlag 2007

Kopiervorlage „Zwischenspiel zu Lektion 14"

1 **Lesen Sie die Sätze und die Situationen unten. Welches Abschiedswort (a–h) passt am besten. Ergänzen Sie.**

a Die Abschiedswörter Tschüs! und Tschau! werden in Deutschland, Österreich und der Schweiz besonders dann benutzt, wenn die Sprecher „Du" zueinander sagen.

b Wenn es unsicher und auch egal ist, ob oder wann man eine Person wiedersieht, sagt man Wir sehen uns!

c Lebwohl! und Adieu! sind alte bzw. altmodische Abschiedswörter. Wenn man sie benutzt, bedeutet das, dass man sich in Zukunft wahrscheinlich nicht mehr wiedersieht.

d Wenn man weiß, dass man sich bald wiedersieht, sagt man Bis dann! oder Bis bald!

e Freunde und gute Bekannte in Süddeutschland und Österreich sagen auch Servus! Mit diesem Wort kann man sich auch grüßen.

f Wenn man seinen Gesprächspartner siezt, verabschiedet man sich in Deutschland und Österreich meistens mit Auf Wiedersehen! (oder Auf Wiederschaun!), in der Schweiz mit Auf Wiederluege! oder Adieu! (Adiö, Ade, Adie).

g Leute aus Köln und Umgebung verabschieden sich oft mit Tschö!

h Wenn sich Freunde und gute Bekannte in der Schweiz verabschieden, hört man in manchen Regionen Salü!

Ihr Freund zieht sehr weit weg. Sie wissen nicht, ob Sie ihn irgendwann wiedersehen. _a/c_	Sie machen gerade in der Schweiz Urlaub und haben in einer Bäckerei etwas gekauft.
Zwei ältere Damen treffen sich seit 25 Jahren jeden Donnerstag in einem Wiener Kaffeehaus. Bahnhof.	Sie haben in Köln Karneval gefeiert. Ihre Kölner Freunde verabschieden sich von Ihnen am
Sie haben auf einer Party jemanden kennengelernt. Sie haben sich nett unterhalten, möchten diese Person aber nicht unbedingt wiedersehen.	Sie telefonieren mit Ihrer Schwester und verabreden sich mit ihr für den gleichen Abend zu einem Kinobesuch.

2 **Arbeiten Sie in der Kleingruppe. Wählen Sie 2 Liedtexte aus und antworten Sie.**

a Wer „spricht" da?

b Wo spielt das Gespräch?

c In welcher Situation ist der „Sprecher"? Warum verabschiedet er sich und für wie lange?

d Was antwortet der Angesprochene?

e Wie geht es weiter?

A

Sie sitzen sich zu zweit gegenüber. Eine/r erhält Kopie A, die/der andere B. Lesen Sie abwechselnd die Fragen vor. Ihre Partnerin / Ihr Partner antwortet. Wenn die Antwort korrekt ist, haken Sie die Frage in dem dafür vorgesehenen Feld (links vor der Frage) ab. Bei einer falschen Antwort korrigieren Sie Ihren Partner, haken Sie die Frage nicht ab, sondern stellen Sie sie am Schluss noch einmal.

○ 1. Sagen Sie es mit „weil": Klaus sitzt im Garten und liest. In der letzten Woche hat er viel gearbeitet.
   (Klaus sitzt im Garten und liest, weil er in der letzten Woche viel gearbeitet hat.)

○ 2. Was passt: Meine Frau will immer ans Meer. Ich würde/wäre/hätte gern mal in die Berge fahren.
   (würde)

○ 3. Sagen Sie es als Wunsch: Die Kinder essen Eis.
   (Die Kinder würden gerne ein Eis essen.)

○ 4. Sagen Sie es mit „trotzdem": Klaus hat schlechte Noten in der Schule. Er macht nie Hausaufgaben.
   (Klaus hat schlechte Noten in der Schule. Trotzdem macht er nie Hausaufgaben.)

○ 5. Ihr Nachbar fragt Sie: „Ich würde gern am Samstagabend eine Party machen. Kommen Sie?" Was antworten Sie?
   (freie Lösung)

○ 6. Was passt: Morgen kaufe ich mir ein dicke/dickes/dicken Wörterbuch.
   (dickes)

○ 7. Ergänzen Sie die richtigen Endungen: Morgen Abend gehe ich in ein....... gut....... Restaurant.
   (ein gutes)

○ 8. Aus welchem Material können Schuhe sein?
   (Schuhe können aus Leder, Stoff, Holz und Plastik sein.)

○ 9. Vergleichen Sie ein Fahrrad und ein Auto.
   (freie Lösung)

○ 10. Was ist richtig? Ich bin genauso alt wie/als du.
   (wie)

○ 11. Ergänzen Sie: Eine Reise nach München wäre schön. Eine Reise nach Rom wäre schöner. Eine Reise nach New York wäre ....
   (am schönsten)

○ 12. Erklären Sie: Wofür geben Sie Ihr Geld am liebsten aus?
   (freie Lösung)

○ 13. Ergänzen Sie: billig, billiger, am billigsten; hoch ...
   (höher, am höchsten)

○ 14. Ergänzen Sie die richtigen Endungen: Die Blumen habe ich von ein....... alt....... Freund bekommen.
   (einem alten)

Schritte international 4, Lehrerhandbuch 02.1854 • © Hueber Verlag 2007

B

Sie sitzen sich zu zweit gegenüber. Eine/r erhält Kopie A, die/der andere B. Lesen Sie abwechselnd die Fragen vor. Ihre Partnerin / Ihr Partner antwortet. Wenn die Antwort korrekt ist, haken Sie die Frage in dem dafür vorgesehenen Feld (links vor der Frage) ab. Bei einer falschen Antwort korrigieren Sie Ihren Partner, haken Sie die Frage nicht ab, sondern stellen Sie sie am Schluss noch einmal.

○ 1. Sagen Sie es mit „trotzdem": Es regnet den ganzen Tag. Ich fahre mit dem Rad in die Stadt.
(Es regnet den ganzen Tag. Trotzdem fahre ich mit dem Rad in die Stadt.)

○ 2. Was passt: Sabine ist sehr nervös. Sie würde/wäre/hätte gern mehr Ruhe.
(hätte)

○ 3. Sagen Sie es als Wunsch: Ich liege lieber in der Sonne.
(Ich würde lieber in der Sonne liegen.)

○ 4. Sagen Sie es mit „weil": Petra macht viel Sport. Sie ist dick.
(Petra macht viel Sport, weil sie dick ist.)

○ 5. Eine Freundin sagt zu Ihnen: „Ich würde morgen gern mal wieder essen gehen".
Was antworten Sie?
(freie Lösung)

○ 6. Was passt: Nein, ich habe keinen schnelle/schnelles/schnellen Computer.
(schnellen)

○ 7. Ergänzen Sie die Endungen: Hast du kein....... groß....... Gläser?
(keine großen)

○ 8. Aus welchem Material können Uhren sein?
(Uhren können aus Plastik, Holz, Glas und Metall sein.)

○ 9. Vergleichen Sie sich mit Ihrer Lehrerin/Ihrem Lehrer.
(freie Lösung)

○ 10. Was ist richtig? Cola ist süßer wie/als Fruchtsaft.
(als)

○ 11. Ergänzen Sie: Eis esse ich gern. Pizza esse ich lieber. Salat esse ich ....
(am liebsten)

○ 12. Erklären Sie: Bei welchen Dingen ist Ihnen Qualität am wichtigsten?
(freie Lösung)

○ 13. Ergänzen Sie: billig, billiger, am billigsten; teuer ...
(teurer, am teuersten)

○ 14. Ergänzen Sie die richtigen Endungen: Ein Wörterbuch kaufst du am besten in ein.......
richtig....... Fachgeschäft.
(einem richtigen)

Hinweise:

1. Kopieren Sie die Kopiervorlage mehrmals auf festen Karton, schneiden Sie die Kärtchen aus und verteilen Sie die Kartensätze an Kleingruppen von jeweils vier TN. Jeweils zwei TN spielen als Team zusammen.

2. Die Teams ziehen abwechselnd eine Karte: Team A beginnt und liest die Frage laut vor. Team B versucht, die Aufgabe zu lösen. Ist die Antwort richtig, erhält Team B die Karte. Ist dies nicht der Fall, wird die Lösung für alle vorgelesen und dann die Karte wieder <u>unter</u> den Stapel gelegt; sie kann also später noch einmal gezogen werden und wer gut aufgepasst hat, kann punkten. Dann ist Team B an der Reihe.
   Hinweis: Die richtige Antwort ist jeweils hervorgehoben, sodass die Richtigkeit vom gegnerischen Team leicht überprüft werden kann.

3. Das Spiel ist zu Ende, wenn alle Karten gezogen wurden. Das Team, das am Schluss die meisten Karten hat, d.h. die meisten Aufgaben richtig lösen konnte, hat gewonnen.

POST *Wenn man einen Brief verschicken will, muss man ihn ...* a) sortieren. *b) einwerfen.* c) zum Empfänger bringen.	**POST** *Eine Kuckucksuhr verschickt man am besten als ...* *a) Paket.* b) E-Mail. c) Brief.	**POST** *Die Person, die den Brief bekommt, ist der ...* a) Absender. *b) Empfänger.* c) Briefschreiber.
POST *Wenn man Briefmarken braucht, geht man ...* a) zum Kiosk. b) zur Bank. *c) zur Post.*	**POST** *Wenn man wissen will, wie schwer ein Paket ist, muss man es ...* a) messen. b) heben. *c) wiegen.*	**HANDY** *Das Handy ist...* a) eine Art Brief. b) ein Computer. *c) ein mobiles Telefon.*
HANDY *Wenn ich Freunden <u>kurz</u> etwas mitteilen möchte, schicke ich ihnen ...* a) einen Anruf. *b) eine SMS.* c) einen Brief.	**INTERNET** *Wenn man sich über ein bestimmtes Thema informieren möchte, kann man ...* a) eine E-Mail schreiben. *b) im Internet surfen.* c) eine Anzeige aufgeben.	**WEGBESCHREIBUNG** *Wenn Sie zum Theater wollen, müssen Sie noch ... die Brücke dort fahren.* a) an b) gegen *c) über*

Schritte international 4, Lehrerhandbuch 02.1854 • © Hueber Verlag 2007

WEGBESCHREIBUNG	WEGBESCHREIBUNG	WEGBESCHREIBUNG
Wenn Sie zum Tennisclub wollen, müssen Sie noch etwa einen Kilometer das Flussufer ... fahren.	**Am besten nimmst du die Straßenbahn und fährst ... Haltestelle „Mozartplatz".**	**Du siehst dann schon die Kirche ... Ecke.**
a) geradeaus b) vorbei c) entlang	a) bis zur b) gegenüber c) um ... herum	a) in der b) um die c) an der
WETTER	WETTER	WETTER
Wenn im Sommer die Sonne länger ..., ist es auch in Deutschland sehr heiß.	**Wenn im Winter viel ... liegt, gibt es auf den Straßen meistens Stau.**	**Wenn es sehr starken Wind gibt, sagt man auch: „Es ist ..."**
a) scheint b) sonnig c) Sonnenschein	a) Sonne b) Schnee c) Regen	a) stürmisch. b) eisig. c) neblig.
AUTO	AUTO	VERKEHRSSICHERHEIT
Wenn man kein Benzin mehr hat, muss man ...	**Man kann nicht fahren, wenn das Auto keinen ... hat.**	**Wenn Ihr Auto schlechte Reifen hat, verlängert sich ...**
a) zur Tankstelle. b) in die Werkstatt. c) zum Sicherheits-Check.	a) Klingel b) Motor c) Panne	a) die Bremsen. b) der Bremsweg. c) die Reise.
VERKEHRSSICHERHEIT	VERKEHRSSICHERHEIT	VERKEHRSSICHERHEIT
Wenn man nachts ohne ... fährt, wird man von den anderen nicht gesehen.	**Die Klingel muss gut ... sein.**	**Auf der Autobahn darf man nicht ...**
a) Bremsen b) Licht c) Führerschein	a) sichtbar b) erreichbar c) montierbar	a) fahren b) parken. c) überholen.

Spielanleitung:

1. Spielen Sie mit Ihrer Partnerin / Ihrem Partner.
    Sie brauchen jede/r eine Spielfigur und eine Münze.
    Entscheiden Sie, wer Spieler A und wer Spieler B ist.
    Wer darf anfangen?

2. Wer anfängt, wirft jetzt die Münze. Wenn die Münze mit der
    Zahl nach oben zeigt, dürfen Sie ein Feld vorgehen. Wenn
    die Münze mit dem Bild nach oben zeigt, dürfen Sie zwei
    Felder vorgehen.

3. Lösen Sie die Aufgabe auf dem Feld. Wenn die Lösung
    richtig ist, bleiben Sie auf dem Feld stehen. Jetzt ist die
    Mitspielerin / der Mitspieler dran. Wenn die Lösung falsch
    ist, müssen Sie ein Feld zurückgehen und warten, bis Sie
    wieder dran sind. Wenn Sie beim nächsten Mal wieder auf
    dieses Feld kommen, können Sie die Aufgabe noch einmal
    lösen. Ihre Mitspielerin / Ihr Mitspieler darf dann auch
    helfen.

4. Jetzt ist die Mitspielerin / der Mitspieler dran und wirft die
    Münze. Weiter wie zuvor.

5. Wer zuerst im Ziel ist, hat gewonnen.

Schritte international 4, Lehrerhandbuch 02.1854 • © Hueber Verlag 2007

A	ZIEL	B	ZIEL

A10
Könnten Sie mir sagen, ... es hier in der Nähe einen Geldautomaten gibt?

B10
Wissen Sie, ... am Wochenende auch ein Bus fährt?

A9
Hotel in Strandnähe bietet preiswert...... Zimmer übers Wochenende. Herrlich...... Blick aufs Meer.

B9
Klein...... Sporthotel mit zahlreich...... Sportangeboten hat noch Zimmer frei.

A8
Kulturfreak sucht kulturinteressiert...... Mitreisende.

B8
Genießerin sucht fröhlich...... Urlaubsbegleitung mit Spaß am Faulenzen.

A7
Ariel geht morgen zum Friseur. Er will sich seine Haare ....

B7
Manlios Auto ist kaputt. Er muss es ....

A6
.... Sie mir bitte sagen, wie ich zum Bahnhof komme?

B6
.... Sie, wie viel eine einfache Fahrt von München nach Hamburg kostet?

A5
In dem Hotel gibt es nur Zimmer .... Fernseher. Aber das ist kein Problem.

B5
Würdest du ein Zimmer .... Bad oder Dusche nehmen? Ich finde das unpraktisch.

A4
Abenteurer sucht abenteuerlustig...... Reisebegleitung für gefährlich...... Dschungeltour.

B4
Sportlich...... Typ sucht unkompliziert...... Leute für gemeinsam...... Aktivurlaub.

A3
.... Sie sich bitte einen Termin geben. Ohne Termin können wir Sie nicht beraten.

B3
Sie können sich die Kreditkarte zuschicken .... , wenn Sie sie nicht selbst abholen möchten.

A2
Diesen Sommer fahren wir .... Süden. Wir wollen Urlaub ...... Meer machen.

B2
Lass uns am Wochenende .... Berge fahren. Wir könnten .... Bergen wandern.

A1
Wir waren am Sonntag ...... Schwarzwald. Und du?

B1
Ich würde gern mal Urlaub .... einsamen Insel machen.

A	↑ START ↑	B	↑ START ↑

Test zu Lektion 8

Name: ....

1 Was passt? Ordnen Sie zu und schreiben Sie Sätze mit *trotzdem*.

1	Die Sonne scheint.	**a**	Ich esse jeden Abend Schokolade.
2	Er liegt im Bett.	**b**	Er fährt mit dem Bus zur Arbeit.
3	Ich bin zu dick.	**c**	Ich nehme den Regenschirm mit.
4	Ich bin erkältet.	**d**	Ich gehe ohne Mantel zum Supermarkt.
5	Er hat ein Auto.	**e**	Er schläft nicht.

1	2	3	4	5
c)				

Beispiel:

1 *Die Sonne scheint. Trotzdem nehme ich den Regenschirm mit.* ....

2 ....

3 ....

4 ....

5 ....

Punkte ..... / 8

2 Lesen Sie. Kreuzen Sie dann an: richtig oder falsch?

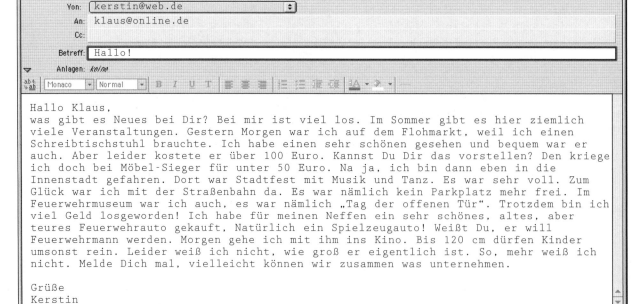

Von: kerstin@web.de
An: klaus@online.de
Cc:
Betreff: Hallo!
Anlagen: *keine*

Monaco / Normal / B I U T

Hallo Klaus,
was gibt es Neues bei Dir? Bei mir ist viel los. Im Sommer gibt es hier ziemlich
viele Veranstaltungen. Gestern Morgen war ich auf dem Flohmarkt, weil ich einen
Schreibtischstuhl brauchte. Ich habe einen sehr schönen gesehen und bequem war er
auch. Aber leider kostete er über 100 Euro. Kannst Du Dir das vorstellen? Den kriege
ich doch bei Möbel-Sieger für unter 50 Euro. Na ja, ich bin dann eben in die
Innenstadt gefahren. Dort war Stadtfest mit Musik und Tanz. Es war sehr voll. Zum
Glück war ich mit der Straßenbahn da. Es war nämlich kein Parkplatz mehr frei. Im
Feuerwehrmuseum war ich auch, es war nämlich „Tag der offenen Tür". Trotzdem bin ich
viel Geld losgeworden! Ich habe für meinen Neffen ein sehr schönes, altes, aber
teures Feuerwehrauto gekauft. Natürlich ein Spielzeugauto! Weißt Du, er will
Feuerwehrmann werden. Morgen gehe ich mit ihm ins Kino. Bis 120 cm dürfen Kinder
umsonst rein. Leider weiß ich nicht, wie groß er eigentlich ist. So, mehr weiß ich
nicht. Melde Dich mal, vielleicht können wir zusammen was unternehmen.

Grüße
Kerstin

Schritte international 4, Lehrerhandbuch 02.1854 • © Hueber Verlag 2007

Test zu Lektion 8

	richtig	falsch
a Kerstin hat auf dem Flohmarkt einen Schreibtischstuhl gekauft.	☐	☐
b Kerstin ist nach dem Flohmarkt sofort zu Möbel-Sieger gefahren.	☐	☐
c In der Innenstadt war Stadtfest.	☐	☐
d Alle Parkplätze waren besetzt.	☐	☐
e Kerstin hat im Feuerwehrmuseum keinen Eintritt bezahlt.	☐	☐
f Das Kino ist für ihren Neffen umsonst.	☐	☐

Punkte ..... / 6

3 Ordnen Sie das Gespräch.

☐ Okay. Holst du mich ab?
☑ Ich möchte mal wieder essen gehen. Hast du Lust?
☐ Tut mir leid, aber mein Auto ist kaputt.
☐ Wie wäre es am Sonntagabend?
☐ Sagen wir um 19 Uhr?
☐ Ja, gerne. Wann denn?
☐ Und Montagabend? Kannst du da?
☐ Sonntagabend? Nein, da gehe ich mit Hans ins Kino.
☐ Das macht nichts, dann hole ich dich ab. Bis Montag!
☐ Ja, das geht. Um wie viel Uhr denn?

Punkte ..... / 9

4 Schreiben Sie Sätze mit *wäre, hätte, würde*.

Beispiel: Sie muss arbeiten. – fernsehen   *Sie würde lieber fernsehen.*

a Sie muss zur Schule gehen. – Ferien haben

....

b Sie muss eine Diät machen. – den ganzen Tag essen

....

c Wir müssen früh aufstehen. – lange schlafen

....

d Sie hat ein Fahrrad. – ein Auto haben

....

e Er ist bei seiner Mutter. – bei seiner Freundin sein

....

f Die Kinder machen Hausaufgaben. – Fußball spielen

....

g Sie ist Köchin von Beruf. – Ärztin sein

....

Punkte ..... / 7

Insgesamt: .... / 30

Bewertungsschlüssel	
30 – 27 Punkte	sehr gut
26 – 23 Punkte	gut
22 – 19 Punkte	befriedigend
18 – 15 Punkte	ausreichend
14 – 0 Punkte	nicht bestanden

Test zu Lektion 9

Name: ....

1 Ergänzen Sie.

Beispiel: Schau mal, so ein schön **es**..... Besteck. Das gefällt mir.

a Entschuldigen Sie, wir suchen ein günstig........... Sofa. Können Sie uns da helfen?

b Das T-Shirt passt aber nicht zu deiner hell........... Hose!

c Ich brauche ein Geschenk für meine best........... Freundin. Hast du vielleicht eine Idee?

d Schau mal, da ist ein groß........... Schrank. Wollten wir nicht genau so einen?

e Entschuldigung, ich suche gut........... Winterschuhe mit einer dick........... Sohle. Haben Sie so was?

Punkte ..... / 6

2 Was haben Sie heute an? Schreiben Sie.

Beispiel: *Ich trage heute eine schwarze Jeans ...*

....

....

....

....

Punkte ..... / 6

3 Machen Sie aus den beiden Sätzen einen Satz.

Beispiel: Für Kleidung gebe ich nur wenig Geld aus. Auch für technische Geräte gebe ich wenig Geld aus.

Für Kleidung gebe ich genauso wenig Geld aus wie für technische Geräte.

a Für die Versicherung muss ich viel Geld bezahlen. Für die Miete muss ich mehr Geld bezahlen.

....

b Ich esse gern Nudelgerichte. Ich esse auch gern Reisgerichte.

....

c Mein Küchenschrank gefällt mir gut. Aber dein Küchenschrank gefällt mir besser.

....

d Ich finde meine Nachbarin sympathisch. Ich finde meinen Nachbarn auch sympathisch.

....

Punkte ..... / 4

Schritte international 4, Lehrerhandbuch 02.1854 • © Hueber Verlag 2007

Test zu Lektion 9

4 **Vergleichen Sie die Wohnungen.**

Tonis Wohnung	**Giselas Wohnung**	**Martins Wohnung**
4 Zimmer	3 Zimmer	1 Zimmer
70 qm	2 km bis zur Innenstadt	Innenstadt
1. Etage	Erdgeschoss	3. Etage
Miete: 380 €	Miete: 375 €	Miete: 295 €
Nebenkosten: 100 €	Nebenkosten: 70 €	Nebenkosten: 80 €
Haus von 1970	Haus von 1950	Haus von 2001
		Fahrstuhl

Beispiel: *Martins Wohnung ist kleiner als Tonis Wohnung.* ....

a Giselas Wohnung ....

b ....

c ....

d ....

e ....

f ....

g ....

h ....

Punkte ..... / 8

5 **Schreiben Sie einen kurzen Text über Ihren hässlichsten Gegenstand.**

Antworten Sie dabei auf diese Fragen:
* Was ist es für ein Gegenstand?
* Wie sieht er aus?
* Von wem haben Sie ihn bekommen? Und wann?
* Warum finden Sie ihn so hässlich? (zwei Gründe!)

....

....

....

....

....

....

....

....

....

Insgesamt: .... / 30

Bewertungsschlüssel	
30 – 27 Punkte	sehr gut
26 – 23 Punkte	gut
22 – 19 Punkte	befriedigend
18 – 15 Punkte	ausreichend
14 – 0 Punkte	nicht bestanden

Punkte ..... / 6

Name: ....

1 **Ergänzen Sie:** *Was für ein/eine/einen*

Beispiel: ● Ich hätte gern Briefmarken.
　　　　　 ■ *Was für* .... Briefmarken möchten Sie denn?

a ● .... Deutschkurse gibt es bei Ihnen?

b ● Entschuldigen Sie, wo haben Sie das Besteck?

　　 ■ .... Besteck suchen Sie denn?

c ● .... Jacke möchtest du dir kaufen?

　　 ■ Keine Ahnung, ich kann mich nicht entscheiden. Vielleicht eine Lederjacke.

d ● Sag mal, ... Salat hast du denn da gekauft? Der ist ja schon ganz braun.

e ● Ich möchte ein Päckchen verschicken. .... Formular muss ich da ausfüllen?

Punkte ..... / 5

2 **In der Brotfabrik: Was wird hier gemacht? Schreiben Sie.**

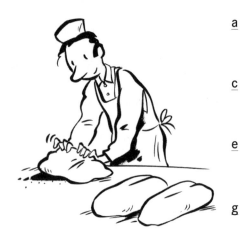

a Teig machen

b Teig in den Ofen schieben (geschoben)

c Brote 90 Minuten backen (gebacken)

d Brote herausholen (herausgeholt)

e verpacken

f mit dem Auto transportieren

g an den Supermarkt liefern

a *Der Teig wird gemacht.* ....

b ....

c ....

d ....

e ....

f ....

g ....

Punkte ..... / 6

Schritte international 4, Lehrerhandbuch 02.1854 • © Hueber Verlag 2007

Test zu Lektion 10

3 **Ergänzen Sie.**

> Meine Damen und Herren, kaufen Sie das neu......... Handy von BABBEL. Nur heute so billig!
>
> Und gratis zu dem neu......... Handy gibt es eine rot......... Handytasche.
>
> Und noch was von BABBEL! Den müssen Sie einfach haben, den bunt......... DVD-Player mit fünf
>
> aktuell......... DVDs gratis. Heute ist der best......... Tag für Ihren Kauf. Werden Sie der
>
> glücklichst......... Mensch, der einfach alles hat. BABBEL – Mehr brauchen Sie nicht im Leben!

Punkte ..... / 7

4 **Notieren Sie vier andere Wörter zur Wortfamilie.**

reisen

... reis...

Punkte ..... / 4

5 **Wie heißt das Gegenteil? Schreiben Sie.**

Beispiel: gut – *schlecht* ....

a angenehm – ....

b dünn – ....

c möglich – ....

d wenig – ....

Punkte ..... / 2

6 **Schreiben Sie einen Entschuldigungsbrief an Ihre Freundin / Ihren Freund.**

Sie konnten zu einem Treffen nicht kommen und konnten Ihre Freundin / Ihren Freund auch nicht anrufen. Schreiben Sie etwas zu den folgenden Punkten:

- Entschuldigen Sie sich.

- Warum konnten Sie nicht kommen?

- Schlagen Sie ein neues Treffen vor.

Vergessen Sie nicht Anrede und Gruß!

Punkte ..... / 6

Insgesamt: .... / 30

Bewertungsschlüssel	
30 – 27 Punkte	sehr gut
26 – 23 Punkte	gut
22 – 19 Punkte	befriedigend
18 – 15 Punkte	ausreichend
14 – 0 Punkte	nicht bestanden

Test zu Lektion 11

Name: ....

1 Was fehlt? Ergänzen Sie.

Beispiel:

Zum Bahnhof? Da müssen Sie

durch das Zentrum fahren.

a Die nächste Tankstelle? Da

fahren Sie ....

.... Fuldabrücke und

dann die erste Straße rechts.

c Zur Schellenbergerstraße?

Da fahren Sie ....

Schillerplatz ....

und dann die nächste rechts.

b Die Josephskirche? Die ist

gleich ....

.... Tankstelle.

d Zum Theater? Fahren Sie

....

nächsten Kreuzung, dann an

der Ampel links.

Punkte ..... / 4

2 Was passt? Ergänzen Sie.

Beispiel: das Eis   *eisig*

a der Wind   ....

b der Sturm   ....

c .... regnerisch

d die Wolke   ....

e .... gewittrig

f .... neblig

Punkte ..... / 3

3 Ergänzen Sie.

Beispiel: Herr Roth geht am

Morgen *zum Supermarkt.*

a Später hat er einen Termin

....

b Er geht auch

....

Schritte international 4, Lehrerhandbuch 02.1854 • © Hueber Verlag 2007

 <u>c</u> Den Abend verbringt er

.... seiner Freundin.

 <u>d</u> Spät in der Nacht fährt er

.... seiner Freundin

weg und nach Hause.

Punkte ..... / 4

---

4   **Ergänzen Sie die Sätze frei.**

Beispiel: Ich möchte ein neues Fahrrad kaufen. *Ich gehe* deshalb *in ein Fahrradgeschäft und*

informiere mich.

<u>a</u> Heute haben die Ferien begonnen. Deshalb ....

<u>b</u> Ich habe kein eigenes Auto. .... deshalb ....

<u>c</u> Gestern hat es einen starken Sturm gegeben. Deshalb ....

<u>d</u> Mein Reifen hat keine Luft mehr. Deshalb ....

<u>e</u> Meine Freundin wohnt sehr weit weg. .... deshalb ....

Punkte ..... / 5

---

5   **Ergänzen Sie: deshalb, weil, denn.**

Beispiel: Susanne und Kurt möchten sich ein neues Auto kaufen. *Deshalb* lesen sie die Anzeigen

im Internet und in der Zeitung.

<u>a</u> Susanne ärgert sich über Kurt, ... er ohne Handy joggen geht.

<u>b</u> Maria und Susanne fahren ins Krankenhaus, ... sie haben Angst, dass das Baby kommt.

<u>c</u> Aber dann geht es Susanne wieder besser. .... fahren sie wieder zurück.

<u>d</u> Sie müssen an einer Tankstelle anhalten, ... sie kein Benzin mehr haben.

<u>e</u> Sie haben kein Geld. Aber sie haben Glück, ... Kurt gerade vom Joggen kommt.

<u>f</u> Kurt ist auch nicht zufrieden, ... Susanne passt nicht gut genug auf das Baby auf.

Punkte ..... / 6

---

6   **Schreiben Sie jemandem aus dem Kurs eine E-Mail und beschreiben Sie ihr/ihm den Weg vom Kursort zu Ihnen nach Hause.**

Liebe/r .... ,

....

....

....

Ich freue mich schon auf Deinen Besuch!

Insgesamt: .... / 30

Bewertungsschlüssel	
30 – 27 Punkte	sehr gut
26 – 23 Punkte	gut
22 – 19 Punkte	befriedigend
18 – 15 Punkte	ausreichend
14 – 0 Punkte	nicht bestanden

Punkte ..... / 8

Test zu Lektion 12

Name: ....

1 Was ist richtig? Kreuzen Sie an.

Beispiel: Morgen fahre ich mit Freunden ☐ am Meer. ☒ ans Meer.

a Am Wochenende war ich ☐ am Meer. ☐ ans Meer.
b Familie Meyer macht Urlaub ☐ im Schwarzwald. ☐ in den Schwarzwald.
c Bettina wohnt seit einem Jahr ☐ auf dem Land. ☐ aufs Land.
d Nächste Woche fahren wir ☐ im Gebirge. ☐ ins Gebirge.
e Ich verbringe meinen Urlaub ☐ an der Küste. ☐ an die Küste.

Punkte ..... / 5

2 Vanessa wohnt in Köln. Wohin fährt sie in den Ferien? Ergänzen Sie.

Vanessa hat zwei Wochen Urlaub. Deshalb möchte sie endlich einmal ihre Freunde in ganz Deutschland besuchen. Sie erzählt:

a Zuerst möchte ich *mit dem* Auto *nach* Düsseldorf fahren, weil dort meine beste Freundin lebt.

b .... Düsseldorf aus fahren wir zusammen weiter zu Freunden. Sie wohnen .... Münster.

c Dort bleiben wir ein paar Tage. Ab Münster fahre ich .... Zug weiter .... Hannover.

d .... Hannover möchte ich die Picasso-Ausstellung sehen und dann mit Angelika, einer alten Schulfreundin, ... Maschsee spazieren gehen.

e Am nächsten Tag steige ich dann .... Bus und fahre .... Hamburg.

f Dort besuche ich Sandra. Sie möchte mir die Speicherstadt zeigen. Am Abend gehen wir vielleicht .... Elbe spazieren. Die Elbe ist ein großer Fluss.

Punkte ..... / 9

Schritte international 4, Lehrerhandbuch 02.1854 • © Hueber Verlag 2007

3 **Ergänzen Sie.**

Urlaub in den Bayerischen Alpen

Helle......... Zimmer mit schön......... Blick zu günstig......... Preisen

zu vermieten. Kommen Sie zu uns und genießen Sie bayerische Gastlichkeit,

gut.......... Bier und traditionell.......... Essen. Wir spielen für Sie

traditionell.......... Musik – auf Wunsch auch live – und organisieren

romantisch.......... Ausflüge in die Bergwelt Bayerns. Familien sind uns

genauso willkommen wie alleinstehende Personen jeden Alters.

Wer einmal bei uns war, kommt immer wieder!

Punkte ..... / 6

4 **Schreiben Sie einen Brief.**

Erzählen Sie von Ihrem Urlaub.

* Wohin sind Sie gereist?
* Wie lange hat die Reise gedauert?
* Mit welchem Verkehrsmittel sind Sie gereist?
* Wo haben Sie übernachtet?
* Was haben Sie im Urlaub gemacht?

Liebe/r ...

Viele Grüße, dein/e

Insgesamt: .... / 30

Bewertungsschlüssel	
30 – 27 Punkte	sehr gut
26 – 23 Punkte	gut
22 – 19 Punkte	befriedigend
18 – 15 Punkte	ausreichend
14 – 0 Punkte	nicht bestanden

Punkte ..... / 10

Schritte international 4, Lehrerhandbuch 02.1854 • © Hueber Verlag 2007

Name: ....

1 Ergänzen Sie.

~~Banken~~ abheben einzahlen überweisen bar Öffnungszeiten EC-Karte
Kreditkarte Geheimzahl Geldautomaten

Beispiel: In Deutschland haben die *Banken* .... meistens von 9 bis 16 Uhr geöffnet.

a Wenn Sie Bargeld auf ihr Konto .... wollen, müssen Sie während der

.... kommen.

b Wenn Sie aber nur Bargeld .... wollen, können Sie das auch am

.... tun.

c Dazu brauchen Sie eine .... oder eine ....

Außerdem müssen Sie die .... wissen.

d Wenn Sie Ihre Miete nicht .... bezahlen, sondern von Ihrem Konto auf ein

anderes Konto .... wollen, dann brauchen Sie ein Girokonto.

Punkte ..... / 9

2 Schreiben Sie.

Beispiel: Wo kann man Geld abheben? → Können Sie mir sagen, *wie man Geld abhebt?* ....

a Kann ich in diesem Geschäft mit Kreditkarte bezahlen?

→ Ich würde gern wissen, ... ?

b Muss ich meine neue EC-Karte selbst abholen?

→ Können Sie mir sagen, ... ?

c Wie hoch sind die jährlichen Gebühren für eine Kreditkarte?

→ Weißt du, ... ?

d Akzeptieren die Tankstellen in Deutschland auch EC-Karten?

→ Wissen Sie, ... ?

e Wie kann man im Ausland Geld abheben?

→ Kannst du mir sagen, ... ?

f Kann man vom Automaten auch ohne Geheimzahl Geld holen?

→ Ich würde gern wissen, ... ?

g Wie viel Prozent Zinsen bekommt man bei Ihnen?

→ Können Sie mir sagen, ... ?

Punkte ..... / 7

Schritte international 4, Lehrerhandbuch 02.1854 • © Hueber Verlag 2007

3   **Was machen die Personen selbst? Was lassen sie andere tun? Schreiben Sie.**

Beispiel:

Jan kocht sein Essen selbst.

Jan lässt das Essen kochen.

a   *Herr Roth* ....

....

b   *Frau Heinlein* ....

....

c   *Frau Rieder* ....

....

d   *Tina* ....

....

Punkte ..... / 4

4   **Ergänzen Sie.**

Beispiel: Gibt es hier irgend*wo*............ eine Bank?

a   Irgend................. in meinem Leben möchte ich mal nach Indien reisen.

b   Morgens esse ich ein Käsebrot, mittags kaufe ich mir irgend................. am Kiosk und abends koche ich.

c   Gehen Sie nicht zu irgend................. Bank, kommen Sie zu uns! Wir sind die beste Bank.

d   Irgend................. hat den ganzen Kühlschrank leer gegessen.

Punkte: ..... / 4

5   **Schreiben Sie Ihre Meinung zu dem Text und nennen Sie auch Gründe.**

Britta F. aus Wilhelmshaven hat eine Million Euro im Lotto gewonnen. Sie hat drei Kinder und liebt Tiere über alles. Deshalb hat sie die Hälfte des Gewinns ihren Kindern geschenkt und die andere Hälfte dem Tierschutzverein Hund + Katz e.V. gegeben. Auf die Frage, ob sie für sich gar kein Geld ausgeben will, sagt sie: „Meine Kinder und die Tiere sind mein Glück. Wenn ich für sie etwas tun kann, bin ich glücklich."

Insgesamt: .... / 30

Bewertungsschlüssel	
30 – 27 Punkte	sehr gut
26 – 23 Punkte	gut
22 – 19 Punkte	befriedigend
18 – 15 Punkte	ausreichend
14 – 0 Punkte	nicht bestanden

Punkte ..... / 6

Test zu Lektion 14

Name: ....

1 Pauls Kindheit: Erzählen Sie.

~~Opa oft vorlesen~~   viel draußen sein   nicht gern Fußball spielen   dann auf das Gymnasium
gehen   wenig Zeit haben   viel lernen müssen   später Computer bekommen   tagelang nur vor
dem Computer sitzen   manchmal mit Freunden Fahrrad fahren

a *Pauls Opa hat ihm oft vorgelesen.* ....

b *Er* ....

c ....

d ....

e ....

f ....

g ....

h ....

i ....

Punkte ..... / 8

2 Wie sagt man, wenn etwas ganz klein ist?

Beispiel: der Tisch   – *das Tischchen* ....

a der Stuhl   – ....

b die Flasche   – ....

c der Bruder   – ....

d der Teller   – ....

Punkte ..... / 4

3 Geben Sie Ratschläge.

Beispiel: Ich kann mir neue deutsche Wörter nicht merken. – *Du solltest dir Kärtchen schreiben.*

a Ich verstehe die Grammatik nicht.   – ....

b Ich habe oft Kopfschmerzen.   – ....

c Ich rauche zu viel.   – ....

d Ich habe oft Streit mit meinem Sohn.   – ....

e Meine Frau versteht mich nicht.   – ....

f Ohne Kaffee werde ich morgens nicht wach.   – ....

Punkte ..... / 6

Schritte international 4, Lehrerhandbuch 02.1854 • © Hueber Verlag 2007

4 Bilden Sie Wörter und schreiben Sie.

Beispiel:

der Apfel .... der Kuchen ....

= der Apfelkuchen ....

a .... = ...

b .... = ...

c .... = ...

d .... = ...

e .... = ...

f .... = ...

Punkte ..... / 6

5 Ergänzen Sie.

a Ich räume dauernd auf, trotzdem ....

b Es ist sehr schön, dass ....

c Ich fahre nicht in Urlaub, weil ....

d Meine Eltern streiten sich oft, aber ...., ...

e Ich gebe nicht viel Geld aus, denn ...., ...

f Ich komme zu dir, wenn ...., ...

Punkte ..... / 6

Insgesamt: .... / 30

Bewertungsschlüssel	
30 – 27 Punkte	sehr gut
26 – 23 Punkte	gut
22 – 19 Punkte	befriedigend
18 – 15 Punkte	ausreichend
14 – 0 Punkte	nicht bestanden

Lektion 8   Am Wochenende
Folge 8: *Wolfgang Amadeus oder: Wichtigere Dinge*

Kurt:	Also, ich bin soweit. Wenn du willst, können wir los.
Susanne:	Das Wetter ist ja nicht besonders schön. Trotzdem wollen wir mal für zwei Tage raus hier.
Maria:	Ich verstehe euch. Ein Wochenende nur für euch beide, das geht ja bald nicht mehr.
Susanne/ Kurt:	Ja, das stimmt.
Susanne:	Ach ja, Maria, das hätte ich jetzt beinahe vergessen: Larissa hat sich mit ihrer Freundin Hanna verabredet. Sie schläft dort und kommt erst morgen Abend wieder.
Maria:	Aha, in Ordnung. Und was ist mit Simon?
Kurt:	Simon bleibt hier, der muss lernen.
Simon:	Das ist total ungerecht! Alle fahren weg, und ich? Warum darf ich nicht mal für'n paar Stunden zum Skaten? Wo ist das Problem, eh?
Kurt:	Denk an deine Fünf in Mathe!
Simon:	Lernen, lernen, lernen! Mann!
Kurt:	Tja, ohne Fleiß kein Preis.
Simon:	Ich hab' aber keine Lust, Mann!
Kurt:	Peng! ... Und was hast du vor, Maria?
Maria:	Ach, ich hätte gern mal ein bisschen Ruhe. Ich würde gern ausschlafen.
Susanne:	Ach was, Ruhe! Schlafen! Du bist jung! Du brauchst Freunde in deinem Alter. Mit denen du etwas unternehmen kannst, verstehst du?
Kurt:	Ja genau! Das ist 'ne gute Idee. Du musst endlich jemand kennenlernen, Maria!
Maria:	Hm ... jaja, mal sehen ...
Kurt:	Tja, ich glaube, wir gehen dann mal. Tschüs, Maria!
Maria:	Tschüs! Viel Spaß! Und ein schönes Wochenende!
Susanne/ Kurt:	Danke, dir auch!
Maria:	Hier, das kannst du ganz einfach ausrechnen.
Simon:	Einfach? Wie denn?
Maria:	Mit der Cosinusregel.
Simon:	Mit der was ...?
Maria:	Pscht! ... Sei mal still! ... Da! Hörst du? ... Da ist es wieder!
Simon:	Was denn?
Maria:	Seit ein paar Tagen spielt jemand Klavier – in dem Haus da drüben.
Simon:	Ach so – das!
Maria:	Weißt du, wer das ist?
Simon:	Nöö, das interessiert mich auch nicht. ... Ich könnte rübergehen, aber – ich muss ja leider lernen.
Maria:	Hmm, also gut, machen wir eine Pause.

Maria:	Das Stück kenne ich. Hm, ich glaube ... ich glaube, ... da ist es drauf ... Ha! Ich habe es gewusst! Das ist es! Sonate in B-Dur für Klavier von Wolfgang Amadeus Mozart! Hach ...
Maria:	Ach, Simon! Da bist du ja wieder! Hast du etwas rausbekommen?
Simon:	Also: Er wohnt im dritten Stock links, er ist vor 'ner Woche eingezogen, er ist Student, er ist 22, er ist schlank, er hat blonde Haare, er sieht gut aus, heißt Sebastian Klein und übt täglich von 14 bis 15 Uhr. Sonst noch was?
Maria:	Wow! Woher weißt du das denn alles?
Simon:	Ganz einfach: Ich hab' geklingelt und ihn gefragt.
Maria:	Aha!
Simon:	Du, sag mal, stört's dich, wenn wir mit Mathe später weitermachen? ... Hallo! Maria?!
Maria:	Wie? Äh ... nein, nein, das stört mich gar nicht!
Sebastian:	Hallo! Was ist denn das für 'ne CD?
Maria:	Moment! – Was hast du gesagt?
Sebastian:	Hallo!
Maria:	Hallo!
Sebastian:	Deine CD ist super! Kannst du mir die mal leihen?
Maria:	Hm, ... von mir aus.
Sebastian:	Dann schlage ich vor, dass ich mal eben zu dir rüberkomme, einverstanden?
Maria:	Einverstanden.
Freund:	Hi, Simmi! Ich dachte, du musst das ganze Wochenende Mathe lernen?!
Simon:	Ach, weißt du: Es gibt viel wichtigere Dinge im Leben!

Schritt C   C2/C3
Gespräch 1:

Martin:	Hallo?
Betti:	Hallo, Martin! Hier ist Betti!
Martin:	Hallo, Betti.
Betti:	Du, Martin, wir könnten doch mal wieder tanzen gehen.
Martin:	Tanzen?
Betti:	Hast du Lust?
Martin:	Hm, na ja.
Betti:	Du, heute Abend gibt's Tango im Parkcafé.
Martin:	Heute Abend? Ah, so ein Pech! Ich muss noch lernen.
Betti:	Lernen? Heute? Am Samstag?
Martin:	Du, ich hab´ Montag 'ne Prüfung.
Betti:	Ah, ich verstehe.
Martin:	Wir könnten nächsten Samstag was zusammen machen.
Betti:	Okay! Mal sehen! Na, dann tschüs. Und viel Spaß beim Lernen!
Martin:	Tschüs, Betti! Danke für Deinen Anruf!
Betti:	Hach!

Gespräch 2:

Stefan:	Stefan Graf.
Betti:	Hi, Stefan! Hier ist Betti!
Stefan:	Hallo, Betti! Wie geht's denn so?
Betti:	Ganz gut, und dir?
Stefan:	Ach ja, alles okay.
Betti:	Du, Stefan! Ich finde, wir könnten mal wieder was zusammen unternehmen. Was meinst du?
Stefan:	Klar! Gerne!
Betti:	Heute ist Tanzabend im Parkcafè.
Stefan:	Heute? Das geht nicht. Ich hab' schon was vor.
Betti:	Was Besseres als Tango tanzen? Mit mir?
Stefan:	Tut mir leid, Betti. Aber ich geh' heut Abend ins Deutsche Theater und sehe mir *Cats* an.
Betti:	*Cats*?
Stefan:	Hey! Du könntest mitgehen! Es gibt noch Karten.
Betti:	Ach, nein, weißt du, ich bin kein Musical-Fan. Ich will lieber Tango tanzen.
Stefan:	Tja, schade!
Betti:	Na, dann, viel Spaß im Theater!
Stefan:	Viel Spaß beim Tango! Tschüs!

Gespräch 3:

Luis:	Ja?
Betti:	Hallo, Luis.
Luis:	Betti!!? Du, das ist ja toll! Vor einer Minute hab´ ich an dich gedacht!
Betti:	So?
Luis:	Was kann ich denn für dich tun?
Betti:	Du könntest mal wieder deine Tango-Schuhe anziehen.
Luis:	Meine Tango-Schuhe?
Betti:	Hm-hm. Heute Abend ist … Tanz im Parkcafé.
Luis:	Oh, das klingt ja …
Betti:	Könntest du mich abholen, Luis? So um neun?
Luis:	Ob Luis dich abholen könnte? Um Punkt neun bin ich bei dir!
Betti:	Na dann bis gleich!

Schritt E   E2/E3

1 Liebe Hörerinnen und Hörer, und hier unsere Veranstaltungstipps: Das Deutsche Historische Museum ist nach der Totalrenovierung wieder geöffnet. Am morgigen Sonntag ist der Tag der offenen Tür. Das bedeutet, das Haus ist morgen ganztägig von zehn bis achtzehn Uhr geöffnet und der Eintritt ist frei. Es werden viele Besucher erwartet. Deshalb unser Tipp: Die beste Zeit für einen Besuch ist über die Mittagszeit.

2 Jetzt ein Tipp fürs lebenslange Lernen: In den Volkshochschulen beginnt das Sommersemester. Von „Asiatischer Blumenkunst" bis hin zum „Kuchenbacken wie bei Oma" können Sie dort auch diesen Sommer alles lernen. Das Interesse ist groß, deshalb sollten Sie sich schnell anmelden. Das können Sie montags bis donnerstags von acht bis achtzehn Uhr bei allen Zweigstellen. Aber Achtung: Eine persönliche Anmeldung ist erforderlich.

3 Wer hat am 23. Juli noch nichts vor? Für den haben wir ein besonderes Geschenk: zwei Karten für das Open-Air-Konzert am Brandenburger Tor. Beginn ist um 18 Uhr. Das Konzert ist schon seit Wochen ausverkauft. Es spielen unter anderem die „Heimwerker", „Peter Baekker und Band" und viele andere. Na, haben Sie Lust bekommen? Dann gleich ans Telefon. Der 36. Anrufer bekommt die beiden Karten.

4 Und noch ein Tipp für Kultur zum Nulltarif: Am nächsten Samstag beginnt in Berlin wieder der „Karneval der Kulturen". Dieses Straßenfest ist inzwischen weit über die Grenzen von Berlin hinaus bekannt. Vier Tage lang gibt es am Pariser Platz täglich ab elf Uhr Partys, Bands und Künstler aus aller Welt zu bewundern. Doch bitte fahren Sie mit öffentlichen Verkehrsmitteln dorthin. Das Parken könnte sonst teuer werden – besonders werktags.

5 Im Kino im Ziegenstall können Sie jeden Montag ab 21 Uhr Filme von jungen deutschen Filmemachern sehen. Die Regisseure präsentieren ihre Filme selbst.
Das aktuelle Programm finden Sie überall in Super-märkten und Geschäften ausgelegt.
Aber Achtung: Im August ist Sommerpause. Erst ab September geht es wieder los.

Zwischenspiel 8 *Sonntags …*

Das Märchen vom Hans im Glück.
Eines Morgens geht Hans zu seinem Meister und sagt: „Ich habe sieben Jahre gearbeitet. Nun möchte ich aber mal wieder nach Hause zu meiner Mutter." Der Meister antwortet: „Du warst sehr fleißig und sollst einen guten Lohn haben", und gibt ihm ein Stück Gold, so groß wie der Kopf eines Menschen. Hans freut sich sehr. Er nimmt das Gold, verab-schiedet sich von seinem Meister und geht los in Richtung Heimat.

Aber das Gold ist schwer, sehr schwer. Da sieht Hans einen Reiter auf der Straße. „Oh!", sagt er, „das ist toll! Reiten würde ich auch gerne." „Kein Problem!", antwortet der Reiter. „Wie wäre es mit einem Tausch? Ich gebe dir mein Pferd und du gibst mir dafür dein Gold." „Ja, prima!", freut sich Hans. „Mensch, hab' ich aber ein Glück!"

Nun möchte Hans schnell nach Hause. Doch leider kann er nicht reiten und fällt vom Pferd. Da sieht er einen Bauern mit einer Kuh. „So eine Kuh", sagt er, „ist viel besser als ein Pferd. Da fällt man nicht runter und man hat immer Milch, Sahne, Butter und Käse." „Richtig", sagt der Bauer. „Ich hab' ne gute Idee. Wir könnten tauschen. Du gibst mir das Pferd und ich gebe dir die Kuh." „Oh", sagt Hans, „das ist aber nett!"

Am Mittag ist es heiß und Hans bekommt Durst. „Zum Glück habe ich die Kuh", denkt er und freut sich schon auf die leckere Milch. Aber die Kuh will keine Milch geben. Ein Metzger mit einem Schwein sieht Hans und sagt: „Vergiss es! Die Kuh ist zu alt. Von der bekommst du keine Milch mehr." „Oh je!", sagt Hans traurig. „Was soll ich denn jetzt tun?" „Ganz einfach", schlägt der Metzger vor:

„Wenn du mir deine Kuh gibst, gebe ich dir mein Schwein."
„Wunderbar!", sagt Hans. „Hm, ich rieche schon die Würste und den leckeren Braten!"

Etwas später trifft Hans einen Mann mit einer Gans. Hans erzählt von seinem Glück: Wie er das Pferd für das Gold, die Kuh für das Pferd und das Schwein für die Kuh bekommen hat. Da sagt der Mann mit der Gans: „Das Schwein gehört nicht dem Metzger. Hast du das nicht gewusst?" Hans schüttelt den Kopf. „Es gehört dem Polizisten. Der sucht es schon. Oh, oh, wenn er es bei dir findet!" Hans macht große Augen. „Keine Angst", sagt der Mann. „Gib mir einfach das Schwein. Ich gebe dir diese schöne Gans dafür." „Hach, das ist aber nett!", sagt Hans. „Vielen, vielen Dank!"

Gegen Abend trifft Hans einen Messerschleifer. Dem gefällt die Gans. „Woher hast du das schöne Tier?" fragt er. „Ach, man muss Glück haben", antwortet Hans und erzählt seine Geschichte. „Glück brauche ich nicht", sagt der Mann. „Ich schleife Messer und verdiene gutes Geld. Ich kann mir jeden Tag 'ne Gans kaufen." „Jeden Tag?", fragt Hans. „Jeden Tag!", antwortet der Mann und zeigt Hans einen Stein. „Das kannst du auch. Gib mir deine Gans und ich gebe dir den Stein dafür."

Hans geht weiter. „Ist das nicht wunderbar?", freut er sich. „Jetzt bin ich Messerschleifer, bekomme viel Geld und kann jeden Tag eine Gans haben!" Doch der Stein ist schwer und bald tut ihm der Rücken weh. „Ich muss eine Pause machen", denkt er. An einem See stellt er den Stein auf den Boden. Aber er passt nicht richtig auf, es macht „plumps" und der Stein fällt ins Wasser und ist weg. „Na, prima!", ruft Hans. „Jetzt muss ich ihn nicht mehr tragen! Bin ich nicht ein richtiges Sonntagskind? Was ich auch mache, immer wird alles gut!"

Und er geht weiter, nach Hause zu seiner Mutter.

Lektion 9   Warenwelt
Folge 9: *Lampen-Müller*

Maria:	Hier steht er doch ganz gut, oder?
Kurt:	Stimmt. Aber dunkel ist es hier. Du brauchst unbedingt eine Schreibtischlampe.
Maria:	Mhm. Aber wo bekomme ich eine? Kennst du ein gutes Geschäft?
Kurt:	Na sicher! Lampen-Müller – die haben die größte Auswahl.
Maria:	Lampen-Müller? Wo ist denn das?
Susanne: (am Telefon)	Ja, hallo?
Kurt:	Das ist im Zentrum. Wenn du willst, gehen wir am Samstag zusammen hin. Früher kann ich leider nicht.
Susanne:	Hier, Maria, es ist für dich – Sebastian!
Maria:	Hallo?! Du, kann ich dich zurückrufen? Ich muss eine Schreibtischlampe kaufen und Kurt gibt mir

	gerade ein paar Tipps … äh … was? – Sebastian sagt, dass morgen ein großer Flohmarkt ist.
Kurt:	Flohmarkt? Na und?
Maria:	Aha … aha … ach so!? Na schön, ich rufe dich gleich an, okay?
Kurt:	Was sagt er denn?
Maria:	Sebastian meint, dass man auf dem Flohmarkt sehr schöne und billige Lampen kaufen kann.
Kurt:	Auf'm Flohmarkt? Maria, guck mal: Bei 'ner neuen Lampe hast du Garantie. Bei einer gebrauchten weißt du ja nicht mal, ob sie überhaupt noch funktioniert. Ich sag' dir: Wenn du Qualität willst, dann geh' zu Lampen-Müller!
Sebastian:	Die ist ganz schön, oder?
Maria:	Hm … ich weiß nicht. Ich finde die hier schöner.
Sebastian:	Hey, die da! Die gefällt mir sehr gut!
Maria:	Hmm, ja, stimmt. Die finde ich auch am schönsten, aber leider ist sie aus Plastik.
Verkäufer:	Kann ich Ihnen helfen?
Maria:	Ja. Haben Sie solche Lampen auch aus Metall?
Verkäufer:	Hm, Metall? Mal sehen …
Verkäufer:	Was ist mit der hier?
Maria:	Nein, nein, die gefällt mir nicht.
Verkäufer:	Aber die ist aus Metall.
Maria:	Ja, schon – aber die Form finde ich nicht schön. Haben Sie denn keine runde Lampe?
Verkäufer:	Hm, tut mir Leid, das sind alle, die ich habe.
Sebastian:	He, Maria! Komm doch mal!
Sebastian:	Guck mal, hier: Solche Lampions hatten wir früher, als ich noch ein Kind war!
Maria:	Oh! Wow! Die sind aber schön! Hey! Guck mal – da! Die Babysachen! Jedes Stück nur ein Euro! Das ist ja echt total billig!
Sebastian:	Aber … äh … was willst du denn damit?
Maria:	Na, für das Baby!
Sebastian:	Was …?
Maria:	Für Susannes Baby!
Sebastian:	Ach so! Sehr gute Idee!
Sebastian:	Muuuuhhhh!
Maria:	Toro, toro!
Sebastian:	Muuuh!
Maria:	Olé! Olé! Na los – komm!
Maria:	Oh, ist der süß!
Larissa:	Toll, super, der Lampion!
Kurt:	Und die Schreibtischlampe? Gab's keine?
Maria:	Doch, doch. Es gab schon ein paar Lampen. Aber leider keine, die mir gefallen hat.
Kurt:	Tja, siehst du? Ich hab's ja gleich gesagt: Lampen kauft man bei Lampen-Müller!

Hörtexte Kursbuch

Schritt A   A1

a Kurt: Du brauchst unbedingt eine Schreibtischlampe.
Maria: Aber wo bekomme ich eine? Kennst du ein gutes Geschäft?

b Maria: Sebastian sagt, dass morgen ein großer Flohmarkt ist.
Kurt: Flohmarkt? Na und?

c Kurt: Was sagt er denn?
Maria: Sebastian meint, dass man auf dem Flohmarkt sehr schöne und billige Lampen kaufen kann.

d Maria: Aber die Form finde ich nicht so schön. Haben Sie denn keine runde Lampe?

Schritt A   A2

vgl. Kursbuch Seite 20

Schritt A   A3

1 ● Was suchst du denn?
   ■ Einen alten Sessel.
   ● Haben die hier denn überhaupt Möbel?

2 ● Schau dir das an, so ein tolles Silberbesteck! Messer, Gabeln, große und kleine Löffel, alles da! Entschuldigung, was möchten Sie denn dafür?
   ■ Für das Besteck? – 50 Euro.

3 ● Weißt du, ich suche so eine mechanische Kamera.
   ■ Die bekommt man jetzt ganz billig. Die Leute wollen keine mechanischen Kameras mehr.
   ● Ja, das stimmt. Ich habe neulich eine gesehen …

4 ● Brauchst du nicht auch noch kleine Gläser?
   ■ Stimmt, ich habe ja noch gar keine. Ui, schau mal, da drüben! Die haben welche …

5 ● Das letzte Mal habe ich wirklich günstiges Geschirr gekauft. Superschön und wie neu!
   ■ Tja, was die Leute so alles verkaufen …

6 ● Entschuldigung, haben Sie denn keine tiefen Teller?
   ■ Nein, tut mir leid, nur noch diese hier.

Schritt B   B1

vgl. Kursbuch Seite 21

Schritt B   B2

1 ● Entschuldigung, können Sie mir helfen? Wo finde ich Turnschuhe mit einer weichen Sohle?
   ■ Sehen Sie die Kasse dort drüben? Gleich daneben sind die Turnschuhe.

2 ● Verzeihung. Wo finden wir denn ein Topf-Set mit einem kleinen Milchtopf?
   ■ Da müssen Sie ein Stockwerk höher. Dort ist unsere Haushaltswarenabteilung.

3 ● Entschuldigen Sie. Ich suche für meine Enkelin eine elektrische Eisenbahn mit einer alten Lokomotive.
   ■ Sehen Sie da, gleich da vorne im Regal.
   ● Ach ja, danke!

4 ● Entschuldigung, haben Sie einen Moment Zeit?
   ■ Ja.
   ● Wir suchen einen Fernseher mit einem flachen Bildschirm.

■ Fernseher sind ganz da hinten. Da finden Sie auch welche mit flachen Bildschirmen. Kommen Sie mit, ich zeige sie Ihnen.

Schritt C   C1

Sebastian: Die ist ganz schön, oder?
Maria: Hm, ich weiß nicht, ich finde die hier schöner.
Sebastian: Hey, die da! Die gefällt mir sehr gut!
Maria: Ja, stimmt, die finde ich auch am schönsten, aber leider ist sie aus Plastik.

Schritt C   C2

1 … Sie möchten schnell ein paar Karotten reiben? Oder Sie möchten einen leckeren Gurkensalat machen? Dann habe ich das Richtige für Sie: unsere neue Gemüsereibe! Damit reiben Sie Ihre Karotten und Gurken noch kleiner, feiner und sicherer. Sie schneiden sich garantiert nie mehr! Warten Sie nicht länger! Schlagen Sie jetzt zu – nur heute für 3 Euro 99!

2 Jetzt ist Schluss mit Seife und Putzmitteln – jetzt gibt es endlich ein Wunderputztuch! Es ist besser und gesünder für Ihre Haut und reinigt noch gründlicher! Greifen Sie zu, denn jetzt ist es für Sie am interessantesten: Drei Tücher zum Preis von einem! Lassen Sie sich diese Chance nicht entgehen …

3 Sie kennen das Problem: Die Dose lässt sich einfach nicht öffnen. Ihre Hände tun Ihnen schon weh. Aber der Deckel geht und geht nicht auf. Doch mit diesem Deckelöffner funktioniert es bestimmt. Der Deckel öffnet sich leichter und schneller, als Sie sich vorstellen können. Greifen Sie jetzt gleich zu, jetzt ist die Auswahl noch am größten: Deckelöffner in allen Farben und Größen, und nur für …

Schritt C   C3

vgl. Kursbuch Seite 22

Schritt D   D2

1 Interviewerin: Äh, hallo? Hallo? Entschuldigen Sie?
Junge Frau: Ja?
Interviewerin: Darf ich Sie kurz mal was fragen?
Junge Frau: Ja, okay.
Interviewerin: Sie gehen doch gerade einkaufen, oder?
Junge Frau: H-hm.
Interviewerin: Wofür geben Sie Ihr Geld denn am liebsten aus?
Junge Frau: Oh Gott, wofür ich mein Geld am liebsten ausgebe? Puh, na ja, für Sachen zum Anziehen, vielleicht?
Interviewerin: Also für Kleidung?
Junge Frau: Nee, Moment, stimmt eigentlich nicht, noch lieber fahr' ich in Urlaub.
Interviewerin: Sie geben Ihr Geld also am liebsten für Reisen aus?
Junge Frau: Ja genau, für Reisen.
Interviewerin: Okay, vielen Dank, das war's schon!
Junge Frau: Bitte!

2 Interviewerin: Entschuldigen Sie, kurze Frage: Was möchten Sie sich am liebsten kaufen?

Junger Mann:	Kaufen? Na ja, wissen Sie, mein Computer, der ist schon ziemlich alt.
Interviewerin:	Ah! Sie möchten also am liebsten einen neuen Computer.
Junger Mann:	Ja, 'nen neuen Computer.
Interviewerin:	Vielen Dank!
Junger Mann:	Und 'ne neue Musikanlage.
Interviewerin:	Na, was jetzt? Computer oder Musikanlage? Was ist wichtiger?
Junger Mann:	Wichtiger? Hey! Für mich ist der Computer genauso wichtig wie die Anlage, verstehen Sie?
Interviewerin:	Na ja, wenn Sie genügend Geld haben, können Sie ja beides kaufen, oder?
Junger Mann:	Geld? Das ist ja das Problem.

3

Interviewerin:	Entschuldigung, darf ich Sie was fragen?
Mann:	Ja, bitte?
Interviewerin:	Wofür geben Sie am meisten aus?
Mann:	Am meisten? Was? Äh, wie meinen Sie das?
Interviewerin:	Na ja, also, ich meine, wofür geben Sie am meisten Geld aus?
Mann:	Am meisten Geld? Hm …
Interviewerin:	Na, für den Urlaub vielleicht? Oder fürs Hobby? Für die Kinder?
Mann:	Nein, nein, ich denke, … ja, am meisten zahl' ich für die Miete, fürs Auto, für Versicherungen, … ach ja, und fürs Gas – das wird auch immer teurer!
Interviewerin:	Aha! Vielen Dank!
Mann:	Bitte.

4

Interviewerin:	Hallo! Entschuldigung.
Mann:	Meinen Sie uns?
Interviewerin:	Ja! Nur eine kurze Frage: Wofür geben Sie Ihr Geld am liebsten aus?
Frau:	Unser Geld?
Mann:	Das geben wir am liebsten gar nicht aus.
Interviewerin:	Wie bitte?
Frau:	Na ja, wir sparen.
Mann:	Früher sind wir schon mal toll in Urlaub gefahren.
Frau:	Oder wir haben uns schicke Kleider gekauft und so.
Interviewerin:	Und jetzt?
Mann:	Jetzt wollen wir endlich unser eigenes Haus.
Interviewerin:	Ah, verstehe.
Mann:	Aber sparen allein hilft auch nicht. Wir müssen trotzdem auch noch 'n großen Kredit aufnehmen.
Interviewerin:	Na dann, viel Glück beim Hauskauf!
Mann und Frau:	Danke!

Lektion 10   Kommunikation
Folge 10: *Kuckuck!*

Maria:	Ähm, entschuldigen Sie …
Verkäufer:	Ja?
Maria:	Ist diese Uhr in Ordnung? Ich meine – funktioniert sie?
Verkäufer:	Die alte Kuckucksuhr? Natürlich! Moment, ich zeig's Ihnen. Sehen Sie: So wird das gemacht …
Maria:	Mhm.
Verkäufer:	… und jetzt den Zeiger auf die volle Stunde drehen … so … und … Na?
Maria:	Lustig! Wie viel kostet die?
Susanne:	Hey! Die ist ja witzig! Wo hast du die denn her?
Maria:	Vom Flohmarkt, für zwanzig Euro.
Susanne:	Gar nicht teuer. Hängst du die in dein Zimmer?
Maria:	Nein, nein. Meine Schwester hat Geburtstag.
Susanne:	Ach so! Du willst sie nach Hause schicken?
Maria:	Genau!
Susanne:	Da musst du sie aber gut verpacken, sonst geht sie kaputt.
Maria:	Das stimmt. Hm … Was für eine Verpackung soll ich denn nehmen?
Susanne:	Guck mal: Das passt perfekt!
Maria:	Oh, super! Danke!
Susanne:	Der Karton ist stabil und trotzdem leicht. Hm, damit könnte es sogar noch als Päckchen gehen.
Maria:	Als Päckchen?
Susanne:	Ja, bis zwei Kilo kannst du's als Päckchen schicken.
Maria:	Aha! Ähm, sag mal: Welches Papier findest du schöner?
Susanne:	Hmm, das gelbe gefällt mir besser.
Maria:	Mhm, mir auch.
Susanne:	Der Karton wiegt … äh … genau 260 Gramm … und die Uhr … Bist du fertig?
Maria:	Ja gleich … So!
Susanne:	Gib sie mir mal, ich lege sie dazu … Das macht zusammen, also Karton und Uhr, 1740 Gramm. Na, siehst du! Ich hab's ja gesagt: Das geht locker als Päckchen!
Maria:	Und was kostet das?
Susanne:	Ein internationales Päckchen? Ungefähr 15 Euro.
Maria:	Okay.
Susanne:	Um sechs macht die Post zu. Schnell, pack die Uhr in den Karton! Wenn du dich ein bisschen beeilst, schaffst du's noch.
Beamtin:	Hier, für Päckchen werden diese Formulare benutzt. Und hier müssen Sie den Absender reinschreiben.
Maria:	Aha … und den Empfänger?
Beamtin:	Hier wird die Adresse reingeschrieben. Sehen Sie? Hier. Dort drüben an dem Tischchen ist ein Kugelschreiber. Dort können Sie das Formular ausfüllen.
Maria:	Gut! Vielen Dank!
Beamtin:	Tja, tut mir leid, das geht nicht mehr als Päckchen.

Maria:	Was?! Warum denn nicht?
Beamtin:	Es wiegt über zwei Kilo. Sehen Sie? 2050 Gramm!
Maria:	Aber – das verstehe ich nicht. Zu Hause waren es nur 1740 Gramm! Und was mache ich jetzt?
Beamtin:	Tja, Sie können es als Paket verschicken.
Maria:	Na schön. Dann schicke ich es als Paket.
Beamtin:	Dazu müssen Sie aber ein neues Formular ausfüllen.
Maria:	Oh nein!
Beamtin:	Außerdem ist ein Paket natürlich teurer.
Maria:	Ach so. Und wieviel kostet das?
Beamtin:	Moment … Südamerika … hm … Zone vier. Das kostet 35 Euro.
Maria:	Was?!

Susanne:	35 Euro?! Die spinnen doch!
Maria:	Das ist ja fast doppelt so teuer wie die Uhr!
Susanne:	2050 Gramm, tatsächlich! Vorhin waren's noch 1740 Gramm.
Maria:	Das verstehe ich nicht!

Maria:	Oje, die Schere! Da war ich beim Einpacken ein bisschen zu schnell, was?
Susanne:	Na ja, wenigstens wissen wir jetzt, wie schwer unsere Schere ist: Genau 310 Gramm!

Schritt A   A1
vgl. Kursbuch Seite 30

Schritt B   B1
vgl. Kursbuch Seite 31

Schritt B   B2
1 Sie suchen eine digitale Kamera? – Der neue Katalog mit den aktuellen Modellen ist da! Unter **www.bum.de** kriegen Sie einfach alles!
2 Die verrückten Handytaschen von Diana unter **www.diana.de** - einfach anklicken und bestellen!
3 Schluss mit Langeweile – kaufen Sie jetzt den digitalen DVD-Player Michiko 502.
4 Fotos machen und verschicken, per Internet seine Einkäufe erledigen! Mit dem neuen Handy von listex ist alles möglich. Und bei uns müssen Sie keinen teuren Vertrag abschließen.
5 Die multifunktionale Kamera Olyion XC passt in jede Handtasche. Auch in Ihre! Heute bestellt – morgen geliefert!
6 Also, besorgen Sie sich den neuen Computer von Spirit 05 – ohne ihn geht nichts mehr in der modernen Bürokommunikation.

Schritt C   C2

1	AB	Guten Tag, Sie sind verbunden mit Ihrer Mailbox. Sie haben sechs neue Nachrichten.
	Julian:	Oh!
	AB	Hier Ihre neuen Nachrichten. Gesendet, heute um 13 Uhr 22.

	Susanne:	Hallo, Liebling, hier ist Susanne.
	Julian:	Ah ja.
	Susanne:	Ich freue mich schon so auf unsere Reise. Packst du schon? Vergiss ja deine Badehose nicht.
	Julian:	Oh!
	Susanne:	Ich habe mir heute auch schon Wanderschuhe gekauft – damit du nicht alleine wandern musst.
	Julian:	Wäre auch nicht schlimm.
	Susanne:	Hoffentlich hat heute auch alles geklappt auf dem Konsulat. Hast du das Visum beantragt?
	Julian:	Oh nein!
	Susanne:	Wenn nicht, ist es auch nicht so schlimm. Dann musst du heute noch anrufen unter der Durchwahl 194. Und hast du deinen Ausweis auch verlängert?
	Julian:	Oh Gott, nein!
	Susanne:	Ach, Schatz, ich freue mich so auf Amerika, vier Wochen nur wir beide.
	Julian:	Oh!
2	AB	Gesendet heute, 14 Uhr 10 – Piep Ja. Guten Tag, hier spricht Kohlmeier von der ITKO-GmbH.
	Julian:	Oho!
	ITKO:	Sie hatten sich bei uns als Bauingenieur beworben. Wir würden Sie gern zu einem Vorstellungsgespräch einladen.
	Julian:	WOW!
	ITKO:	Und zwar gleich morgen um 11 Uhr hier bei uns im Personalbüro. Die Adresse haben Sie ja. Bitte rufen Sie mich doch heute noch auf dem Handy an. Meine Nummer lautet: 0172-654923. Auf Wiederhören!
	Julian:	Jaaa!
3	AB	Gesendet heute, 14 Uhr 45 Hier spricht Maier von der Praxis Camerer. Herr Heine, Herr Dr. Camerer ist auf einer Fortbildung, deswegen müssen wir Ihre Termine verschieben.
	Julian:	Ach, Gott sei Dank!
	AB	Als Termin für die Untersuchung könnten wir Ihnen den 3. Mai anbieten, um 18 Uhr. Die Grippeimpfung könnten wir schon vorher machen: Am 1.5., gleich am Morgen um 8 Uhr. Würde das bei Ihnen gehen? Bitte rufen Sie doch so bald wie möglich in der Praxis an! Auf Wiederhören.
	Julian:	Ja, ja.
4	AB	Gesendet heute, 15 Uhr 24
	Andreas:	Hi, Julian, hier ist Andreas. Warum kommst du denn gar nicht mehr zum Handball spielen? Wir vermissen dich! Komm doch wenigstens heute! Wir treffen uns um 18 Uhr am Sportplatz! Du, und Isabel ist auch dabei – da musst du doch auch kommen, oder? Also, ciao, bis später!
	Julian:	Ah, das stimmt. Ach ja, die Isabel!!!

5 AB — Gesendet heute, 15 Uhr 57

Frau: Guten Tag, Herr Heine, Reinigung Hindrich hier. Sie haben seit vier Wochen eine Jacke hier. Haben Sie die vielleicht vergessen?

Julian: Oh, auch das noch! Wenn Sie sie holen möchten, wir sind inzwischen umgezogen! Unsere neue Adresse lautet: Rosenstraße 34, das ist Ecke Narzissenstraße. Bitte kommen Sie doch mal vorbei!

Julian: Ja, ja

6 AB — Gesendet heute, 16 Uhr 08

Evi: Hi, Julian, ich bin's, die Evi!

Julian: Oh–oh!

Evi: Ich habe gestern Abend zwei Stunden auf dich gewartet!!! Wo warst du?

Julian: Ich Idiot!!

Evi: Ich bin ab acht Uhr in diesem blöden Roxy gesessen und wer kommt nicht: Du natürlich! Julian, das war's! Tschüs!

Julian: Oh nein!!!

AB — Gesendet heute, 16 Uhr 11

Evi: Julian??? Du, vielleicht hast du ja eine gute Entschuldigung. Wenn ja, dann kannst du mich erreichen unter: 0911-532498. Ciao.

Julian: Gott sei Dank!

Schritt C   C3

Julian: Hallo, Evi. Hier ist Julian.

Evi: Ach, hallo!

Julian: Es tut mir schrecklich leid, dass ich gestern nicht gekommen bin.

Evi: Ach so?

Julian: Ich konnte nicht, weil ich so lange arbeiten musste.

Evi: Nicht zu glauben!

Julian: Ich wollte dich ja anrufen, aber mein Handy war kaputt!

Evi: Ach ja? Wolltest du? Wirklich?

Julian: Bist du sehr böse?

Evi: Ach, weißt du, eigentlich ist mir das ganz egal!

Julian: Was?

Evi: Du, ich muss jetzt Schluss machen!

Julian: Ach, Evi, bitte hör mir nur noch kurz zu.

Evi: Julian, ich habe gestern zwei Stunden auf dich gewartet, verstehst du, zwei Stunden!

Julian: Evi! Ich verspreche dir, dass das ganz bestimmt nicht wieder vorkommt.

Evi: Tschüs! Ich bin doch nicht blöd!

Zwischenspiel 10 *Weg mit dem „un"!*

Nörgler A: Ich fühle mich so unverstanden, unglücklich und unzufrieden.

Berater: Oh, das tut mir leid!

Nörgler A: Und dabei so unselbständig, unsicher und unentschieden!

Berater: Na, da wird es Zeit.

Berater: Sie fragen sich nun: Was kann man da tun?

Sehen Sie: So wird das gemacht! Weg mit dem „un"! Einfach weg mit dem „un"! Das geht viel leichter als gedacht.

Nörglerin B: Das Zimmer hier ist unbequem und unfreundlich und ungemütlich.

Berater: Oh, das tut mir leid!

Nörglerin B: Unsauber, unaufgeräumt, wirklich sehr unappetitlich!

Berater: Da wird es aber Zeit.

Berater: Weg mit dem „un"! Weg mit dem „un"! Es geht viel leichter als gedacht. Weg mit dem „un"! Einfach weg mit dem „un"! Sehen Sie: So wird das gemacht!

Nörglerin C: Mein Schwiegersohn ist unvorsichtig, unhöflich und unerzogen.

Berater: Oh, das tut mir leid!

Nörglerin C: Unordentlich und unpünktlich, aus jeder Arbeit rausgeflogen!

Berater: Na, da wird es Zeit.

Berater: Weg mit dem „un"! Weg mit dem „un"! Es geht viel leichter als gedacht. Weg mit dem „un"! Einfach weg mit dem „un"! Sehen Sie: So wird das gemacht!

Nörgler D: Dieses Lied ist unnötig und unpassend und unmodern.

Berater: Oh, das tut mir leid!

Nörgler D: Und überhaupt uninteressant! Ich sing' es wirklich ungern!

Berater: Nun wird es aber Zeit.

Lektion 11   Unterwegs

Folge 11: *Männer!*

Susanne: Kurt?

Kurt: Ja, was ist?

Susanne: Was machst du?

Kurt: Ich geh' noch schnell joggen.

Susanne: Hast du das Handy dabei?

Kurt: Susanne, du weißt doch, ich kann mit dem Ding nicht joggen!

Susanne: Wieso? Deine EC-Karte und den Hausschlüssel hast du doch auch immer dabei!

Kurt: Ja, aber das Handy ist mir zu schwer. Es ist einfach unangenehm beim Laufen.

Susanne: Und wenn was ist?

Kurt: Was soll denn sein? Es ist nicht dein erstes Kind, du bist noch nicht mal im achten Monat und außerdem bin ich in 'ner halben Stunde wieder da, okay?

Susanne: Okay, okay! Is' ja gut, is' ja in Ordnung!

Kurt: Also, tschüs!

Susanne: Oh … puhh …!

Maria: Susanne! Was ist denn los?

Susanne: Mir ist plötzlich so komisch … so schlecht … ich hab' Schmerzen im Bauch … mein Gott, das Baby!

Maria: Was? Jetzt schon? Madre mia! Wo ist Kurt?

Susanne: Er ist gerade aus dem Haus gegangen – zum Joggen. Natürlich ohne Handy. Oh … mmh …!

Maria: Los, ich fahre dich in die Klinik!

Maria: Wo ist denn dieses Krankenhaus?

Susanne: Auf der anderen Seite der Stadt. Wir müssen direkt durchs Zentrum fahren. Und auch noch mitten im Berufsverkehr!

Maria: Ach, das schaffen wir schon!

Susanne: An der nächsten Ampel musst du links fahren.

Maria: Okay. … Wie geht es dir?

Susanne: Mir ist ziemlich schwindlig. Aber sonst wird's langsam besser. Hey, ich wusste gar nicht, dass du den Führerschein hast!

Maria: Mhm …

Susanne: So, und jetzt geradeaus über die Brücke da.

Maria: Gut. Was war denn das?

Susanne: Was?

Maria: Hast du es nicht gehört? Da war so ein komisches Geräusch … Da!

Susanne: Ach so, das! Das ist der Wagen. Er ist zu alt. Deshalb müssen wir ihn ja dauernd in die Werkstatt bringen. Und bald ist wieder der TÜV fällig und so weiter und so weiter. Hach, ich bin schon lange für ein neues Auto, aber Kurt ist dagegen. Nie hört er auf mich!

Maria: Ähm … wie geht es denn deinem Bauch?

Susanne: Besser. Tut fast nicht mehr weh!

Maria: Du, Susanne, ist es noch weit bis zum Krankenhaus?

Susanne: Noch ein ziemliches Stück. Wieso?

Maria: Wir haben fast kein Benzin mehr.

Susanne: Was? Ach … ach du liebe Zeit! Hat er mal wieder nicht getankt! Typisch Kurt!

Maria: Wo ist denn die nächste Tankstelle?

Susanne: Die nächste Tankstelle? Bei uns zu Hause, gegenüber der Kirche. Komm, lass uns umkehren!

Maria: Ja, aber … dein Bauch?

Susanne: Guck mal, da vorne kannst du wenden.

Susanne: Ich sag's dir, Maria: Männer! Die ganze Zeit gehen sie einem auf die Nerven. Aber wehe, du brauchst sie mal! Dann sind sie garantiert nicht da.

Maria: Ähm, entschuldige, Susanne, soll ich Normalbenzin oder Super tanken?

Susanne: Benzin? Oh Gott, nein! Wir brauchen Diesel.

Maria: Ach so!

Verkäuferin: Sie hatten Diesel, stimmt's?

Maria: Ja, und diesen Schokoriegel.

Verkäuferin: Das macht 44 Euro und 23 Cent.

Maria: Moment … Oh nein!

Susanne: Was ist?

Maria: Ich habe mein Portemonnaie in der anderen Jacke! Du hast auch kein Geld dabei, oder?

Susanne: Wo denn? Im Morgenmantel?

Maria: Und was machen wir jetzt?

Susanne: So was Blödes! Alles nur wegen ihm!

Kurt: Ich bin grade aus dem Park gekommen und hab' gedacht: Den Wagen kennst du doch!

Susanne: Aha!

Kurt: Tja, und dann seh' ich dich im Morgenmantel hier rumstehen …

Susanne: So? Na und?

Kurt: Also, weißt du, Susanne, du solltest wirklich ein bisschen mehr an unser Baby denken!

Susanne: Ooh, diese Männer!!!

Schritt A A2

A Manuela: So, auf Wiedersehen, Frau Haier.

 Frau Haier: Auf Wiedersehen, Manuela. Vielen Dank, bis zum nächsten Mal!

B ((Schnarchen))

C ((Bohrgeräusche))

 Zahnarzt: So, und jetzt bitte spülen.

D ((Geräusche im Supermarkt))

E ((Geräusche Briefkasten))

 Mann: Ach Gott. Wieder nur Rechnungen und Reklame!

F ((Geräusche von zuschlagenden Autotüren))

Schritt B B2

Valerio: Ja, hallo?

Paul: Valerio? Hallo, hier ist Paul. Hör mal, wir haben heute im Kurs beschlossen, dass wir zusammen ein kleines Picknick machen. Alle aus dem Kurs kommen und bringen was zu essen mit. Kommst du auch?

Valerio: Oh ja, gerne! Wann denn?

Paul: Morgen Abend. Wir treffen uns um 18 Uhr am Parkplatz am Staatstheater. Weißt du, wo das ist?

Valerio: Mmh … nicht so ganz genau. Kannst du mir erklären, wie ich da am besten hinkomme? Ich wohne Ecke Friedrich-Engels-Straße, Fünffenster-Straße.

Paul: Ah ja, das kenne ich. Also, du gehst rechts – also Richtung Stadtmitte – immer die Fünffenster-Straße entlang bis zum Rathaus.

Valerio: Ah ja, das Rathaus kenne ich!

Paul: Und da biegst du links ab.

Valerio: Ah ja, in die … wie heißt sie gleich … die Königstraße, oder?

Paul: Ganz genau. Und dann gehst du die zweite Straße rechts.

Valerio: Mhm.

Paul: Und dann links in die – Frankfurter Straße heißt sie, glaube ich.

Valerio:	Ah, okay.
Paul:	Die nächste Straße dann wieder rechts, und dann bist du auch schon am Staatstheater. Und da, an dem großen Parkplatz, treffen wir uns.
Valerio:	Prima, das finde ich bestimmt. Übrigens, wo ich dich gerade am Telefon habe …

Schritt C   C1

a Der Wagen ist zu alt. Deshalb müssen wir ihn ja dauernd in die Werkstatt bringen.

b Ständig ist er kaputt. Ich bin deshalb schon lange für einen neuen.

c Aber Kurt sagt, wir haben kein Geld für ein neues Auto. Deshalb müssen wir weiter mit diesem hier zurechtkommen.

Schritt D   D3

1 Ansage: Sicher durch den Tag mit Radio Württemberg – dem zuverlässigen Verkehrssender für Baden-Württemberg.

Moderator: Guten Abend, liebe Autofahrer, der Verkehr um 18 Uhr 30: In weiten Teilen Baden-Württembergs dichter Nebel mit Sichtweiten teilweise unter 50 Metern. Fahren Sie bitte ganz besonders vorsichtig. A81 Singen Richtung Stuttgart: zwischen Herrenberg und Gärtringen Baustelle, zwei Kilometer Stau. Das war's vom Verkehr. Wir wünschen gute und sichere Fahrt, wo immer Sie auch unterwegs sind!

2 Eine kurze Zwischenmeldung an alle, die auf der A4 Richtung Dresden unterwegs sind: In der Nähe der Ausfahrt Berbersdorf befinden sich Tiere auf der Fahrbahn. Bitte fahren Sie in diesem Bereich besonders vorsichtig.

3 Ja, liebe Hörer, das war's vom Verkehr. Wir haben aber noch einen Hinweis von der U-Bahn-Leitstelle. Wegen Bauarbeiten zwischen den Haltestellen Kaiserin-Augusta-Straße und der Endhaltestelle Alt-Mariendorf fährt die U6 ab 22 Uhr auf dieser Strecke nicht mehr. Es werden Ersatzbusse eingesetzt. Und damit kommen wir zu unserem heutigen Gast im Sonntagsfrühstück bei Antje. Ich begrüße ganz herzlich die Schauspielerin Gitte Holbein …

4 Und hier die Verkehrsmeldungen: A4 Bad Hersfeld Richtung Dresden: Zwischen der Ausfahrt Bad Hersfeld und der Anschlussstelle Friedewald sieben Kilometer Stau. Ein Lastkraftwagen blockiert die Fahrbahn. Im weiteren Verlauf der A4 drei Kilometer Stau vor der Anschlussstelle Eisenach wegen einer Tagesbaustelle.

5 … und nun zum Verkehr. Staus und Behinderungen auf folgenden Strecken: auf der A5 in Richtung Bad Nauheim auf circa fünf Kilometern Länge und auf der A3 Richtung Würzburg zwischen Seligenstädter Dreieck und Aschaffenburg-West. Und nun noch eine Meldung für alle S-Bahn-Fahrer in Frankfurt: Wegen des starken Schneefalls haben derzeit alle S-Bahnen bis zu 30 Minuten Verspätung.

Lektion 12   Reisen
Folge 12: *Reisepläne*

Simon:	Wir fahren an den Atlantik. Da gibt's tolle Wellen!
Larissa:	Nein, wir fahren nach Ungarn!
Simon:	In Ungarn kann man nicht surfen!
Larissa:	Na und? Ich will reiten, nicht surfen.
Simon:	Du, Papa?
Kurt:	Mhm?
Simon:	Wohin fahren wir eigentlich diesen Sommer? Doch nicht nach Ungarn, oder?
Larissa:	Doch, bitte!
Kurt:	Nein, nein, wir fahren nicht nach Ungarn, …
Simon:	Ha! Siehst du!
Kurt:	… wir bleiben zu Hause.
Simon/ Larissa:	Was?!
Susanne:	Mit dem Baby geht das noch nicht. Das müsst ihr verstehen.
Simon:	Mann, das ist aber ungerecht!
Larissa:	Hey, wartet mal, ich hab 'ne Idee: Wir könnten ohne euch fahren!
Simon:	Ja, genau! Das ist cool!
Susanne:	Nein, das geht noch nicht!
Larissa:	Wieso denn? In meiner Klasse dürfen die meisten alleine verreisen.
Susanne:	Ich bin trotzdem dagegen.
Larissa:	Und wenn Maria mit uns fährt?! Komm, wir fragen mal, ob sie Lust hat!
Maria:	Natürlich habe ich Lust!
Simon/ Larissa:	Ja, super! Super!
Maria:	Und wohin fahren wir?
Larissa:	Zum Reiten!
Simon:	Nein, zum Surfen!
Maria:	Hey, hört auf zu streiten!
Larissa:	Toll! Ponyreiten auf den … „Äußeren Hebriden"! Weißt du, wo die sind?
Simon:	Nö, keine Ahnung. Boah! Guck mal, da gibt's tolle Wellen! Barbados. Kennst du Barbados?
Larissa:	Nö, keine Ahnung.
Larissa:	Was bedeutet „Pauschalreise"?
Susanne:	Das ist eine Reise mit Flug, Hotel und Essen.
Larissa:	Aha … Dann ist das ja gar nicht so teuer: 980 Euro pro Person und Woche.
Susanne:	Nicht teuer?? Das ist wahnsinnig teuer!
Larissa:	Aber da sind ja auch die Reitstunden schon mit dabei!
Simon:	„Schöne Apartments mit großem Balkon. Jedes Zimmer mit freiem Blick aufs Meer. Ruhige Lage, nur drei Minuten zum Strand. Surf- und Tauchkurse für Anfänger und Fortgeschrittene!" Hey, das klingt gut!
Susanne:	Und was kostet so was?

Simon:	Moment, hier steht's. Hauptsaison: 1190 Euro.
Kurt:	1190? Pro Person und Woche?
Simon:	Mhm.
Kurt:	Hahaha, du spinnst wohl?
Simon:	He, was machst du, Papa? Wo gehst du denn hin?
Kurt:	Warte einen Moment! Ich komm' gleich wieder.

Susanne:	Wo warst du denn, Kurt?
Kurt:	Drei Personen mal zwei Wochen …
Larissa:	Was is'n das?
Kurt:	… mal 1000 Euro, das macht 6000 …
Simon:	Was is'n da drin, 'ne Taucherausrüstung?
Kurt:	6000 Euro! Ich hab' doch nicht im Lotto gewonnen!
Larissa:	Ein Zelt?
Simon:	Ein Zelt?!
Kurt:	Mhm, mein altes Zelt. Mal sehen, ob noch alles da ist.

Kurt:	Na, seht ihr: Es ist alles komplett.
Simon:	Aber jetzt wissen wir immer noch nicht, wohin wir fahren.
Maria:	Doch! Wir fahren nach Norddeutschland!
Alle anderen:	Was?!?
Maria:	Hier, guckt mal! Da gibt es alles: die Nordsee für Simon, Reiterhöfe für Larissa …
Susanne:	Und für dich, Maria?
Maria:	Für mich gibt es das Schleswig Holstein-Musikfestival. Und wisst ihr, was dieses Jahr das Hauptthema ist? Wolfgang Amadeus Mozart!
Simon:	Da-da-da-daaa!
Kurt:	Das ist nicht Mozart! Das ist Beethoven, du Ignorant!

Schritt A   A1
vgl. Kursbuch Seite 50

Schritt A   A2

1 ((Geräusche im Dschungel))

2 ((stöhnender Mensch im Sandsturm in der Wüste))
Mann: Puh … ich hab'n solchen Durst!

3 ((Bergsteiger ächzen, Schritte, Klettern))
Mann: Gib mir 'n bissel Seil nach … uh!

4 ((Meeresrauschen, Tuten von Dampfer))

5 ((Pferdewiehern und Vogelzwitschern))

6 ((Geplansche im See))

Schritt B   B1
„Hotel Paradiso – Schöne Apartments mit großem Balkon. Jedes Zimmer mit freiem Blick aufs Meer. Ruhige Lage, nur 3 Minuten zum Strand. Surf- und Tauchkurse für Anfänger und Fortgeschrittene." – Hey, das klingt gut!

Schritt C   C1

Hanna:	Ich möchte noch ein paar Freunde in Deutschland besuchen.
Mann:	Wo soll's denn hingehen?
Hanna:	Also, zuerst nach Leipzig.
Mann:	Mhm, das heißt, erste Etappe: Düsseldorf – Leipzig.
Hanna:	Ja, genau. Und da würd' ich gerne fliegen.
Mann:	Mhm.
Hanna:	Und dann will ich weiter nach Helgoland. Wie komme ich da am besten hin?
Mann:	Am besten erst mit dem Flugzeug nach Hamburg und von dort weiter mit dem Schiff.
Hanna:	Ach ja, prima. Und anschließend möchte ich noch Freunde in Bremerhaven besuchen. Da gibt es ja vermutlich auch eine Fährverbindung, oder?
Mann:	Ja, genau. Da gibt es eine direkte Verbindung Helgoland – Bremerhaven.
Hanna:	Ah, sehr schön! Von Bremerhaven aus zurück nach Düsseldorf fahre ich mit Freunden im Auto mit.
Mann:	Gut, dann wollen wir mal sehen. Wann genau möchten Sie denn losfahren?

Schritt C   C2

Hanna:	… wie gesagt, nach Leipzig würde ich gern fliegen. Ich hab' nämlich Ihr Angebot in der Zeitung gelesen: einen Flug für nur 49 Euro von Düsseldorf nach Leipzig.
Mann:	Ja, wann wollen Sie denn fliegen?
Hanna:	Am 15. September.
Mann:	Oh, das tut mir leid. Das Angebot gilt leider nur bis Ende nächsten Monats. Aber im September haben wir ein anderes Angebot: mit der Lufthansa für 69 Euro nach Leipzig.
Hanna:	Hmmm, na gut, dann nehme ich das.
Mann:	Um wie viel Uhr möchten Sie denn fliegen?
Hanna:	… ja, genau, prima. Und am 24. September möchte ich von Leipzig nach Helgoland. Sie sagen, mit dem Flugzeug nach Hamburg und dann weiter mit dem Schiff wäre es am besten?
Mann:	Ja, warten Sie … Sie können am 24. um 7 Uhr 30 abfliegen, sind dann um 8 Uhr 30 in Hamburg. Und das Schiff fährt dann um 13 Uhr ab.
Hanna:	Aber da hab' ich ja über vier Stunden Aufenthalt in Hamburg!
Mann:	Ja, das geht leider nicht anders. Von Leipzig nach Hamburg gibt es nicht so viele Verbindungen. Tut mir leid.
Hanna:	Ich weiß noch nicht ganz genau, an welchem Tag ich von Helgoland nach Bremerhaven fahren will.
Mann:	Hm, wann möchten Sie denn ungefähr?
Hanna:	So ab Mitte Oktober. Muss ich da jetzt schon reservieren?

Mann:	Nein, nein, das müssen Sie nicht. Die Fähren fahren zwar von Oktober an teilweise nicht mehr täglich, aber ohne Auto bekommen Sie immer einen Platz.
Hanna:	Ja, wunderbar. Können wir dann die Buchung gleich jetzt schon …

Lektion 13   Geld
Folge 13: *Die Geheimzahl*

Maria:	Hm, hm, hm … „beiliegend erhalten Sie Ihre ‚Persönliche Identifikations-Nummer' PIN. Mit dieser Geheimzahl und Ihrer Bank-Card können Sie an vielen Bankautomaten einfach und bequem Geld abheben. Aus Gründen der Sicherheit sollten Sie sich Ihre Geheimzahl gut einprägen und dieses Schreiben anschließend vernichten …" Einprägen? … Hmm …
Larissa:	Ja!?
Maria:	Entschuldige, Larissa! Ich glaube, ich hab' da was nicht richtig verstanden. Kannst du mir kurz helfen?
Larissa:	Na klar! Was gibt's denn?
Maria:	„Einprägen". Das Wort kenne ich nicht. Kannst du mir sagen, was das heißt?
Larissa:	Einprägen? Hm, ja … das heißt soviel wie „sich merken" oder „auswendig lernen".
Maria:	Ach so! Alles klar!
Larissa:	War's das schon?
Maria:	Ja, vielen Dank!
Larissa:	Kein Problem! Gerne!
Maria:	Vier … acht … Santa María! … No! … Vier … zwei … acht … sieben … Cuatro … dos … ocho … siete … Cuatro … dos … ocho … siete … Cuatro … dos … ocho … siete …
Simon:	Sag mal, was machst du denn da, Maria?
Maria:	Ach nichts. Ich präge mir nur was ein.
Simon:	Aha! Lass dich nicht stören!
Maria:	Hm … Cuatro … ocho … dos … No! … No no no! Cuatro … dos … ocho … siete … Cuatro … dos … ocho … siete …
Maria:	Cuatro … dos … ocho … siete … Uuh! Cuatro … dos … ocho … siete … Aah! Cuatro … dos … ocho … siete … So!
Maria:	Was? „Die eingegebene Zahl ist falsch." Ooh, schon wieder! „Bitte geben Sie Ihren PIN-Code ein."
Älterer Herr:	Seien Sie bloß vorsichtig! Beim dritten Mal ist die Karte nämlich weg!
Maria:	Was? Wirklich?
Älterer Herr:	Ja, ja! Letzten Monat ist mir das selbst passiert! Sehr ärgerlich, so was!

Frau:	Hallo! Sie! Dauert das noch länger bei Ihnen?
Maria:	Einen Moment, bitte! Machen Sie mich jetzt nicht nervös!
Frau:	Entschuldigen Sie! Man wird ja wohl noch fragen dürfen, oder?
Maria:	Habe ich Sie richtig verstanden? Sie wissen die Zahl auch nicht?
Angestellter:	Richtig!
Maria:	Können Sie mal nachsehen, ob die Zahl in Ihrem Computer ist?
Angestellter:	Nein, tut mir leid.
Maria:	Aber warum denn nicht? Bitte erklären Sie mir das.
Angestellter:	Verstehen Sie doch, Frau … äh … Torremolinos: Das ist zu Ihrer eigenen Sicherheit. Nur Sie selbst kennen Ihren PIN-Code.
Maria:	Nein! Ich kenne ihn eben nicht!
Simon:	Hi, Maria! Wo warst du denn?
Maria:	Bei der Bank.
Simon:	Hast du Geld geholt?
Maria:	Ich wollte Geld holen. Aber es hat nicht geklappt.
Simon:	Du, Maria, sag mal, was heißt das eigentlich: Kwattrodos Otschosirte?
Maria:	Cuatro … dos … ocho … siete! – Simon! Ich könnte dich küssen!
Simon:	Was?! So sagt man das auf Spanisch? Echt?
Maria:	Cuatro … dos … ocho … siete … Bestätigen. Es funktioniert! Es funktioniert! Simon, du bist der Größte!
Simon:	Na, das is' ja nun nix Neues!

Schritt A   A1

1 Maria: Kannst du mir kurz helfen? „Einprägen"? Das Wort kenne ich nicht. Kannst du mir sagen, was das heißt?

2 Maria: Simon, weißt du, wo es einen Geldautomaten gibt?
  Simon: Ja, gegenüber der Bäckerei.

3 Mann: Beim dritten Mal ist die Karte weg.
  Maria: Wirklich? Wissen Sie, wie ich die Karte dann wiederbekomme?

Schritt B   B1
vgl. Kursbuch Seite 61

Schritt B   B3

1 Frau: Ach, wir sind schon an der Grenze. Du musst sicherlich Zoll bezahlen.
  Mann: Oh je! Weißt du, ob ich bar bezahlen muss?
  Frau: Nein, das glaube ich nicht. Das geht sicher auch mit Karte.

2 Mann: Ich wollte fragen, ob Sie auch Kreditkarten akzeptieren.
  Mann: Nein, tut mir leid, wir nehmen hier keine Karten, hier können Sie nur bar bezahlen.

3 Mann: Du, ich möchte etwas im Internet bestellen, ich habe aber keine Kreditkarte. Weißt du, ob ich das Geld überweisen kann?

Mann: Das ist sehr unterschiedlich. Wenn ja, dann fragen sie dich nach deiner Bankverbindung.

Schritt C   C1
vgl. Kursbuch Seite 62

Schritt D   D1
Frau: Und nun zur Ziehung der Lottozahlen:
5 – 9 – 12 – 15 – 21– 28
Diese Angaben sind wie immer ohne Gewähr.

Schritt D   D2
Frau Sauter: Reich sein, nie mehr arbeiten müssen, jeden Traum verwirklichen können.
Gehören Sie, liebe Hörer, auch zu den 21 Millionen Deutschen, die Woche für Woche einen Lottoschein ausfüllen? Dann wissen Sie bestimmt auch, dass Ihre Chance auf sechs Richtige sehr, sehr klein ist. Um genau zu sein: Sie liegt bei 1 zu 13.983.816. Das klingt nicht toll, aber immerhin: es gibt eine Chance, Sie könnten gewinnen, Sie könnten plötzlich Millionär sein!

Schritt D   D3
Frau Sauter: Das klingt nicht toll, aber immerhin: es *gibt* eine Chance, Sie *könnten* gewinnen, Sie *könnten* plötzlich Millionär sein! Und dann? Was dann? Darüber wollen wir mit unserem heutigen Studiogast sprechen. Er berät Lottogewinner und das schon seit über 20 Jahren. Guten Tag, Paul Sellers!

Sellers: Guten Tag, Frau Sauter!

Frau Sauter: Stellen wir uns mal vor, ich hätte gerade zehn Millionen Euro gewonnen, Herr Sellers.

Sellers: Eine schöne Vorstellung!

Frau Sauter: Warum sollte ich darüber mit Ihnen sprechen?

Sellers: Nun ja, weil Sie vielleicht plötzlich sehr unsicher werden.

Frau Sauter: Unsicher?

Sellers: Weil Sie Ihr Glück gar nicht fassen können, weil Sie nicht mal wissen, mit wem Sie darüber reden sollen. So geht's den meisten Lottogewinnern.

Frau Sauter: Und was empfehlen Sie da? Mit wem soll ich denn sprechen?

Sellers: Am besten mit niemandem.

Frau Sauter: Mit niemandem? Und was ist mit guten Freunden?

Sellers: Ach wissen Sie, wenn Sie zehn Millionen gewinnen, dann haben Sie ganz schnell ganz viele gute Freunde. Also noch mal: Erzählen Sie auch Ihren besten Freunden nichts.

Frau Sauter: Aber die merken das doch sowieso, spätestens, wenn sie mich mit meinem neuen Porsche sehen!

Sellers: Moment, Moment! Muss es denn gleich so was Supertolles sein? Ein ganz normales Auto ist doch auch ganz schön, oder? Und es fällt nicht so auf.

Frau Sauter: Ja, aber … jetzt, wo ich so viel Geld habe, da möchte ich doch …

Sellers: Da möchten Sie endlich Ihre vielen Wünsche erfüllen: das schnelle Auto, das tolle Haus, die Weltreise.

Frau Sauter: Genau!

Sellers: Die meisten Lottogewinner denken zuerst genau so, das ist auch ganz normal, Frau Sauter, aber …

Frau Sauter: … aber Sie meinen, ich sollte das Geld lieber anlegen, für später, fürs Alter, für die Kinder?

Sellers: Genau! Viele Gewinner machen's so: sie sind vernünftig und denken an später.

Frau Sauter: Ach? Und ich hab' gedacht, die meisten neuen Millionäre hören sofort auf zu arbeiten.

Sellers: Ja ja, das gibt's auch, vor allem bei den Jüngeren.

Frau Sauter: Und was empfehlen Sie denen?

Sellers: Ich rate, auf jeden Fall weiter zu arbeiten. Ohne Arbeit wird das Leben schnell langweilig und Langeweile zusammen mit viel Geld, das ist 'ne ganz schlechte Mischung.

Frau Sauter: Eine andere Frage, Herr Sellers: Soll ich Verwandten oder guten Freunden Geld schenken?

Sellers: Nein, tun Sie das lieber nicht. Denn erstens kommt dann sofort die Frage: Wo hat die das plötzlich her? Und zweitens:Die Leute gewöhnen sich dran und denken, das muss jetzt so weitergehen.

Frau Sauter: Hm, wenn ich das alles so überlege, dann raten Sie mir, nach dem Lottogewinn genauso weiterzuleben wie vorher, oder?

Sellers: Richtig! So wie es die meisten Gewinner machen: Lassen Sie sich's gut gehen aber ändern Sie nicht viel an Ihrem Leben.

Frau Sauter: Das war der Lotto-Berater Paul Sellers. Vielen Dank! Tja, liebe Hörerinnen und Hörer, wir wissen nun, was wir mit unseren Millionen machen sollten – jetzt brauchen wir nur noch die sechs Richtigen. Ich wünsche uns allen viel Glück dabei!

Zwischenspiel 13 *Sie wollen alle nur das eine!*

A Räuber: Halt!

Passant: Meinen Sie mich?

Räuber: Na los: Raus mit dem Geld!

Passant: Geld? Sie meinen: Bargeld?

Räuber: Mach keine dummen Späße, Mann!

Passant: Tut mir leid. Ich hab kein Bargeld dabei.

Räuber: Ha-ha-ha! Sehr witzig!

Passant: Nein, ehrlich! Hier, meine Geldbörse. Sehen Sie? Sie ist leer.

Räuber:	Ähh … tja.
Passant:	Soll ich Ihnen Geld überweisen?
Räuber:	Das geht nicht. Ich hab' kein Konto!
Passant:	Oh je! Schade! Da kann man nichts machen. Also, tschüs dann! Und viel Erfolg noch!
Räuber:	Tschüs!

B

Gast:	Aah!
Ober:	Entschuldigen Sie bitte, wir machen gleich Feierabend, darf ich Ihnen die Rechnung geben?
Gast:	Ja, selbstverständlich.
Ober:	Also, das war eine Nudelsuppe, …
Gast:	… eine Nudelsuppe …
Ober:	… ein Rinderbraten mit Extra-Portion Salat, …
Gast:	… m-hm …
Ober:	… ein Eisbecher Royal, …
Gast:	… genau …
Ober:	… zwei Gläser Rotwein, …
Gast:	… ja …
Ober:	… ein großes Wasser …
Gast:	… richtig …
Ober:	… und ein Kaffee …
Gast:	… und ein Kaffee.
Ober:	Das macht dann zusammen 38 Euro und 40 Cent, bitte.
Gast:	38 Euro und 40 Cent. Hach! Wie schade, dass ich überhaupt kein Geld habe!
Ober:	Wie bitte!?
Gast:	Ich habe gesagt: ‚Schade, dass ich kein Geld habe!'
Ober:	Aber, aber … Sie lassen sich von mir ein ganzes Menü bringen und haben kein Geld dabei?
Gast:	Keinen einzigen Cent.
Ober:	Gut, dann werde ich jetzt die Polizei holen!
Gast:	Na, wenn Sie meinen. Glauben Sie wirklich, dass die meine Rechnung bezahlen?

C

Kind:	Eine kleine Spende für die Kinderhilfe!
Dame:	Kannst du mir sagen, ob's schon zwei Uhr ist?
Kind:	Eine kleine Spende, für die Kinder!
Dame:	Hier, hier hast du einen Euro!
Kind:	Danke! Ich glaube, es ist kurz vor zwei.
Dame:	Du glaubst? Weißt du's nicht genauer?
Dame:	Also schön, hier hast du noch mal 50 Cent. Nun?
Kind:	Es ist jetzt … genau 13 Uhr 56.
Dame:	Hach! Da oben ist ja eine Uhr! Na, also sowas!
Kind:	Eine kleine Spende für die Kinderhilfe!

D

Autofahrer:	20 Cent pro angefangene 12 Minuten? Das macht dann für eine Stunde … 60 geteilt durch 12 … das ist 5 … mal 20 … ist 100 … also ein Euro. Hach! Mann! Hallo!? Sie!? Entschuldigung!?
Passant:	Ja?
Autofahrer:	Könnten Sie vielleicht diesen Fünf-Euro- Schein wechseln? Ich brauche dringend Münzen für Automaten.
Passant:	Mal sehen … zwei, … vier, hmm, ah ja, da ist noch einer … fünf Euro! Bitteschön!
Autofahrer:	Vielen Dank! Das ist sehr nett!
Passant:	Kein Problem! Tschüs!
Autofahrer:	Tschüs! Hach! Was is'n jetzt wieder? Warum nimmt er die denn nicht? Ach Mann!!! Hey! Moment mal! Was machen Sie denn da? Hey! Moment! Warten Sie!
Politesse:	Das ist also Ihr Wagen, ja?
Autofahrer:	Ja, aber …
Politesse:	Sie parken ohne Parkschein.
Autofahrer:	Ja, ich weiß … ich wollte doch gerade …
Politesse:	Ja ja, das sagen alle. Hier, bitte!
Autofahrer:	20 Euro? Aber … aber, hören Sie mal, ich …
Politesse:	Schönen Tag noch!
Autofahrer:	Das ist unglaublich! So eine Unverschämtheit! Ich werde mich beschweren! Das lasse ich mir nicht gefallen!

E

Passant:	Halt! Geben Sie das her!
Passantin:	Nein, das ist meine.
Passant:	Ihre? Meine ist das!
Passantin:	Was?
Passant:	Ich hab' sie eben verloren.
Passantin:	Ich hab sie gerade im Moment verloren!
Passant:	Nein, ich!
Passantin:	Na schön! Dann wissen Sie sicher auch, wie viel drin ist, oder?
Passant:	Natürlich! Aähh, ungefähr 20 oder so?
Passantin:	Nur 20? Dann ist es meine. In meiner ist viel mehr drin.
Passant:	Also bitte, machen Sie sie auf! Dann sehen wir's ja!
Passantin:	Hier, bitteschön, nehmen Sie sie!
Passant:	Nein, nein, behalten Sie sie nur!
Passantin:	Aber es ist doch Ihre.
Passant:	Nein, es ist sicher Ihre, sie ist ja braun, braun gefällt mir nicht.
Passantin:	Mir auch nicht.

Lektion 14   Lebensstationen
Folge 14: *Belinda*

Larissa:	Na, Maria, hast du auch schon 'nen Namen?
Maria:	Einen Namen? Ich?
Larissa:	Für das Baby!
Maria:	Ach so! Nein, keine Ahnung.
Larissa:	Wie findest du „Belinda"?
Maria:	Äh … ich …
Simon:	Belinda! … Hahaha!
Larissa:	Du bist doof!
Maria:	Äh, entschuldigt, … ich muss noch kurz telefonieren …
Larissa:	Dann gehen wir schon mal runter. … Los, komm!
Simon:	Belinda! Haha … Belinda!

Maria:	Hallo, Sebastian! … Schön, dass du zu Hause bist! … Ähm, sag mal, hast du heute Nachmittag schon was vor? … Aah, sehr gut! Ich brauche nämlich deine Hilfe. … Nein, nicht ins Kino. … Ich brauche deine Hilfe … Ja, ich komme rüber und erklär' es dir, okay? … Bis gleich! Tschüs!

Simon:	He, Maria!
Larissa:	Du gehst ja in die falsche Richtung!
Simon:	Wir müssen doch zur U-Bahn!
Maria:	Nein. Hört mal, ihr müsst ohne mich fahren.
Larissa:	Wieso? Kommst du denn nicht mit?
Maria:	Ich komme ein bisschen später, weil ich noch was erledigen muss.
Simon:	Ach so?
Larissa:	Na gut, dann also bis nachher!
Maria:	Bis nachher!

Larissa:	Oh, bist du süß!
Simon:	Sie ist so klein! Ich habe nicht gewusst, dass Babys so klein sind!
Kurt:	Tja, so klein warst du auch mal.
Susanne:	Hey! Sei vorsichtig, Larissa!
Larissa:	Hallo, Schwesterchen!
Susanne:	Lass sie nicht fallen!
Larissa:	Hallo, Belinda!
Simon:	Hör auf! So heißt sie doch gar nicht!
Larissa:	Doch! Du bist die kleine Belinda, stimmt's?
Simon:	Da! Jetzt hörst du's. Sie hasst den Namen.
Kurt:	Sagt mal, müsst Ihr denn eigentlich immer streiten? Könnt ihr nicht einmal Ruhe geben?
Susanne:	Larissa, komm, gib sie mir.

Kurt:	Ich finde, es sollte ein ganz einfacher Name sein. Zum Beispiel „Anna". Wie gefällt euch „Anna"?
Larissa:	Anna find' ich nicht so toll.
Susanne:	Oder „Verena"?
Simon:	Hnnn! In meiner Klasse gibt's 'ne Verena. Die ist total blöd!
Kurt:	Na, das gibt's doch nicht! Es muss doch irgendeinen schönen Namen geben, der uns allen gefällt! – Ja, bitte?
Susanne:	Herein!

Maria:	Wie wäre es zum Beispiel mit „Erika"?
Alle:	Tante Erika! …
Tante Erika:	Hallo!

Tante Erika:	Guck mal, wer da gekommen ist! Ich bin deine Urgroßtante! Jaa! Oh, was ist sie für ein hübsches kleines Püppchen! Ach, Kinder – ich freu' mich so! Wie lieb, dass ihr an mich gedacht habt!

Susanne:	Toll, dass du an Tante Erika gedacht hast! Weißt du, ich … ich wollte eigentlich …

Maria:	Hey, Susanne! Kein Wort mehr! Du hattest nun wirklich etwas viel Wichtigeres zu tun! Die Kleine ist so süß! Herzlichen Glückwunsch!
Susanne:	Danke, Maria! Es ist schön, dass du bei uns bist!

Schritt A A2/A3

Ansager:	Liebe Hörerinnen und Hörer, herzlich willkommen zu unserem heutigen Feature zum Thema „Lebensstation Kindheit". Schöne Erinnerungen, aufregende Erinnerungen, traurige Erinnerungen: Wer hat sie nicht?
1. Frau:	Ich bin mitten in Berlin aufgewachsen. Ich habe immer gerne mit den Nachbarskindern im Hof gespielt. Jeden Nachmittag nach der Schule haben wir uns dort getroffen. Einmal ist etwas Schlimmes passiert: Ich habe auf einer Baustelle gespielt und bin in ein großes Loch gefallen. Dabei habe ich mich schwer am Kopf verletzt. Ich konnte wochenlang nicht mehr mitspielen. Das habe ich bis heute nicht vergessen.
2. Frau:	Wir haben in den Ferien immer meine Oma besucht. Sie hatte einen Bauernhof und wir durften immer im Stall mithelfen. Früh morgens bin ich aufgestanden, habe alte Klamotten und Gummistiefel angezogen und bin in den Kuhstall gegangen. Danach – zum Frühstück – habe ich frisches Bauernbrot mit Erdbeermarmelade und natürlich frische Kuhmilch bekommen. Leider ist meine Oma schon tot. Sie ist vor einem Jahr nach einer Operation gestorben. Sie hat viel Schlimmes erlebt: zwei Kriege, schwere Krankheiten und den Tod ihrer Brüder. Trotzdem war sie immer fröhlich und hatte viel Energie.
Mann:	Meine Eltern hatten einen kleinen Lebensmittelladen. Ich bin dort aufgewachsen zwischen Schokolade und Seife. Jeden Tag kamen dieselben Kunden. Meine Schwester und ich mussten nach der Schule immer mithelfen. Mein Vater sagte immer: „Wir mussten früher schließlich auch hart arbeiten." Meine Schwester hat bis zum Schluss im Laden gearbeitet. Heute gibt es ihn nicht mehr. Meine Eltern sind jetzt pensioniert. Ich sollte den Laden übernehmen, aber ich wollte nicht. Und meine Schwester wollte den Laden alleine auch nicht mehr weiterführen.
Ansager:	Kindheit in Deutschland. Was heißt das heute? Was hieß das früher? Ich begrüße unseren Studiogast Herrn Professor Norbert Hauck von der Universität Frankfurt. Herr Professor Hauck …

Schritt D D4/D5

Moderator:	… dann kommen wir gleich zum Thema unserer heutigen Sendung: Streit in der Ehe! Wir haben Paare dazu befragt, wie das bei ihnen so ist mit dem Streiten. Hier im Studio darf ich ganz herzlich begrüßen: Karin und Justus Liebig …

Karin/Justus:	Guten Tag.
Moderator:	... seit 15 Jahren ein glückliches Paar. Also, Herr und Frau Liebig, wie ist das bei Ihnen mit dem Streiten? Streiten Sie oft?
Justus:	Hm, ehrlich gesagt, streiten wir schon öfter einmal.
Karin:	Ja, eigentlich ziemlich oft.
Justus:	Na ja, so oft nun auch wieder nicht!
Moderator:	Und worüber streiten Sie am häufigsten?
Karin:	Über den Haushalt! Ich räume dauernd auf. Trotzdem findet Justus mich unordentlich!
Justus:	Ha ha, du räumst dauernd auf? Das ist ja wirklich lustig ...
Karin:	Na ja, du bist eben ein bisschen kleinlich.
Moderator:	Gut, so viel zum Thema „Haushalt". Worüber streiten Sie denn noch so?
Justus:	Hm, da muss ich mal überlegen ... Karin, worüber streiten wir denn noch so?
Karin:	Hm ...Über die Zeit, die wir miteinander verbringen. Du hast fast nie Zeit für mich. Deshalb bin ich öfter mal sauer.
Justus:	Ja, das stimmt. Dass ich so wenig Zeit habe, ist wirklich ein Problem. Ich arbeite sehr viel, ich mache sehr viel im Haushalt, nicht wahr, Karin?
Karin:	Na ja ...
Justus:	... und verbringe natürlich auch möglichst viel Zeit mit den Kindern ...
Moderator:	Sie haben Kinder?
Karin:	Ja, zwei Töchter: Mira und Julia. Sie sind drei und sechs Jahre alt.
Moderator:	Streiten Sie sich denn auch über Erziehungsfragen?
Karin:	Oh ja! Das ist auch so ein Problem, denn Justus ist einfach nicht streng genug. Alles, einfach alles lässt er den Kindern durchgehen ...
Justus:	Na ja, alles ... Karin, übertreibe doch nicht immer so ...
Karin:	Stimmt schon, manchmal bist du auch etwas strenger, aber ...
Moderator:	Wenn man das alles so hört, hat man das Gefühl, dass Sie wirklich sehr, sehr viel streiten. Warum sind Sie trotzdem ein glückliches Paar?
Justus:	Ja, wir streiten schon oft, aber für uns gehört das zu einer glücklichen Ehe. Sonst wäre es doch langweilig.
Karin:	Ja, das stimmt.

Schritt E **E1**

... fängt ... an.
... Spaß daran.
... in Schuss.
... nicht Schluss.

Zwischenspiel 14 *Sag beim Abschied leise „Servus"*

Muss i' denn, muss i' denn zum Städtele hinaus,
Städtele hinaus und du, mein Schatz, bleibst hier!

Wenn i' komm´, wenn i' komm´, wenn i' wieder, wieder komm´,
wieder, wieder komm´, kehr i' ein, mein Schatz, bei dir.

Muss i' denn, muss i' denn zum Städtele hinaus,
Städtele hinaus und du, mein Schatz, bleibst hier!

Wenn i' komm´, wenn i' komm´, wenn i' wieder, wieder komm´,
wieder, wieder komm´, kehr i' ein, mein Schatz, bei dir.

Winter, ade! Scheiden tut weh.
Aber dein Scheiden macht,
dass mir das Herze lacht.
Winter, ade! Scheiden tut weh.

Winter, ade! Scheiden tut weh.
Aber dein Scheiden macht,
dass mir das Herze lacht.
Winter, ade! Scheiden tut weh.

Lektion 8   Am Wochenende

Schritt B   Übung 15
vgl. Arbeitsbuch Seite 85

Schritt B   Übung 17
vgl. Arbeitsbuch Seite 85

Schritt C   Übung 21 b

1   Frau: Hallo, wie geht's dir?
    Mann: Danke, gut. Wir haben uns lange nicht gesehen. Wir könnten mal wieder was zusammen unternehmen. Hast du Lust?
    Frau: Gute Idee.
    Mann: Wie wär's mit Kino?
    Frau: Mhm, warum nicht? Im Tivoli läuft gerade ein toller Film.
    Mann: Hast du morgen Abend Zeit?
    Frau: Ja, das geht bei mir.
    Mann: Also, dann bis morgen Abend.

2   Frau Huber: Guten Tag, Frau Müller.
    Frau Müller: Guten Tag, Frau Huber.
    Frau Huber: Am 7. August, also in zwei Wochen, feiert mein Mann seinen 40. Geburtstag. Wir würden Sie und Ihren Mann gern zu einem Glas Sekt einladen.
    Frau Müller: Das ist sehr nett, Frau Huber. Aber es tut mir sehr leid, das geht leider nicht. Da sind wir in Urlaub.
    Frau Huber: Schade, dass Sie nicht kommen können.
    Frau Müller: Ja, sehr schade, aber trotzdem vielen Dank für die Einladung.

Lektion 9   Warenwelt

Schritt B   Übung 16
vgl. Arbeitsbuch Seite 95

Schritt B   Übung 18
vgl. Arbeitsbuch Seite 95

Lektion 10   Kommunikation

Schritt A Übung 5
vgl. Arbeitsbuch Seite 103

Schritt A Übung 6
vgl. Arbeitsbuch Seite 103

Schritt A Übung 7
vgl. Arbeitsbuch Seite 103

Schritt A Übung 8
vgl. Arbeitsbuch Seite 103

Schritt D   Übung 24

1   Egal wo, auf der Straße, im Zug, im Bus, dauernd klingelt irgendwo ein Handy. Immer und überall sprechen diese jungen Leute in ihre Handys. Das ist doch unhöflich und stört die anderen! Ich finde das wirklich unmöglich!

2   Ach, wissen Sie, ich finde das ganz praktisch mit den Handys. So kann ich meine Tochter immer erreichen, wenn sie abends irgendwo mit Freunden unterwegs ist. Das ist doch gut und ich muss mir keine Sorgen machen.

3   Das ist doch ganz normal heute. Jeder von uns hat ein Handy. Wir telefonieren ja nicht viel, weil das viel zu teuer ist. Aber ich verschicke viele SMS an meine Freunde.

4   Also, wenn Sie mich fragen: Früher ging es auch ohne diese Dinger. Wir haben eben von einem öffentlichen Telefon aus telefoniert oder zu Hause. Heute denken alle Jugendlichen, ohne Handy geht es überhaupt nicht mehr. Das kann ich überhaupt nicht verstehen. Irgendwann will man doch mal seine Ruhe haben.

Lektion 11   Unterwegs

Schritt C   Übung 20
vgl. Arbeitsbuch Seite 117

Schritt C   Übung 23

1   sechzehn
2   erwachsen
3   rechts
4   Fax
5   vormittags
6   mittwochs
7   werktags
8   dreißigste
9   Geburtstagskarte
10   Angst
11   wenigstens
12   Lieblingsbuch

Schritt E   Übung 29

Falko: Es war also ein echt schöner Tag. Und weißt du, Michael, heute wollte ich mir eigentlich die Stadt ansehen. Aber es war so viel Verkehr und es gab auch keine Parkplätze. Da bin ich wieder zurückgefahren. Aber ich möchte mir die Stadt morgen mal ansehen.

Michael: Ja, aber Falko! Dann fahr doch mit der Bahn in die Stadt! Da bist du direkt im Zentrum und kannst alles zu Fuß erreichen.

Falko: Was gibt es denn alles zu sehen?

Michael: Ach, schon eine ganze Menge. Zum Beispiel das alte Rathaus, das Stadttheater, das Stadtmuseum, die Michaelikirche und natürlich auch den Stadtpark.

Falko:	Und wie gehe ich da am besten?
Michael:	Das ist ganz einfach. Schau mal, hier ist der Stadtplan. Du gehst aus dem Bahnhof raus und da ist gleich die Fußgängerzone. Du gehst die Fußgängerzone entlang und gleich hier auf der linken Seite ist das Stadttheater. Siehst du? Hier...
Falko:	Ah ja!
Michael:	Wenn du dann einfach geradeaus weitergehst, kommst du auf den Marktplatz und dort in der Mitte ist die Michaelikirche. Von dem Turm hat man einen echt fantastischen Blick auf die Stadt. Und hier, direkt hinter der Kirche, ist unser Rathaus.
Falko:	Mhm ...
Michael:	Beim Rathaus gehst du links in die Rathausgasse. Am Ende der Rathausgasse liegt das Stadtmuseum. Das ist echt toll. Wenn du Zeit hast, solltest du dir es unbedingt ansehen.
Falko:	Mhm ...
Michael:	So, und hier, am Stadtmuseum, gehst du rechts und kommst gleich in den Stadtpark. Bei schönem Wetter ist da total viel los und es gibt auch ein superschönes Café. Dort könnten wir uns dann vielleicht zum Mittagessen treffen?
Falko:	Oh ja, gern.
Michael:	Ja super, dann treffen wir uns doch morgen Mittag so um eins im Café. Wir können ja zuvor noch ...

Lektion 12   Reisen
Schritt D   Übung 25
Besuchen Sie die Mecklenburgische Seenplatte und erleben Sie die Natur. Mieten Sie ein Boot und fahren Sie von See zu See. Sie können dabei seltene Vögel beobachten und sich entspannen. Natur und Ruhe – ohne Lärm und ohne stinkende Autos. Unsere Ferienwohnungen sind alle sehr modern und gemütlich eingerichtet. Sie können wählen zwischen Zwei- und Drei-Zimmer-Apartments mit Balkon oder Terrasse. Preis pro Person und Tag ab 15 Euro. Für weitere Informationen stehen wir Ihnen gern zur Verfügung. Schreiben Sie an ...

Schritt D   Übung 26
vgl. Arbeitsbuch Seite 130

Schritt E   Übung 30
a Und jetzt folgt der Reisewetterbericht für morgen, Dienstag, den 2. Juli.
Süddeutschland: überwiegend sonnig bei Tageshöchstwerten bis 29 Grad. Gegen Abend Gewitterneigung.
Norddeutschland: von Westen her Bewölkungszunahme und gebietsweise Regen. Abkühlung auf 22 Grad.

b Und hier noch ein Reiseruf: Herr Anton Reimer aus Bremen, unterwegs in Westpolen mit einem weißen Opel Astra mit dem Kennzeichen HB-AR 789 soll sich bitte sofort telefonisch mit seiner Mutter in Verbindung setzen. Ich wiederhole: Herr Anton Reimer aus Bremen, bitte melden Sie sich bei Ihrer Mutter. ... Und jetzt geht's weiter mit den Hits der 80er.

c Eine Verkehrsdurchsage: Achtung, Autofahrer auf der A96 München–Lindau. Bei Kilometer 35 an der Ausfahrt Germering läuft ein Hund auf der Fahrbahn. Bitte fahren Sie langsam und überholen Sie nicht.

Lektion 13   Geld
Schritt A   Übung 7
vgl. Arbeitsbuch Seite 135

Schritt C   Übung 25
vgl. Arbeitsbuch Seite 139

Prüfungstraining *Start Deutsch 2*

Hören
Teil 1

Sie hören fünf Ansagen am Telefon. Zu jedem Text gibt es eine Aufgabe. Ergänzen Sie die Telefon-Notizen. Sie hören jeden Text zweimal.

Beispiel

Guten Tag, Herr Arsenis, hier ist Fink vom Reisebüro am Huberplatz. Ich rufe an wegen Ihrem Flug morgen von Berlin nach Hamburg. Also, wir hätten noch einen Platz für Sie. Sie könnten um neun Uhr fünfzehn abfliegen und der Flug kostet 92 Euro. Da Sie morgen ja schon fliegen wollen, müssen wir den Flug aber dringend reservieren. Es gibt nur noch zwei freie Plätze. Bitte rufen Sie mich bis spätestens vierzehn Uhr dreißig zurück. Herzlichen Dank, tschüs.

Nummer 1

Guten Morgen, Frau Moser. Hier Kaufmann, Firma Digitech. Leider habe ich gestern bei unserer Besprechung eine Mappe mit Papieren bei Ihnen vergessen. Könnten Sie mir die bitte per Post nach Hause schicken? Das wäre sehr nett von Ihnen. Ich gebe Ihnen vorsichtshalber noch mal meine Privatadresse: Mozartstraße 17 in 71224 Stuttgart. Schon jetzt herzlichen Dank für Ihre Mühe. Auf Wiederhören.

Nummer 2

Guten Tag, Herr Muñoz. Hier spricht Warning, Sprachenschule *lingua franca*. Sie hatten angerufen und interessieren sich für unseren Kurs „Deutsch für den Beruf". Zu Ihrer Frage: Die Kursgebühr beträgt 98 Euro. Wenn Sie sich einschreiben wollen, dann kommen Sie bitte am nächsten Montag am besten zwischen acht und neun Uhr morgens in unser Büro. Für diesen Kurs ist nämlich eine persönliche Anmeldung erforderlich. Ja, dann vielleicht bis Montag. Auf Wiederhören.

Nummer 3

Ja, hallo, Klara, hier ist Jens. Du, ich ruf an wegen heute Abend Ich hab im Kino schon Karten reserviert. Wir müssen um halb acht dort sein und die Reservierungsnummer ist einhundertfünfzig. Rufst du mich bitte noch mal an, ob das klappt bei dir? Meine Nummer in der Arbeit: 960 23 33. Bis später, ich freu mich auf dich.

Nummer 4

Hallo, hier ist Jutta. Du, ich kann heute leider doch nicht mit ins Kino. Ich muss in der Arbeit dringend noch was fertig machen und brauche noch so zwei, drei Stunden dafür. Ich würde natürlich viel lieber mit euch ins Kino gehen. – Na ja, da kann man nichts machen. Wie wäre es, wenn wir uns nach dem Kino treffen? Wir könnten ins Café Iwan gehen, so gegen halb elf. Was meinst du? Rufst du mich kurz auf dem Handy zurück? Also dann, bis später. Ciao.

Nummer 5

Guten Tag, Frau Schneider, hier spricht Mertens, vom Hotel Leopold. Vielen Dank für Ihre Bewerbung für den Praktikumsplatz. Also, Sie schreiben, Sie hätten von Dezember bis Februar Zeit. Tja, da geht es aber leider bei uns nicht. Da haben wir schon einen Praktikanten. Aber Sie könnten von März bis Mai ein Praktikum bei uns machen. Rufen Sie uns doch bitte an, ob das bei Ihnen auch gehen würde. Meine Nummer ist: 030 – 73 56 79.

Hören
Teil 2

Sie hören fünf Informationen aus dem Radio. Zu jedem Text gibt es eine Aufgabe. Kreuzen Sie an: a, b oder c. Sie hören jeden Text einmal.

Beispiel

Guten Morgen, liebe Hörerinnen und Hörer. Hier ist der Norddeutsche Rundfunk, NDR 2. Beim Zeitzeichen ist es 18 Uhr. … 18 Uhr. Sie hören die Nachrichten für Montag, den 8. März. London: Beim Treffen der Außenminister …

Nummer 6

Und nun zum Wetter: Der Winter ist zurück! In den Bergen gibt es zehn Zentimeter Neuschnee. Und das wenige Tage vor Ostern. Tageshöchstwerte heute: Mehr als drei Grad sind nicht drin. Kaum zu glauben. Leider werden uns diese tiefen Temperaturen auch in den nächsten Tagen erhalten bleiben. Erst am Wochenende soll es wieder etwas wärmer werden. – So, und nun das lang angekündigte Interview mit …

Nummer 7

Zum Programm der nächsten Stunde: Das Tagesgespräch um zwölf Uhr beschäftigt sich heute mit dem Thema „Der PISA-Schock". Sind unsere Schüler wirklich so schlecht? Als Experten im Studio haben wir dazu die Leiterin der Schulberatung Bremen, Frau Dr. Burnhauser, und die Elternsprecherin, Elsa Meyer-Vierhaus. Wie immer können Sie, liebe Hörerinnen und Hörer, uns anrufen, mit den Experten diskutieren, Fragen stellen und Ihre Meinung sagen. Das Tagesgespräch um zwölf auf NDR 2.

Nummer 8

Eine Meldung für alle Autofahrer: Wegen einer Großveranstaltung sind in der Innenstadt am Vormittag folgende Straßen gesperrt: der Georg-Brauchle-Ring, die Steinstraße und die Ehrwalderstraße stadteinwärts. Bitte folgen Sie den Umleitungsschildern. Und noch ein Tipp für die Samstagseinkäufer, die mit dem Auto aus der Umgebung in die Innenstadt wollen: Stellen Sie Ihr Auto an den Parkplätzen am Stadtrand ab und benutzen Sie die U- und S-Bahnen.

Nummer 9

Und nun noch ein Veranstaltungshinweis. Am Freitagabend eröffnet in der Kaiser-Wilhelm-Straße der „Over Thirthy-Club", eine Disko für Leute über Dreißig! Endlich ein Club, in den nicht nur Teenies und Twens gehen. Also, wenn Sie über 30 sind, gern nette Leute treffen, gern tanzen und gute Musik hören, dann schauen Sie doch einfach vorbei! Bringen Sie Ihren Führerschein oder Ihren Ausweis mit. Zur Eröffnung gibt es eine tolle Party mit zwei kostenlosen Getränken für jeden.

Nummer 10

Wie jede Woche haben wir heute wieder ein Gewinnspiel für Sie. In der folgenden Stunde hören Sie drei Musikstücke aus weltbekannten Filmen. Sie sollen uns sagen, in welcher Reihenfolge Sie die Filmmusik zu diesen Klassikern gehört haben: Der dritte Mann, Spider Man, Der bewegte Mann. Sagen Sie uns einfach die Reihenfolge durch. Wenn Sie die wissen, rufen Sie uns an unter 3303–3303. Zu gewinnen gibt es wie immer zwei Karten für einen Film, an diesem Wochenende im Filmpalast am Goetheplatz.

Hören
Teil 3

Sie hören ein Gespräch. Zu diesem Gespräch gibt es fünf Aufgaben. Wer sitzt wo? Ordnen Sie zu und notieren Sie den Buchstaben. Sie hören den Text zweimal.

Beispiel

Leipfried:	Herein!
Sekretärin:	Herr Leipfried, darf ich Ihnen unseren neuen Praktikanten vorstellen? Das ist Herr Meise, er bleibt die nächsten drei Monate bei uns.
Leipfried:	Ja, guten Tag! Herzlich willkommen!
Meise:	Guten Tag!
Sekretärin:	Ich führe Herrn Meise jetzt erst mal rum und dann können Sie sich noch mit ihm unterhalten, okay?
Leipfried:	Ja … Gut, dann bis gleich!
Sekretärin:	So, zu unserer Firma gehören der erste und der zweite Stock. Hier im zweiten Stock sitzt der Herr Leipfried, unser Chef. Jetzt gehen wir aber mal weiter.
Meise:	Aha.

Nummer 11, 12, 13, 14 und 15

Sekretärin:	Hier im Zimmer neben dem Chef sitzt der Herr Schwertfeger, unser Anwalt. Mit Herrn Schwertfeger haben Sie vermutlich viel zu tun in den nächsten Monaten.
Meise:	Mhm.
Sekretärin:	Herr Schwertfeger, entschuldigen Sie.
Schwertfeger:	Aber gern!
Sekretärin:	Das ist unser neuer Praktikant, Herr Meise. Und das ist Herr Schwertfeger.
Schwertfeger:	Guten Tag!
Meise:	Guten Tag!
Sekretärin:	Ich zeige Herrn Meise jetzt erst mal unsere Räume.
Schwertfeger:	Ah ja, prima! Wir sehn uns dann später noch!
Meise:	Ja, bis dann!

Sekretärin:	So und hier, neben dem Konferenzzimmer, ist das Sekretariat.
Meise:	Ah!
Sekretärin:	Hier sitze ich. Wenn Sie irgendetwas brauchen, können Sie immer zu mir kommen.
Meise:	Mhm!
Sekretärin:	Ja und hier kommt unser Empfang. Dort sitzt normalerweise Frau Huber. Die ist zur Zeit aber in Urlaub. Deswegen sitzen Sie jetzt erst mal hier am Empfang.
Meise:	Ach so, mhm.
Sekretärin:	Und wenn Frau Huber wieder da ist, dann müssen wir ein neues Büro für Sie finden.
Meise:	Ah, ja, mhm.
Sekretärin:	Und dann ist auf diesem Stockwerk noch die Leiterin unserer Exportabteilung, Frau Sasse. Sie ist aber gerade in Griechenland bei unserer Tochterfirma. Daneben ist nur noch unsere Teeküche. Hier finden Sie Tee, Kaffee und kalte Getränke. Das ist alles umsonst.
Meise:	Mhm.
Sekretärin:	So, dann fahren wir doch mal runter in den ersten Stock. Der ist größer, da haben wir mehr Büros.
Meise:	Ah!
Sekretärin:	So, hier im ersten Stock ist unsere Computerabteilung. Ah, hallo, Herr Rantzsch, warten Sie.
Rantzsch:	Ja?
Sekretärin:	Darf ich vorstellen: Herr Rantzsch, unser Programmierer. Herr Meise, unser neuer Praktikant für die nächsten drei Monate.
Meise:	Guten Tag!
Rantzsch:	Guten Tag!
Sekretärin:	Ohne Herrn Rantzsch wären wir hier völlig verloren. Es ist ja ständig was nicht in Ordnung mit den Computern.
Hr. Meise:	Ja …
Sekretärin:	Herrn Rantzschs Büro ist hier links. Jetzt gehen wir aber erst mal.

Lösungen zu den Übungen im Arbeitsbuch

Lektion 8

A

1 **B** Text 4 **C** Text 2 **D** Text 1

2 **b** Er kann dort mit den Kindern Fußball spielen. **c** Er muss in der Woche viel arbeiten. **d** Er kann da seine Freunde treffen.

3 **b** …, weil er dort mit den Kindern Fußball spielen kann. **c** …, weil er in der Woche viel arbeiten muss. **d** …, weil er da seine Freunde treffen kann.

4 **b** Trotzdem geht Familie Grimaldi an den Kirchweiler See. **c** Trotzdem sitzt Herr Windlich ungefähr drei Stunden im Garten. **d** Trotzdem geht Peter Lustig ins Schwimmbad.

5 *Musterlösung*:
Am Freitagabend treffe ich mich am liebsten mit Freunden. Da gehen wir dann immer Fußball spielen. Am Samstag kann ich endlich mal lange schlafen und mal nichts tun. Sonntag mache ich gerne einen Ausflug oder ich treffe Freunde.

6 **b** Ich fahre trotzdem in Urlaub. **c** Deine Tochter läuft trotzdem im T-Shirt herum. **d** Ich muss trotzdem gehen. **e** Ich gehe trotzdem mit dir ins Kino.

7

b

Trotzdem	fahre	ich	in Urlaub.
Ich	fahre	trotzdem	in Urlaub.

c

Trotzdem	läuft	deine Tochter	im T-Shirt herum.
Deine Tochter	läuft	trotzdem	im T-Shirt herum.

8 **b** Trotzdem schaue ich mit meinen Freunden einen Videofilm an. **c** Trotzdem höre ich es mit dir an. **d** Trotzdem geht er nicht ins Bett. **e** Trotzdem isst er viel Süßes.

9 *Musterlösung*:
Ich bin müde. Trotzdem gehe ich nicht ins Bett. Ich muss lernen. Trotzdem sehe ich lieber fern. Es regnet. Trotzdem gehe ich spazieren. Ich habe keine Lust. Trotzdem mache ich meine Hausaufgaben. Es kommt nichts Interessantes im Fernsehen. Trotzdem schalte ich den Fernseher nicht ab. Ich will nicht streiten. Trotzdem ärgere ich meinen Bruder.

B

10 **a** **2** Ich hätte lieber eine Katze. **3** Ich würde lieber ans Meer fahren.
b **2** Ich hätte **3** Wir würden … fahren, wir würden … tanzen, wir würden … spazieren gehen

11 **b** Ich würde lieber spazieren gehen. **c** Ich hätte gern mal ein bisschen Ruhe. **d** Ich wäre lieber gesund. **e** Ich würde lieber ans Meer fahren. **f** Ich wäre jetzt am liebsten in der Disko.

12 **b** Ich wäre lieber bei dir. **c** Er würde lieber mit Freunden ins Schwimmbad gehen. **d** Wir würden lieber auf dem Balkon sitzen. **e** Ich wäre lieber schon zu Hause. **f** Ich hätte lieber Urlaub.

13 **b** Ich hätte auch gern frei. / Oh, da würde ich jetzt auch gern sitzen. **c** Oh, da wäre ich jetzt auch gern. / Oh, ich würde auch gern nach Brasilien fliegen. / Oh, da würde ich jetzt auch gern hinfliegen. **d** Oh, ich würde jetzt auch gern eine Wanderung machen. / Oh, ich würde heute auch gern wandern gehen.

15 **b** achtzehn, Führerschein **c** Hamburg, Probleme **d** Verkäuferin, andere, Kindern

17 Ich arbeite viel → und komme immer sehr spät nach Hause. ↘ Am Wochenende ruhe ich mich aus. ↘ Bei schönem Wetter sitze ich im Garten → und mache gar nichts. ↘ Und wenn am Abend ein guter Krimi im Fernsehen kommt, → bin ich glücklich. ↘

C

19 **b** Du könntest ins Kino gehen. **c** Du könntest ihr Blumen schenken. **d** Du könntest am Samstag ins Stadion gehen. **e** Du könntest einen Ausflug machen.

20 **a** 6 – 3 – 1 – 7 – 5 – 2 – 4 **b** 4 – 2 – 1 – 5 – 3 – 6

21 **1** Lust – Idee – Wie wär's – Warum nicht – das geht bei mir – Also, dann –
2 es tut mir sehr leid – Schade – trotzdem vielen Dank für die Einladung

22 **b** Das ist ein guter Vorschlag. Da spielt Stuttgart gegen Hamburg. **c** Ich möchte lieber in die Disko gehen. **d** Ich komme leider nicht mit, ich war gestern schon auf dem Markt. **e** Warum nicht? Vielleicht können wir italienisch essen gehen.

23 *Musterlösung*:
a Ich würde gern mit dir Tennis spielen – Schade, das geht leider nicht. Ich bin krank. – Vielleicht können wir in zwei Wochen wieder zusammen spielen. **b** Wir könnten zusammen einen Ausflug machen. Hast du Lust? – Ja, gerne, wohin wollen wir denn gehen? **c** Ich würde gern mit dir ins Museum gehen. – Wie wäre es morgen Nachmittag? – Gut, wann genau sollen wir uns treffen? **d** Wir könnten am Donnerstagabend essen gehen. – Tut mir leid, da habe ich leider keine Zeit. – Na, dann vielleicht am Freitag? – Ja, das geht.

D

24

	gehen	bleiben	fahren	machen	be-suchen	spielen	an-schauen	schlafen
Tennis						x	x	
Freunde		x		x				
tanzen	x		(x)					
einen Ausflug			x					
spazieren	x		x					
bis elf Uhr		x				(x)		x
ein Fuß-ballspiel				(x)		x	x	
ins Schwimm-bad	x		x					
eine Radtour				x				
Skate-board			x					
zu Hause		x		x	x			x

E

26 **a** Ausflug **b** Museum **c** Kino **d** Volkshochschule
27 1 b 2 a 3 c 4 a 5 b

Lektion 9

A

1 **a** dick – dünn; groß – klein; hell – dunkel **b** lang – kurz; interessant – langweilig; neu – alt; schwer – leicht
2 **b** klein **c** kurz **d** dick **e** groß **f** alt
3 **a** die **b** der **c** das **d** die **e** die
4

das Handy	Das ist …	ein	groß*es* Handy.	*-es*
die Kette		eine	lang*e* Kette.	*-e*
die (viele) Bücher	Das sind …	–	interessant*e* Bücher.	*-e*
		keine	interessant*en* Bücher.	*-en*

5 **b** eine gute Lampe **c** ein billiges Buch **d** ein runder Tisch **e** bequeme Stühle
6 **b** schönes **c** kleiner **d** alte **e** lange
7 **b** Das sind keine großen Gläser, das sind kleine Gläser. **c** Das ist keine schwarze Jacke, das ist eine weiße Jacke. **d** Das ist kein altes Radio, das ist ein neues Radio. **e** Das ist keine billige Lampe, das ist eine teure Lampe. **f** Das sind keine neuen Löffel, das sind alte Löffel.
8 **b** runden **c** gutes **d** alte **e** schöne
9 **b** eine helle Lampe; helle Lampen **c** eine billige Kamera; billige Kameras **d** ein interessantes Buch; keine langweiligen Bücher; interessante Bücher
10 **b** Haben Sie einen dicken Schal? – Nein, wir haben keine dicken Schals. / Nein, wir haben nur dünne Schals. **c** Haben Sie eine blaue Kanne? – Ja, selbstverständlich haben wir blaue Kannen. **d** Haben Sie ein braunes Regal? – Nein, wir haben keine braunen Regale. **e** Haben Sie eine gute Kaffeemaschine? – Ja, wir haben eine gute Kaffeemaschine. / gute Kaffeemaschinen. **f** Haben Sie eine schöne Zuckerdose? – Ja, wir haben eine schöne Zuckerdose. / schöne Zuckerdosen.

B

11 **b** in **c** mit **d** von **e** zu
12 das Geschäft: in ein*em* gut*en* Geschäft; die Lampe: bei ein*er* neu*en* Lampe; die Regale: zu mein*en* hell*en* Regalen
13 **b** … mit großen Türen. **c** … mit einem flachen Bildschirm. **d** … mit kleinen und großen Löffeln? **e** … mit einer weichen Sohle.
14

	Stoff	Holz	Glas	Metall	Papier	Plastik
Spielzeug	x	x		x		x
Flaschen			x			x
Kleider	x					
Möbel	x	x	x	x		x
Fenster		x	x	x		x
Autos	x			x		x
Bücher					x	

15 **b** einen neuen Wecker **c** große Wecker **d** einen kleinen Wecker **e** kleine Wecker **f** einen großen Wecker **g** schöne Wecker **h** einen lauten Wecker **i** alte Wecker **j** einen neuen Wecker **k** einen nicht zu großen **l** nicht zu kleinen **m** nicht zu leisen **n** nicht zu alten Wecker **o** einem hellen Licht **p** ein neues Handy
20

Wir kaufen	den Schrank.
	einen großen Schrank.
	die großen Schränke.
	große Schränke.
	keine großen Schränke.

Der Tisch steht neben	dem Schrank.
	einem großen Schrank.
	den großen Schränken.
	großen Schränken.

…

C

21 **b** schön – schöner – am schönsten **c** leicht – leichter – am leichtesten **d** gut – besser – am besten **e** lang – länger – am längsten **f** groß – größer – am größten **g** interessant – interessanter – am interessantesten **h** jung – jünger – am jüngsten **i** gesund – gesünder – am gesündesten **j** hoch – höher – am höchsten **k** dunkel – dunkler – am dunkelsten **l** gern – lieber – am liebsten **m** teuer – teurer – am teuersten **n** viel – mehr – am meisten
22 **b** leichter … am leichtesten **c** besser … am besten **d** länger als ein Bus … am längsten **e** höher … am höchsten **f** gesünder … am gesündesten **g** jünger … am jüngsten **h** billiger … am billigsten **i** größer … am größten ist unser Pferd.
23 *Musterlösung:*
a Der Philips ist größer als der Sharp, aber der Thomson ist am größten. Der Philips ist kleiner als der Thomson, aber der Sharp ist am kleinsten. **b** Der Philips ist schwerer als der Sharp, aber der Thomson ist am schwersten. Der Philips ist leichter als der Thomson, aber der Sharp ist am leichtesten. **c** Der Sharp ist teurer als der Philips, aber der Thomson ist am teuersten. Der Sharp ist billiger als der Thomson, aber der Philips ist am billigsten.
24 **b** älter **c** besser **d** billiger **e** schneller **f** bequemer **g** wärmer
25 **b** Die Zugspitze ist ein hoher Berg, der Großglockner ist höher, aber am höchsten ist das Matterhorn. **c** Die Elbe ist ein langer Fluss, der Rhein ist länger, aber am längsten ist die Donau. **d** Genf ist eine große Stadt, Wien ist größer, aber am größten ist Berlin. / Genf hat viele Einwohner, Wien hat mehr Einwohner (als Genf), aber Berlin hat am/die meisten Einwohner. **e** Preis: Das Auto ist billiger als das Flugzeug, aber am billigsten ist der Zug. Dauer: Eine Fahrt mit dem Zug dauert länger als mit dem Auto, aber am schnellsten ist/geht es mit dem Flugzeug.
26 **b** feiner **c** elegant **d** günstig **e** leichter **f** schöner **g** flachen; tiefe **h** hoch

D

27 **b** Kredit **c** Miete **d** Qualität **e** Auto **f** Musikanlage **g** Urlaub **h** Bildschirm **i** Form **j** Fernsehgerät **k** Nahrungsmittel **l** Handy **m** Versicherung

28 **b** so viel Geld **c** so gern wie **d** so gut wie

29 **b** wie **c** wie **d** als **e** wie

E

30

a

Bild	1	2	3
Text	C	A	B

b

Name	Gegenstand	Aussehen	Von wem bekommen?	Wann bekommen?	Warum ist das der Lieblingsgegenstand?
Sascha	*Kinderschuh*	*klein, blau*	*von seiner Freundin*	*letztes Jahr*	*Den anderen Schuh hat seine Freundin, beide Schuhe gehören zusammen so wie seine Freundin und er.*
Conny	*Uhr*	*alt, sehr schön*	*von ihrem Opa*	*vor zwei Jahren*	*Erinnert sie an ihre Oma.*
Pauline	*Gitarre*	*—-*	*selbst gekauft*	*mit 14 Jahren*	*Es geht ihr gut, wenn sie Gitarre spielt.*

Lektion 10

A

1 **b** Die Fenster werden geputzt. **c** Herr Müller sortiert die Briefe. **d** Die Briefe werden sortiert. **e** Herr Maier repariert sein Auto. **f** Das Auto wird in der Werkstatt repariert.

2 **a** 1 sortiert 2 gewogen 3 verpackt 4 transportiert

b

1	Die Äpfel	werden	zuerst	sortiert.
2	Dann	werden	sie	gewogen.
3	Hier	werden	sie	verpackt.
4	Schließlich	werden	sie in den Supermarkt	transportiert.

3 **a** wird **b** wird **c** werden **d** wird **e** werden

4 **b** Auf der Post wird das Päckchen gewogen. **c** Der Päckchenschein wird ausgefüllt. **d** Das Päckchen wird verschickt. **e** Das Päckchen wird mit dem Flugzeug transportiert. **f** Es wird zu Marias Schwester gebracht.

6 **b – p** Bleib: p; Schreibst: p; schreibe: b; bald: b
d – t sind: t; freundlich: t; leid: t; Leider: d; bald: t
g – k regnet: g; Sag: k; sage: g; Zeigen: g

B

10 **b** der runde Tisch **c** die neue Kamera **d** das teure Handy **e** der langweilige Film **f** die faule Angestellte **g** die kurze Hose

11 **b** ▲ Schau mal, wie gefällt dir denn die weiße Uhr?
● Nicht so gut, die gelbe gefällt mir besser.
c ▲ Schau mal, wie gefällt dir denn das blaue Handy?
● Nicht so gut, das schwarze gefällt mir besser.
d ▲ Schau mal, wie gefällt dir denn der schwarze Computer?
● Nicht so gut, der graue gefällt mir besser.
e ▲ Schau mal, wie gefallen dir denn die roten Handytaschen?
● Nicht so gut, die schwarzen gefallen mir besser.

12 **b** den kleinen schwarzen Fernseher **c** die neuen Kameras; die schwarze **d** die verrückten Handytaschen

13 **a** mit dem neuen Gürtel **b** mit den weißen Blumen **c** die blaue Jeans mit dem weißen T-Shirt **d** die weiße Jacke **e** den schwarzen Rock mit der roten Bluse **f** die neue Handtasche

14 *Musterlösung:*

	maskulin der	neutral das	feminin die	Plural die
Mir gefällt / gefallen …	der graue Computer	das schwarze Handy	die gelbe Uhr	die schwarzen Handytaschen
Ich will …	den schwarzen Fernseher	das gelbe Radio	die schwarze Kamera	die verrückten Handytaschen
mit …	dem neuen Gürtel	dem weißen T-Shirt	der roten Bluse	den weißen Blumen

15 **a** alten **b** teuren; guten; neuen **c** anderen; weiße; hellen; dünnen **d** kleinen; gute; aktuelle

16 **b** der gelben Jacke. **c** den weißen Streifen! **d** den roten Punkten? **e** der blaue Anzug?

17 *Musterlösung:*
b Ich möchte für meine 30-jährige Freundin ein Brettspiel.
c Ich möchte ein neues Kleid für ein Hochzeitsfest.
d Ich möchte ein Stofftier als Geburtstagsgeschenk für ein 6-jähriges Mädchen.

C

18 **b** eine **c** – **d** ein **e** einen

19 **b** Was für ein T-Shirt? **c** Was für Schuhe … **d** Was für einen … **e** Was für eine …

20 **b** auf einen Anrufbeantworter sprechen **c** ein Visum beantragen/verlängern **d** einen Termin verschieben **e** den Ausweis beantragen/verlängern **f** eine SMS schicken

21 **a** Aber ich musste bei der Reinigung etwas abholen. **b** … ich zu einer Untersuchung gehen musste. **c** … ich hatte ein Treffen mit meinen Kollegen. **d** … ich musste im Konsulat meinen Ausweis verlängern.

23 **a** Liebe Claudia,
gerade habe ich einen Anruf von meinem Vater bekommen. Meine Mutter liegt im Krankenhaus. Es tut mir schrecklich leid, dass ich nicht kommen kann. Natürlich will ich heute Abend meine Mutter besuchen. Vielleicht könnten wir unser Treffen verschieben?
Viele Grüße
…

b *Musterlösung:*
Liebe Andrea,
vor ein paar Stunden habe ich überraschend Besuch von meinen Eltern bekommen. Sie wollen bis übermorgen

bleiben. Deshalb kann ich leider nicht zu unserer Verabredung kommen. Können wir unser Treffen vielleicht verschieben? Wann hast du wieder Zeit? Schreib mir doch einfach!
Viele Grüße
…

D

24 **a** **Person 1:** negativ; **Person 2:** positiv; **Person 3:** positiv; **Person 4:** negativ
b **1** falsch **2** richtig **3** richtig **4** richtig

25

problemlos ohne	fehlerlos ohne	phantasielos ohne
Problem	*Fehler*	*Phantasie*
ruhelos ohne	arbeitslos ohne	fleischlos ohne
Ruhe	*Arbeit*	*Fleisch*
planlos ohne	kinderlos ohne	pausenlos ohne
Plan	*Kinder*	*Pause*

26 **b** arbeitslos **c** unmöglich **d** unfreundlich **e** unwichtig
f unmodern **g** problemlos

E

28 **b** auffordern **c** erwarten **d** die Übung **e** entscheiden **f** die Reinigung **g** (sich) entschuldigen **h** besorgen **i** die Meinung **j** wohnen **k** die Untersuchung **l** (sich) unterhalten **m** beraten **n** die Empfehlung

29 **b** Wohnung **c** meinst **d** untersucht **e** entschuldigen **f** Reinigung **g** entscheiden; empfehlen

30 **a** Kommunikation **b** Missverständnis **c** Kontinente **d** Konferenz **e** Beziehung **f** Notiz **g** Sekunden

Lektion 11

A

1 **a** **2** beim Metzger, in der Metzgerei **3** bei meiner Oma, in der Parkstraße 18 **4** bei Freunden, im Hainweg 2
b **2** zum Metzger, in die Metzgerei **3** zu meiner Oma, in die Parkstraße 18 **4** zu Freunden, in den Hainweg 2

2 **b** vom Metzger, aus/von der Metzgerei **c** von meiner Oma, aus der Parkstraße 18 **d** von Freunden, aus dem Hainweg 2

3 **a** auf dem, vom **b** zum, beim, vom **c** ins, im, aus dem **d** auf den, auf dem, vom **e** in den, im, aus dem

4 **b** vom Reisebüro **c** ins Reisebüro **d** aus dem Reisebüro **e** auf den Fußballplatz **f** vom Fußballplatz **g** in die Post **h** aus der Post **j** von der Post

5 **b** … vom Bäcker. **c** … komme gerade von der Tankstelle. **d** Ja, ich komme gerade vom Supermarkt. **e** Ja, ich komme gerade vom Frisör.

6 *Musterlösung:*
Um 13 Uhr muss er Jana von der Schule abholen. Um 14 Uhr muss er Pauli vom Kindergarten abholen. Um 15 Uhr muss er Jana zur Geburtstagsfeier von Claudia bringen. Um 16 Uhr muss er Pauli zu Daniel bringen. Um ca. 18 Uhr muss er Jana von der Geburtstagsfeier abholen, vorher muss er noch Pauli von Daniel abholen.

B

8 6 – 3 – 8 – 1 – 4 – 5 – 2 – 7

9 **b** gegenüber vom **c** die Poststraße entlang **d** durch die, bis zur, rechts **e** am, um das

10 *Musterlösung:*
b Dann ist er an der Ampel links gegangen und an der nächsten Ecke gleich wieder rechts abgebogen. Danach ist er die Auenstraße entlang gelaufen bis zur Friedrichstraße. Dort ist er nach links gegangen. An der nächsten Ampel ist er wieder nach rechts gegangen.
c Dann muss er nach rechts gehen und die Friedrichstraße entlang gehen bis zur Paulstraße. Dort muss er links in die Paulstraße abbiegen und bis zur zweiten Straße auf der rechten Seite gehen. Das ist der Kirchweg. Dort wohnt sein Freund im zweiten Haus auf der linken Seite.

11 **b** über den Marktplatz / durch diese Straße fahren **c** in die Straße hineinfahren / links abbiegen **d** weiterfahren **e** auf der rechten Straßenseite parken

C

13 **b** Ich bringe es in die Werkstatt. **c** Ich gehe zur Bank. **d** Ich mache eine Pause. **e** Ich lege mich ins Bett.

14 **b** Deshalb bringe ich es in die Werkstatt. **c** Deshalb gehe ich zur Bank. **d** Deshalb mache ich eine Pause. **e** Deshalb lege ich mich ins Bett.

15 **a** Vorderlicht **b** Bremse **c** Reifen **d** Klingel **e** Rücklicht **f** Werkzeug

16 **a** **2** … weil man bei Nacht gut sehen muss. **3** … weil man manchmal eine Panne hat. **4** … weil man manchmal andere Radfahrer überholen möchte.
b

2 *Man muss bei*	*Deshalb*	*braucht*	*man*	*ein helles Vorderlicht.*
Nacht gut sehen.	*Man*	*braucht*	*deshalb*	*ein helles Vorderlicht.*
3 Man hat	*Deshalb*	*braucht*	*man*	*Werkzeug.*
manchmal eine	*Man*	*braucht*	*deshalb*	*Werkzeug.*
Panne.				
4 Man möchte	*Deshalb*	*braucht*	*man*	*eine gute Klingel.*
manchmal	*Man*	*braucht*	*deshalb*	*eine gute Klingel.*
andere Rad-				
fahrer über-				
holen.				

17 **b** deshalb **c** deshalb **d** weil **e** deshalb **f** denn

18 **b** hörbar **c** erkennbar **d** bezahlbar **e** abschließbar

19 Motor: A; Bremse: A, F; Benzin: A; Rücklicht: A, F; Garage: A, F; Tankstelle: A; Werkstatt: A, F; Klingel: F; Panne: A, F; Vorderlicht: A, F; Werkzeug: A, F

22 z oder *tz*

23 2, 4, 5, 7, 9

D

24 **b** der Regen **c** das Eis **d** das Gewitter **f** der Nebel **g** die Sonne **h** der Wind

25 **a** gewittrige, Sonne und Wolken, 17 Grad im Norden, 29 Grad im Süden, starker Westwind

b

Wie wird das Wetter?	im Norden	in der Mitte	im Süden
heute Nacht	weniger Regen 10–15 Grad	10–15 Grad	10–15 Grad
am Dienstag	Wolken, einzelne Schauer oder Gewitter 17 Grad	zunächst viel Sonnenschein	einige dickere Wolken meist freundlich bis 29 Grad

26 **b** 3

c

Mail 2	Das Wetter ist schön.	Er kann Regenschirm und warme Kleidung zu Hause lassen.
Mail 3	Alles ist möglich: Sonne, Regen, Schnee.	Er soll Sachen für gutes und schlechtes Wetter mitnehmen.

d Lieber Herr Tsara,

im Moment ist bei uns leider schlechtes Wetter. Es schneit und die Temperaturen liegen bei minus 5 Grad. Es ist also ganz schön kalt. Nehmen Sie deshalb am besten warme Kleidung und einen dicken Wintermantel mit.

Beste Grüße

…

27 Senkrecht:

1 Bushaltestelle **2** Fahrer **3** Boot **4** PKW **6** Führerschein **7** Bahnhof **8** Ampel **9** Stau **10** landen **11** Parkplatz **12** spazieren **13** transportieren **14** Verspätung

Waagrecht:

1 Auto **2** starten **4** Fahrkarte **5** verkehr **6** Motor **7** Fahrrad **8** Polizei **9** Reparatur **10** unterwegs

28

		nehmen	umsteigen	fahren	einsteigen	gehen	aussteigen
b	in den Zug		x		x		
c	am Goetheplatz		x		x		x
d	aus dem Bus						x
e	das Fahrrad	x					
f	zu Fuß					x	
g	mit dem Schiff			x			
h	spazieren					x	
i	über die Brücke			x	x		
j	über Traunstadt			x			

29 **1** Michaelikirche c; **2** Rathaus e; **3** Stadtmuseum h; **4** Stadtpark i; **5** Stadtcafé j

Lektion 12

A

1

	Wo? Sie ist …	Wohin? Sie fährt …	Woher? Sie kommt …
a	in Italien.	nach Italien.	aus Italien.
b	in der Schweiz.	in die Schweiz.	aus der Schweiz.
c	im Kino.	ins Kino.	aus dem Kino.
d	bei Claudia.	zu Claudia.	von Claudia.
e	beim Arzt.	zum Arzt.	vom Arzt.

2 **a** zu, in der **b** zum, beim **c** nach, in, in die **d** ins, zu

3 **1** der Berg **2** das Gebirge **3** die Insel **4** die Küste **5** der Norden **6** der Osten **7** der Wald **8** der See **9** das Meer **10** der Strand

4 **a** **1** *an*: der Rhein, der Titisee, der Strand, das Meer **2** *auf*: die Insel, das Land **3** *in*: das Gebirge, die Berge, die Wüste, der Schwarzwald, der Süden

b **1** an den Titisee. **2** im Gebirge. **3** in der Wüste. **4** in den Süden. **5** an den Strand? **6** an der Atlantikküste.

5 **b** Bild 5 **c** Bild 3 **d** Bild 4 **e** Bild 1 **f** Bild 6

6

	Wo?	Wohin?	Woher?
b	in der Wüste	in die Wüste	aus der Wüste
c	an der Küste	an die Küste	von der Küste
d	auf der Insel	auf die Insel	von der Insel
e	in Berlin	nach Berlin	aus Berlin
f	in der Türkei	in die Türkei	aus der Türkei
g	am Chiemsee	an den Chiemsee	vom Chiemsee
h	am Strand	an den Strand	vom Strand
i	im Gebirge	ins Gebirge	aus dem Gebirge
j	im Wald	in den Wald	aus dem Wald

7 nach, ans, im, am, zum, vom, im, aus, nach

8 bei, am, im, auf, von, zu, ins, ins

10 **a** windig **b** gefährlich **c** anstrengend **d** trocken

B

11 **A** kinderliebe, vielen, wuderbarer, eigenem, eigener **B** Schöne, moderne, ruhiger **C** Großes **D** lauten, Schöne, große, schönem, Gutes, guter

12

(der)	(das)	(die)	(die)
schöner Spielplatz	ruhiges Haus	ruhige Lage	kinderliebe Tiere
ohne lauten Verkehr	großes Zelt	schöne Landschaft	moderne Wohnungen
mit schönem Blick	mit eigenem Bad	mit eigener Küche	mit vielen Freizeitmöglichkeiten

13 **a** kleines **b** Günstige, großem, großer, tierliebe **c** ruhige, günstiger, netter **d** Kleines, ruhigen, historischem

14 *Musterlösung:*

a Urlaub auf dem Bauernhof: Schöne, günstige Ferienwohnungen in ruhiger Lage an tierliebe Gäste zu vermieten! Die Zimmer haben Balkon mit Blick aufs Gebirge und den Fluss.

b Ruhiger und sauberer Campingplatz direkt am See! Schiffe mieten möglich. Spielplatz für die Kinder vorhanden.

c Modernes, kinderfreundliches Hotel in bester Lage: Von den Balkons aus können Sie den Strand sehen, außerdem ist ein großes Schwimmbad vorhanden. Dies alles bieten wir zum günstigen Preis.

C

15 **a** Montag bis Freitag von 10 Uhr bis 18.30 Uhr ... am Samstag ... um 14 Uhr **b** Am Freitag. ... Bis Montag früh ... für drei Nächte. **c** ... im Herbst ... im Oktober **d** Am 13. Februar.

16 **a** Seit **b** Vor **c** Nach **d** vor **e** Seit

17 **a** ab, ohne **b** über, von ... an, Über

18 Was kostet das? – Wie lange dauert denn die Busfahrt? – Fahren die Busse täglich? – Gibt es denn noch freie Plätze? – Für wie viele Personen möchten Sie buchen?

D

19 jemand einladen: Bitte komm mich doch besuchen! Ich würde mich sehr freuen! Ich möchte dich gern nach ... einladen.
Vorschläge machen: Wir könnten ... fahren. Ich könnte dir ... zeigen. Hier kannst du auch ... besichtigen.
nach Wünschen fragen: Wofür interessierst du dich? Möchtest du gern ...? Hast du Lust auf einen Besuch in ...? Was möchtest du gern machen?

20 ins Kino gehen, mit dem Schiff fahren, ins Museum gehen, in eine Kneipe gehen, einen Ausflug machen, ins Fußballstadion gehen

21 wie, würde, nach, an den, außerhalb, gibt es, anschauen/besichtigen, auf, dir, Grüße

22 *Musterlösung:*
Liebe Angela,
vielen Dank für deine Einladung. Ich habe mich sehr darüber gefreut. Natürlich komme ich dich gerne besuchen, ich war nämlich noch nie in Wien. Ich möchte gerne das Schloss besichtigen und Schiff fahren, die Idee finde ich echt super! Auch die Kaffeehäuser möchte ich mir gerne ansehen. Ach ja, noch eine Frage: Darf meine Schwester auch mitkommen? Also, dann bis bald in Wien.
Herzliche Grüße
Maria

23 *Musterlösung:*
Liebe Angela,
danke für deine Karte und die Einladung nach Wien. Ich würde dich sehr gern besuchen, aber leider passt es im Moment nicht so gut. Ich habe nämlich gerade eine neue Stelle gefunden und bekomme noch keinen Urlaub. Aber vielleicht kannst du ja zu mir nach Hamburg kommen? Ich könnte dir die Stadt und den Hafen zeigen. Hast du Lust? Schreib mir bitte.
Viele Grüße
...

25 Boot, von See zu See, seltene Vögel, Natur und Ruhe, ohne Lärm, Ferienwohnungen, modern und gemütlich, Zwei- und Drei-Zimmer-Apartments, Preis, ab 15 Euro

26 **a** Ich sage vier: ➚ I In Köln ein Bier. ➘ II Ich sage überhaupt nichts mehr. ➘ II Ich staune nur: ➚ I Da ist das Meer. ➘ II
b In Hamburg leben zwei Ameisen, ➚ I Die wollen nach Australien reisen. ➘ II Bei Altona auf der Chaussee,

➚ I Da tun ihnen schon die Beine weh. ➘ II Und da verzichten sie weise ➚ I Dann auf den letzten Teil der Reise. ➘ II

E

27 **a** Abenteuerurlaub: wilde Natur, durch die Wüste fahren, Dschungel, verrückte Leute, Risiko
b Kultururlaub: Museen besichtigen, ein Schloss besichtigen
c Erholungsurlaub: faul sein, am Strand liegen, kein Stress
d Sporturlaub: fit sein, Fußball spielen, täglich joggen, im Gebirge wandern, einen Tenniskurs machen, Radtour im Gebirge

28 **a** richtig **b** falsch **c** falsch

30 **a** Es regnet. **b** Seine Mutter anrufen. **c** Es gibt ein Tier auf der Autobahn.

Lektion 13

A

1 **a** Bank **b** Geld abheben **c** Kreditkarte; Telefonkarte **d** Service-Nummer

2 **b** Wie alt bist du denn? **c** Wann kommst du nach Hause? **d** Wie viel Geld haben wir noch? **e** Wie lange dauert der Film? **f** Was bedeutet dieses Wort? **g** Wo hast du das gefunden?

3 Kannst du mir sagen, /
Können Sie mir sagen ...

b 1	Wie alt	bist	du?	
2	... wie alt		du	bist?
c 1	Wann	kommst	du nach Hause?	
2	... wann		du nach Hause	kommst?
d 1	Wie viel Geld	haben	wir noch?	
2	... wie viel Geld		wir noch	haben?
e 1	Wie lange	dauert	der Film?	
2	... wie lange		der Film	dauert?
f 1	Was	bedeutet	dieses Wort?	
2	... was		dieses Wort	bedeutet?
g 1	Wo	hast	du das	gefunden?
2	... wo		du das	gefunden hast?

4 **b** ..., was du gerade machst. **c** ..., wann du den gekauft hast. **d** ..., wo du ihn gekauft hast. **e** ..., wie man so ein Ding bloß anschließt.

5 **b** Weißt du, wie spät es ist? **c** Woher kommst du ? **d** Ich frage mich, wie lange diese Übung noch dauert. **e** Wie geht es Ihnen?

6 **b** wo Sie wohnen. **c** wann Sie geboren sind. **d** wo Sie geboren sind. **e** welche Staatsangehörigkeit Sie haben. **f** wie Ihre Telefonnummer ist.

7 Weißt du schon, → wann du kommst? ↘ • Kommst du heute ↗ oder erst morgen? ↘ Sag mir bitte, → wo wir uns treffen. ↘ • Treffen wir uns um sechs ↗ oder lieber erst später? ↘ Kannst du mir sagen, → wie man das schreibt? ↘ • Schreibt man das mit „h" ↗ oder ohne „h"? ↘ Ich frage mich, → warum du so schlecht gelaunt bist. ↘ • Hast du ein Problem ↗ oder bist du nur müde? ↘

8 …, welches Formular ich ausfüllen muss? …, wie spät es ist? … wo du das gesehen hast? …, wie ich die Übung machen soll? …, wann Herr Müller da ist? …, wo es einen Geldautomaten gibt? …, was der Brief kostet? …, wann die Bank geöffnet hat? …, warum du nie Zeit für mich hast? …, was dieses Wort bedeutet? …, wo ich unterschreiben muss?

B

9 **b** Nein, wir nehmen nur Bargeld. **c** Nein! Erst, wenn du in der Schule besser wirst. **d** Nein, es sind noch 5 Euro übrig.

10 **b** …, ob ich das Eis mit EC-Karte bezahlen kann? **c** …, ob ich diesen Monat mehr Geld bekomme. **d** …, ob du das ganze Geld ausgegeben hast.

11

Ich wollte fragen,	ob	ich das Eis mit EC-Karte	bezahlen kann?
Papa, ich möchte dich fragen,	ob	ich diesen Monat, mehr Geld	bekomme.
Ich möchte wissen,	ob	du das ganze Geld	ausgegeben hast.

12 **b** ob man Schüler/in oder Student/in oder Auszubildende/r ist. **c** ob man Hausfrau oder Hausmann ist. **d** ob man arbeitslos ist. **e** ob man verheiratet oder geschieden ist.

13 **b** wann **c** ob **d** wie lange **e** ob **f** wo **g** wie

14 **b** ob die EC-Karte etwas kostet. **c** ob alle EC-Karten eine Geheimnummer haben. **d** ob die Bank viele Geldautomaten hat. **e** man mit der EC-Karte überall Geld bekommt.

15 *Musterlösung:*
- ● Entschuldigen Sie, darf ich Sie etwas fragen?
- ■ Ja, natürlich. Womit kann ich Ihnen helfen?
- ● Ich möchte wissen, ob ich einen Fernseher kaufen kann, wenn ich nicht genug Geld habe.
- ■ Das macht nichts. Wir akzeptieren auch Kreditkarten.

- ■ Entschuldigen Sie, ich habe eine Frage.
- ● Ja, was kann ich für Sie tun?
- ■ Ich habe nur meine Kreditkarte dabei und möchte wissen, ob ich damit hier bezahlen kann.
- ● Ja, selbstverständlich.

- ● Entschuldigung, können Sie mir helfen?
- ■ Ja, natürlich. Was kann ich für Sie tun?
- ● Ich habe meine Geheimnummer vergessen und möchte wissen, ob ich auch ohne sie Geld abheben kann.
- ■ Ja, das ist möglich. Sagen Sie mir bitte Ihre Kontonummer.

- ■ Entschuldigen Sie, darf ich Sie etwas fragen?
- ● Ja, gerne.
- ■ Ich habe ein Eis gekauft und möchte wissen, ob ich auch mit EC-Karte bezahlen kann.
- ● Ein Eis mit EC-Karte? Also nein, das geht wirklich nicht.

16 **a** Münzen **b** Bank, Zinsen **c** überweise **d** leihen **e** Zoll **f** bar **g** ausgegeben **h** Kontonummer, Bankleitzahl

C

18 die Wohnung putzen; das Fahrrad reparieren; ein Formular unterschreiben; (einen Text lesen); das Kleid reinigen

19 **b** …, er lässt sie putzen. **c** …, ich lasse es ihn unterschreiben. **d** …, ich lasse es immer reparieren. **e** Ich lasse es reinigen.

20 **b** …, dann musst du dir eine neue ausstellen lassen. – Gut, ich lasse mir eine neue ausstellen. **c** … sie schneiden lassen. – Gut, ich lasse sie schneiden. **d** … es reparieren lassen. – Gut, ich lasse es reparieren.

21 **b** uns **c** mir **d** euch **e** sich **f** sich

22 **b** lasse **c** lassen **d** lassen **e** Lasst **f** lässt

23 *Musterlösung:*
… öffnen lassen. Am Mittwoch habe ich mir Rotwein über meine Jacke geschüttet und musste sie reinigen lassen. Am Donnerstag habe ich mir meine Hose zerrissen und musste sie nähen lassen. Am Freitag habe ich mich am Arm verletzt und musste mich beim Arzt untersuchen lassen. Am Samstag konnte ich mich deshalb nicht duschen und musste mir die Haare (von meiner Frau) waschen lassen.

24 *Musterlösung:*
… und zu einem Seminar in Leipzig fahren. Außerdem muss ich mich an der VHS für den nächsten Deutschkurs anmelden. Jeden Monat am 30. muss ich die Miete überweisen. Nächsten Monat muss ich die Wohnung renovieren lassen und zum Sportfest von meinen Kindern gehen. Ich muss auch meine Zähne untersuchen lassen und habe deshalb einen Termin beim Zahnarzt. Und meine Haare muss ich auch schneiden lassen! Im August habe ich Urlaub. Da muss ich gar nichts machen.

25 **b** falsch sind: *schüner* und *dümer*, richtig sind: *schöner* und *dümmer*

D

26 **a** irgendwelche **b** irgendwo **c** irgendwas **d** irgendeine **e** irgendwann **f** irgendwer

27 **a** A – 2 , B – 1, C – 3
b Text B

28

E

Bank international

Antrag auf Eröffnung eines Girokontos

Antonio — *Villas Lobos* ..... (0)
Vorname — Name

04321 — *34 65 36*
Vorwahl — Rufnummer

Carl-Benz-Str. 19 ..... (1)
Straße, Hausnummer

Student ..... (4)
Beruf

43123 — *Lamstein*
Postleitzahl — Ort

Familienstand [x] ledig ..... (2)
[ ] verheiratet

4. März 1986 *Barcelona* ..... (2)
Geburtsdatum — Geburtsort

Spanien — *spanische* ..... (3)
Land — Staatsangehörigkeit

Lektion 14

A

1 **a** sollte, wollte **b** Durftet, mussten **c** Musstest, durften **d** Hattest, war, wollte, war

2 **b** bin ... gefallen; habe ... verletzt; ... liegen musste **c** bin ... aufgewachsen **d** haben ... mitgearbeitet **e** ... eingekauft haben; haben ... bekommen **f** hat ... erzählt **g** bin ... gefahren; hat ... gefallen

3 *Musterlösung:*
b Katrin hat oft mit ihren Eltern im Garten gearbeitet.
c Nachmittags hat sie oft mit den Jungs aus dem Dorf Fußball gespielt. **d** Sie durfte im Sommer Würstchen über dem Lagerfeuer braten. **e** Sie ist gern zusammen mit ihrer Freundin auf Bäume geklettert.

B

4 **a** Ich würde jetzt gern in Ruhe Zeitung lesen. **b** Ich möchte jetzt gern allein sein. / Ich wäre jetzt gern allein. **c** Ich hätte gern ein neues Fahrrad. / Ich möchte gern ein neues Fahrrad. **d** Ich würde jetzt gern in Urlaub fahren. **e** Ich würde gern weniger arbeiten. **f** Ich möchte bei meinem Freund wohnen. / Ich würde gern bei meinem Freund wohnen.

5 **a**

	schlechte Noten	Urlaub mit Eltern	Aussehen	der Freund
1 Michael	x			
2 Sonja				x
3 Arnold		x		
4 Elisa			x	

b *Musterlösung:*
Du solltest offen mit deinen Eltern reden. Vielleicht solltest du sie zum Essen einladen und dann alles mit ihnen besprechen. Du könntest auch erst einmal ein wenig abwarten. Vielleicht kann dir auch sonst jemand aus der Familie helfen. In jedem Fall solltest du mehr lernen und im neuen Schuljahr Nachhilfe nehmen.

C

6 **a** richtig **b** falsch **c** falsch **d** richtig

7 **a** ruhig, unruhig, ruhelos **b** arbeitslos, Arbeiter, Arbeiterin **c** Erziehung, erziehbar, Erzieher, Erzieherin **d** Kündigung, kündbar, unkündbar

8 **a** lösbar **b** pausenlos **c** sonnig **d** Stückchen **e** Entscheidung **f** Raucherin **g** unmöglich **h** kostenlos **i** Kätzchen **j** unhöflich

9 **b** die Kleider, der Schrank, der Kleiderschrank **c** das Geschenk, das Papier, das Geschenkpapier **d** das Auto, der Schlüssel, der Autoschlüssel **e** der Garten, der Stuhl, der Gartenstuhl **f** das Telefon, das Buch, das Telefonbuch

D

10 **a** ... gut versteht. **b** ..., wenn man sich nach einem Streit immer wieder verzeiht. **c** Liebe ist, wenn man den anderen mit Geschenken überrascht. **d** Liebe ist, wenn man im Alltag noch gemeinsam Spaß haben und lachen kann.

11 *Musterlösung:*
Es ist schön, wenn man gemeinsame Interessen hat. Eine gute Partnerschaft ist wichtig, weil man nie allein sein muss. Es ist schön, wenn man gemeinsam kocht. Ich finde es wichtig, dass man miteinander über alles reden kann. Besonders wichtig ist, dass man sich nicht über Geld streitet. Eine gute Partnerschaft bedeutet, dass man nicht mit anderen flirtet. Es ist schön, wenn man sich gut kennt.

Ich finde es wichtig, dass man sich alles sagen kann. Ich finde es wichtig, dass man den Haushalt gemeinsam macht.

12 Udo: *denn*; Thomas: *Trotzdem*; Klara: *Deshalb*; Bettina: *aber*

13 *Musterlösungen:*

a *Deshalb* ist er zum Bahnhof gegangen und hat sich eine Fahrkarte gekauft. Vor ihm in der Schlange war ein Mädchen. *Weil* ihm das Mädchen so gut gefallen hat, hat er sie angesprochen und gefragt, ob sie nicht zusammen ins Café gehen könnten. Sie wollte nicht, *denn* sie hatte es eilig. *Trotzdem* haben sie Telefonnummern ausgetauscht und sich für einen Besuch im Café am Wochenende verabredet. *Aber* am Wochenende war Eduard ja in Glasgow. Oje!

b Jan und Angelika haben sich letztes Jahr im Urlaub am Strand kennengelernt. *Weil* sie sich auf Anhieb gut verstanden haben, haben sie sich abends für die Disko verabredet. Dort hat Jan Angelika die ganze Zeit ganz verliebt angesehen, *denn* sie hat ihm sehr gefallen. Sie haben schöne gemeinsame Tage verbracht und hatten einen unvergesslichen Urlaub. *Aber weil* sie nach zwei Wochen beide wieder nach Hause fahren mussten, haben sie sich gleich wieder getrennt und sind jeder für sich nach Hause gefahren. Sie waren aber immer noch sehr verliebt. *Deshalb* haben sie sich ein Jahr später wieder getroffen und …

Wiederholungsstationen

1 **b** die Übung **c** die Einladung **d** die Bestellung **e** die Wohnung **f** der/die Käufer/-in **g** der/die Fahrer/-in **h** die Empfehlung

2 der Autobus, der Apfelsaft, der Blumenstrauß, die Sonnenbrille, das Bücherregal, der Busfahrer, die Sonnenblume, der Bücherbus, der Computertisch, das Fahrrad, der Autofahrer, das Spielhaus, der Kleiderschrank, das Mineralwasser, das Wasserrad, der Autoreifen, der Fahrradreifen, der Bücherschrank, der Schreibtisch, das Wohnzimmer …

3 **b** lesbar **c** unglücklich **d** wolkig **e** regnerisch **f** arbeitslos **g** sonnig **h** dankbar **h** höflich **j** unruhig

4 **b** einer/eins **c** welche **d** eine **e** keine **f** welche **g** keinen

5 **b** einen – einen – Einen **c** ein – ein – Ein **d** –

6 **a** weißer **b** neues – unbequeme – schlechtes – hässliche – niedrigen **c** schönes – großen – kleinen – günstige – billiges – buntes **d** alte – moderne

7 **a** neuen **b** gutes – kleines **c** Günstige – wunderschöner – ruhiger **d** zentraler – preiswerte – Gute

8 **b** flachen **c** großes **d** rote **e** interessanter **f** hübschen **g** frisches **h** neue **i** runden **j** kleiner **k** gebrauchte **l** neuen

9 **a** besser / am besten – besser als – am besten **b** lieber – liebsten **c** am schnellsten – schneller als – schnell wie – billiger **d** wärmer als – kälter

10 **a** uns **b** dich **c** mich **d** sich

11 **b** Ihrem Chef **c** eurer Lehrerin **d** seinem Sohn **e** deiner Frau **f** Ihrer Mutter

12 **b** Könnten Sie bitte der Dame das Zimmer 412 zeigen? – Könnten Sie ihr bitte das Zimmer 412 zeigen? – Könnten Sie es ihr bitte zeigen?

c Könnten Sie bitte dem jungen Mann den Hotelparkplatz zeigen? – Könnten Sie ihm bitte den Hotelparkplatz zeigen? – Könnten Sie ihn ihm bitte zeigen?

d Könnten Sie bitte der Dame den Koffer tragen? – Könnten Sie ihr bitte den Koffer tragen? – Könnten Sie ihn ihr bitte tragen?

e Könnten Sie bitte den Gästen die Rechnungen geben? – Könnten Sie ihnen bitte die Rechnungen geben? – Könnten Sie sie ihnen bitte geben?

13 *Musterlösung:*

Nachmittags habe ich im Kino angerufen und Kinokarten reserviert. Abends waren wir im Kino und haben uns „Good Bye Lenin" angesehen. Am Dienstag waren wir im Museum. Die Eintrittskarten haben wir am Schalter abgeholt. Danach sind wir ins Café Lisboa gegangen und haben noch einen Stadtbummel gemacht. Am Mittwoch haben wir Lebensmittel für unser Picknick am Freitag eingekauft. Abends sind wir ins Theater gegangen und haben uns das Stück „Frühlingserwachen" angesehen. Am Donnerstag musste ich gleich am Morgen beim Finanzamt anrufen. Um 10.45 Uhr hat unser Schiffsausflug auf dem Sonnensee begonnen. Wir sind um 11.30 Uhr in Brodweil angekommen und waren dann um 16.25 Uhr wieder zurück. Am Freitag haben wir das Auto bei Stefan abgeholt. Wir sind zum Brombacher Weiher gefahren und haben dort ein Picknick gemacht. Am Samstag ist Beate wieder zurück nach Hamburg gefahren. Ich habe sie um 13.30 Uhr zum Bahnhof gebracht. Schade, dass die gemeinsame Zeit schon wieder vorbei ist.

14 **a** telefoniert – verpasst – begonnen **b** bekommen – erlebt

15 **a** will **b** hatte – hat **c** war – ist **d** konnte – kann **e** musste – muss

16 **b** Du solltest einmal Augsburg besuchen. **c** Ihr solltet auch hingehen!

17 **b** hätte **c** würde **d** wäre **e** hätte **f** würde

18 **b** Sie werden abgeholt. **c** Jetzt wird endlich die Wohnung aufgeräumt. **d** Eine Kartoffelsuppe wird mit Kartoffeln, Milch und viel Liebe gekocht. **e** Formulare werden bei Frau Müh abgegeben. **f** Hier wird der Müll getrennt.

19 **b** …schneiden lassen. **c** … machen lassen. **d** … wechseln lassen. **e** … ausstellen lassen.

20 **b** rein **c** runter **d** raus **e** rauf

21 **a** Für – dafür **b** worauf – auf einen – darauf **c** Worüber – Über unsere **d** wovon – Von einer **e** Worüber – Über diesen/den

22 **b** an meinen **c** mit meinen **d** mit meinen **e** um den

23 **b** anstrengenden **c** seinen **d** einem **e** meine

24 **b** auf dem – auf den **c** an die **d** zwischen das – den **e** auf dem

25 **a** am Bodensee, in Italien, auf der Insel Mallorca, in der Türkei, bei meinen Eltern auf dem Land, im Norden, zu Hause **b** ins Kino, zu meinem Freund, ins Restaurant, nach Hause **c** vom Arzt, aus dem / vom Büro, vom Strand, von ihrer Schwester, aus dem Restaurant, aus dem Gebirge, aus Österreich

26 **a** über – an **b** an … vorbei – gegenüber **c** durch – um … herum

27 **b** Von … an **c** ohne **d** über **e** Von … an

28 **b** Deshalb **c** denn **d** Weil **e** denn **f** deshalb

29 **b** weil **c** wenn/weil **d** wenn **e** weil **f** Trotzdem

30 **b** wann **c** wo **d** wie lange **e** was **f** wie viele

31 **b** ob **c** ob **d** dass **e** dass **f** ob

Lösungen zu den Übungen im Arbeitsbuch

Start Deutsch 2 – Die Prüfung

Hören

1	2	3	4	5	6	7	8	9	10	11	12	13	14	15
Mozart-straße	98 Euro	9602333	Café	Mai	c	b	c	b	b	f	c	e	b	h

Lesen 1

1	2	3	4	5
b	c	b	a	c

Lesen 2

6	7	8	9	10
Falsch	Falsch	Richtig	Falsch	Richtig

Lesen 3

11	12	13	14	15
f	g	b	—	c

Schreiben 1

1	2	3	4	5
NL-1017 Amsterdam	24.12.1984	männlich	1. Juni	Hessen

Schreiben 2

Musterlösung:

Lieber Marco,

wie schön, dass du mich besuchen kommst. Ich freue mich auch schon sehr auf unser Wiedersehen. Wir können bei meinen Eltern wohnen, es gibt genug Platz.

Ich schlage vor, dass wir uns erst einmal meine Heimatstadt ein wenig ansehen. Wir könnten auch ein paar Tage aufs Land fahren und im Sommerhaus von meinen Großeltern wohnen. Das Wetter ist bestimmt gut, denn es ist ja Sommer. Aber auch wenn es regnet, macht das nichts, wenn du die richtige Kleidung mitbringst. Am besten packst du eine Regenjacke und feste Schuhe ein, dann können wir auch bei schlechtem Wetter rausgehen.

Ich wünsche dir eine gute Reise und freue mich sehr auf dich.

Viele Grüße

dein(e) ...

Lösungen zu den Tests

Test zu Lektion 8

1 **2** Er liegt im Bett. Trotzdem schläft er nicht. **3** Ich bin zu dick. Trotzdem esse ich jeden Abend Schokolade. **4** Ich bin erkältet. Trotzdem gehe ich ohne Mantel zum Supermarkt. **5** Er hat ein Auto. Trotzdem fährt er mit dem Bus zur Arbeit.

2 **a** falsch **b** falsch **c** richtig **d** richtig **e** richtig **f** falsch

3 8, 1, 9, 3, 7, 2, 5, 4, 10, 6

4 **a** Sie hätte lieber Ferien. **b** Sie würde lieber den ganzen Tag essen. **c** Wir würden lieber lange schlafen. **d** Sie hätte lieber ein Auto. **e** Er wäre lieber bei seiner Freundin. **f** Die Kinder würden lieber Fußball spielen. **g** Sie wäre lieber Ärztin.

Test zu Lektion 9

1 **a** günstiges **b** hellen **c** beste **d** großer **e** gute, dicken

2 *Musterlösung:* ... Ich trage heute eine schwarze Jeans und einen roten Pullover. Ich habe blaue Strümpfe an und schwarze Schuhe. Außerdem habe ich eine braune Jacke dabei und braune Handschuhe.

3 **a** Für die Versicherung muss ich weniger Geld bezahlen als für die Miete. / Für die Miete muss ich mehr Geld bezahlen als für die Versicherung.
b Ich esse genauso gern Nudelgerichte wie Reisgerichte.
c Mein Küchenschrank gefällt mir nicht so gut wie dein Küchenschrank. / Dein Küchenschrank gefällt mir besser als mein Küchenschrank.
d Ich finde meine Nachbarin genauso sympathisch wie meinen Nachbarn.

4 *Musterlösung:* **a** Giselas Wohnung ist größer als Martin Wohnung. **b** Tonis Wohnung ist teurer als Martins Wohnung. **c** Martin zahlt mehr Nebenkosten als Gisela. **d** Toni wohnt höher als Gisela. **e** Tonis Haus ist älter als Martins Haus. **f** Giselas Haus ist am ältesten. **g** Martin wohnt am höchsten. **h** Gisela hat es weiter zur Innenstadt als Martin.

5 *Musterlösung:*
Mein hässlichster Gegenstand ist ein Sessel. Er steht vor dem Fernseher und ich sitze oft auf diesem Sessel. Er ist aus braunem Stoff. Ich habe ihn vor 5 Jahren von meinem Onkel bekommen. Weil der Sessel schon sehr alt ist, sehen die Farben ganz schmutzig aus und der Stoff ist an vielen Stellen kaputt. Braun gefällt mir gar nicht. Außerdem ist der Sessel viel zu groß für das kleine Zimmer. ...

Test zu Lektion 10

1 **a** Was für **b** Was für ein **c** Was für eine **d** was für einen **e** Was für ein

2 **b** Der Teig wird in den Ofen geschoben. **c** Die Brote werden 90 Minuten gebacken. **d** Die Brote werden herausgeholt. **e** Dann werden sie verpackt. **f** Sie werden mit dem Auto transportiert. **g** Zum Schluss werden sie an den Supermarkt geliefert.

3 neue – neuen – rote – bunten – aktuellen – beste – glücklichste

4 *Musterlösung:*
Reise – Reisepass – Geschäftsreise – verreisen

5 **a** unangenehm **b** dick **c** unmöglich **d** viel

6 *Musterlösung:*
Liebe Anna,
es tut mir schrecklich leid, dass ich gestern nicht gekommen bin. Ich konnte nicht kommen, weil ich so lange arbeiten musste. Ich wollte dich anrufen, aber mein Handy war kaputt und ich konnte dich auch nicht erreichen. Vielleicht warst du schon unterwegs?
Hättest du vielleicht am Mittwochabend Zeit? Ich würde dich gerne einladen. Wir könnten in der Wunder-Bar ein Glas Wein trinken.
Entschuldige bitte und viele Grüße

Test zu Lektion 11

1 **a** über die **b** gegenüber der **c** am ... vorbei **d** bis zur

2 **a** windig **b** stürmisch **c** der Regen **d** wolkig, (bewölkt) **e** das Gewitter **f** der Nebel

3 **a** beim Friseur **b** zur Post **c** bei **d** von

4 *Musterlösung:*
a Deshalb kann ich heute lange schlafen. **b** Ich fahre deshalb meistens mit dem Fahrrad oder der Straßenbahn. **c** Deshalb sind die Bäume ganz kaputt. **d** Deshalb muss ich ihn reparieren. **e** Wir sehen uns deshalb nicht sehr oft.

5 **a** weil **b** denn **c** Deshalb **d** weil **e** weil **f** denn

6 *Musterlösung:*
Lieber Janik,
der Weg von der Schule zu mir ist nicht weit. Du gehst einfach in die Fußgängerzone und biegst dann in die erste Straße rechts ab. An der Ampel gehst du links in die Rathausstraße. Geh die Rathausstraße immer geradeaus am Rathaus vorbei. Gegenüber der Sparkasse gehst du rechts in die Seegasse. Im zweiten Haus auf der linken Seite wohne ich, Hausnummer 4. Ich freue mich schon auf deinen Besuch!
Viele Grüße

Lösungen zu den Tests

Test zu Lektion 12

1 **a** am Meer **b** im Schwarzwald **c** auf dem Land **d** ins Gebirge
e an der Küste

2 **b** Von ... in **c** mit dem ... nach **d** In ... am **e** in den ... nach
f an der

3 schönem – günstigen – gutes – traditionelles – traditionelle
– romantische

4 *Musterlösung:*

Liebe Carla,

ich bin wieder aus dem Urlaub zurück. Du weißt ja, wir waren
zwei Wochen zu Hause bei meinen Eltern in der Türkei.
Meistens fahren wir mit dem Auto, aber dieses Mal sind wir
geflogen. Die Reise dauert einfach nicht so lange mit dem
Flugzeug. Meine Eltern haben uns vom Flughafen abgeholt,
denn natürlich haben wir die ganze Zeit bei ihnen gewohnt.
Praktisch, wenn man keine Hotelkosten hat. Wir waren sehr
faul in den zwei Wochen, haben Verwandte besucht, im
Schwarzen Meer gebadet und das köstliche Essen von
meiner Mutter genossen. Es war herrlich! Und wie geht es
dir? Hattest du auch eine gute Zeit? Melde dich mal.
Viele Grüße

...

Test zu Lektion 13

1 **a** einzahlen, Öffnungszeiten **b** abheben, Geldautomaten
c EC-Karte, Kreditkarte, Geheimzahl **d** bar, überweisen

2 **a** ..., ob man in diesem Geschäft mit Kreditkarte bezahlen
kann? **b** ..., ob ich meine neue EC-Karte selbst abholen
muss? **c** ..., wie hoch die jährlichen Gebühren für eine
Kreditkarte sind? **d** ..., ob die Tankstellen in Deutschland
auch EC-Karten akzeptieren? **e** ..., wie man im Ausland Geld
abheben kann? **f** ..., ob man vom Automaten auch ohne
Geheimzahl Geld holen kann? **g** ..., wie viel Prozent Zinsen
man bei Ihnen bekommt?

3 **a** ... lässt sich die Haare (beim Friseur) schneiden. **b** ... lässt
ihren Drucker reparieren. **c** ... hängt die Lampe selbst auf.
d ... kauft selbst (im Supermarkt) ein.

4 **a** Irgendwann **b** irgendetwas **c** irgendeiner **d** Irgendjemand

5 Ich finde, die Frau ist sehr ...
Meiner Meinung nach sollte die Frau ...
Ich persönlich würde ...

Test zu Lektion 14

1 **b** Er war viel draußen. **c** (Aber) er hat nicht gern Fußball
gespielt. **d** Dann ist er auf das Gymnasium gegangen. **e** Er
hatte wenig Zeit. **f** Er musste viel lernen. **g** Später hat er
einen Computer bekommen. **h** Er hat tagelang nur vor dem
Computer gesessen. **i** Manchmal ist er mit Freunden Fahrrad
gefahren.

2 **a** das Stühlchen **b** das Fläschchen **c** das Brüderchen **d** das
Tellerchen

3 *Musterlösung:*

a Du könntest die Lehrerin um eine Erklärung bitten.
b Du solltest weniger rauchen. Das ist nicht gut für den Kopf.
c Du solltest besser ganz damit aufhören. **d** Du solltest nicht
so streng mit ihm sein. **e** Du könntest mit ihr essen gehen
und in Ruhe mit ihr reden. **f** Du solltest vor dem Frühstück
10 Minuten an die frische Luft gehen.

4 **a** die Banane, das Eis = das Bananeneis **b** die Kinder, das
Spiel = das Kinderspiel **c** der Strand, die Bar / das Café =
die Strandbar / das Strandcafé **d** der Winter, der Pullover =
der Winterpullover **e** der Bahnhof, die Uhr = die Bahnhofsuhr
f das Mädchen, die Hose = die Mädchenhose

5 *Musterlösung:*

a ... sieht es schon wieder unordentlich aus.
b ... wir uns heute nach so langer Zeit getroffen haben.
c ... meine Mutter krank ist. **d** ... sie lieben sich trotzdem
sehr. **e** ... ich spare für meine Reise nach Südamerika.
f ... mein Auto morgen wieder geht.

Franz Specht

Krimis mit Carsten Tsara

Niveaustufe A2

Sicher ist nur eins
Carsten Tsara blickt nicht durch

Leseheft: ISBN 978–3–19–001669–3

Niveaustufe B1

Schöne Augen
Carsten Tsara ist verliebt

Leseheft: ISBN 978–3–19–001666–2

Der rote Hahn
Ein heißer Fall für Carsten Tsara

Leseheft: ISBN 978–3–19–001668–6

Die Angst und der Tod
Carsten Tsara macht sich Sorgen

Leseheft: ISBN 978–3–19–001671–6

Die schöne Frau Bär
Falsches Spiel mit Carsten Tsara

Leseheft: ISBN 978–3–19–001667–9

Die ganze Wahrheit
Carsten Tsara hat Besuch

Leseheft: ISBN 978–3–19–201669–1

Besserwisser
Carsten Tsara und das scharfe S

Leseheft: ISBN 978–3–19–301667–6

Hueber Freude an Sprachen

Hueber Lesehefte

Deutsch als Fremdsprache

Leonhard Thoma

Der Taubenfütterer
und andere Geschichten

Hueber Lesehefte

Deutsch als Fremdsprache

Leonhard Thoma

Der Ruf der
Tagesfische
und andere Geschichten

Hueber Lesehefte

Deutsch als Fremdsprache

Brigitte Braucek

Der Passagier
und andere Geschichten

Leonhard Thoma

Kurzgeschichten

Niveaustufe B1
Das Wunschhaus und andere Geschichten
Leseheft: ISBN 978–3–19–001670–9

Der Taubenfütterer und andere Geschichten
Leseheft: ISBN 978–3–19–201670–7

Der Passagier und andere Geschichten
Leseheft: ISBN 978–3–19–201666–0

Die Fantasien des Herrn Röpke
Leseheft: ISBN 978–3–19–301670–6

Niveaustufe B2
Der Ruf der Tagesfische und andere Geschichten
Leseheft: ISBN 978–3–19–101670–8

www.hueber.de

Hueber Freude an Sprachen